Cultura Chinesa,
uma Perspetiva Ocidental

Cultura Chinesa, uma Perspetiva Ocidental

Ana Cristina Alves

Carmen Amado Mendes
(Coordenação)

ALMEDINA

Centro Científico e Cultural de Macau, I.P.
CIÊNCIA, TECNOLOGIA E ENSINO SUPERIOR

CULTURA CHINESA, UMA PERSPETIVA OCIDENTAL

AUTORA
Ana Cristina Alves

COORDENADORA
Carmen Amado Mendes

REVISÃO
Catarina Valentim

EDITOR
EDIÇÕES ALMEDINA, S.A.
Rua Fernandes Tomás, n.os 76-80
3000-167 Coimbra
Tel.: 239 851 904 · Fax: 239 851 901
www.almedina.net · editora@almedina.net

CAPA
Joana Carvalho

PAGINAÇÃO
EDIÇÕES ALMEDINA, S.A.

IMPRESSÃO E ACABAMENTO
FORMA CERTA

Junho, 2022

ALMEDINA | GRUPOALMEDINA

BIBLIOTECA NACIONAL DE PORTUGAL – CATALOGAÇÃO NA PUBLICAÇÃO
ALVES, Ana Cristina, 1963-
CULTURA CHINESA, UMA PERSPETIVA OCIDENTAL
1ª ed. – (Fora de coleção)
ISBN 978-989-40-0520-9
CDU 930

1.
Introdução

Os estudos sinológicos podem ser classificados em dois grandes domínios, um voltado para a sinologia ao longo da história e outro mais ligado ao presente, nascido da experiência vivida e compartilhada. Este livro insere-se nesta última vertente. Não se mencionam os dias, meses e anos dedicados aos estudos chineses, nem as incessantes viagens entre Portugal e a China à procura de um sentido profundo, que revele as estruturas e sentimentos universais da humanidade, porque, embora se verifiquem diferenças culturais específicas, fruto de geografias situadas, todos sentimos da mesma maneira, ainda que nos expressando de formas diferentes. Por isso, não é difícil, a partir da comunidade dos afetos, manter vivo o diálogo civilizacional, recordando o poeta e dramaturgo Terêncio: *Homo sum, humani nil a me alinenum puto* (sou humano e nada do que é humano me é estranho).

É bom poder refletir e comparar paradigmas culturais, ou de saber, sob diversas perspetivas, sendo nesta linha que o presente trabalho se inclui. Pretende-se relacionar modos de pensar diversos, tradições filosóficas dissemelhantes, tentando compreender como pensam asiáticos chineses e ocidentais fiéis à tradição grega. Apresentam-se os pressupostos filosóficos a que recorrem e porque o fazem. Hoje descobrimos o quão argumentativa e crítica se oferece a filosofia ocidental, quando comparada com o pensamento chinês, que muito mais do que os argumentos e a crítica, privilegia, por tradição, um outro modo de se manifestar e de interrogar a realidade. Tal não significa que não dialogue com ela e não procure um sentido, mas realiza-o de outra forma filosófica, onde sobressai uma interrogação permanentemente existencial, menos preocupada com a filosofia do conhecimento, a lógica e a epistemologia, e mais com a adequação dos seres, incluindo os humanos, à realidade. Procura-se seguir por um caminho, seja ético-político ou individual, em que cada um possa colaborar para o todo de uma forma equilibrada e harmoniosa, seja através da meditação ou do empenhamento ativo relativamente a causas éticas e sociais. Este livro será fiel a outra forma de estar na filosofia, encarando-a através das suas manifestações simbólicas ao nível da linguagem, da política e da economia, da antropologia cultural, da simbologia animal e da mitologia. Como decorrerá da leitura da obra, o fio condutor que nos guia neste percurso será sempre fornecido pela língua chinesa e pelas múltiplas leituras culturais e hermenêuticas, baseadas na etimologia, que os seus caracteres viabilizam.

1.1. A Língua Chinesa

Crê-se que é útil apresentar alguns conceitos operatórios, de modo que o texto possa ser acessível a especialistas, mas também ao público em geral. Na China fala-se chinês, língua pertencente ao ramo sino-tibetano, constituída por caracteres ou sinogramas. Os caracteres não são formados a partir de um alfabeto, mas sim por traços e dividem-se em componentes, sendo o radical responsável por indicar a ideia ou o sentido da palavra. Este normalmente figura à esquerda, mas também pode encontrar-se em cima, em baixo ou até no meio. Existem várias formas de referir os constituintes da escrita chinesa, sendo que no presente texto se optou pela designação «caracteres», recorrendo à palavra no singular «caractere» e não «caráter», numa tentativa de mostrar a corporeidade da língua chinesa pela ligação estabelecida entre os caracteres tipográficos e os sinogramas chineses, que têm um componente físico e imagético muito mais forte do que, por exemplo, sucede nas línguas alfabéticas ocidentais. Em *A Estrutura da Língua Chinesa*[1], Alexandre Li Ching denomina as palavras chinesas «caracteres» ou «ideogramas», dividindo-os em seis categorias: «Pictogramas», que o autor define como «tendo por origem objetos desenhados», tais como 日 (*rì*), 馬 (*mǎ*), 火 (*huǒ*) e 水 (*shuǐ*), existindo cerca de 600 na língua chinesa; «Ideogramas», os compostos lógicos mencionados por

[1] Li Ching. *A Estrutura da Língua* Chinesa, Lisboa: Fundação Oriente, 1994, p. 34.

Bernhard Karlgren em *Sound and Symbol*, que indicam esquematicamente as ideias, como por exemplo 一 (*yī*), 二 (*èr*), 三 (*sān*), 上 *(shàng)* e 下 (*xià*), existindo cerca de 100; «Ideogramas compostos», em que o sentido é obtido pela relação ou associação dos componentes, como se verifica em 明 (*míng*), 安 (*ān*), 好 (*hǎo*) e 男 (*nán*), existindo cerca de 750; «Ideofonogramas», caracteres constituídos por um elemento que transmite a ideia, o ideoclassificador que surge habitualmente associado ao radical, e um outro componente, a parte fonética que indica a pronúncia, tais como 糖 (*táng*), 斧 (*fŭ*), 媽 (*mā*) e 爸 (*bà*), estes constituindo a maioria dos caracteres; «Símbolos transferidos», caracteres em que se procede a uma extensão ou alargamento do sentido primitivo, sendo um dos caracteres mais utilizados para exemplificar esta classe, 網 (*wǎng* – rede para apanhar peixes) que alargou o seu sentido com palavras ligadas à internet, como 網絡 (*wǎngluò*), 網上 (*wǎngshàng*) e 網站 (*wǎngzhàn*); por último, «Falsos empréstimos», caracteres utilizados pelo seu valor fonético, que representam na origem uma palavra apenas homófona, por exemplo, 來 (*lái* – espiga de uma espécie de grão) que passou a significar o verbo «vir».

1.1.1. Chinês Simplificado e Chinês Tradicional

No início do século XX, ainda durante os tempos imperiais, nos finais da dinastia Qīng (清), as autoridades sentiram a necessidade de criar uma escrita padronizada e simplificada, extensível a toda a China. Assim, decretaram que a nova escrita seguisse o modelo de pronúncia dos dialetos do Norte, iniciando então várias tentativas para a simplificação da escrita. O chinês simplificado conhecido por língua comum, o *pǔtōnghuà* (普通話), foi adotado em 1956, passando a ser a língua oficial em toda a China por oposição ao chinês tradicional, que ficaria acantonado em certas zonas geográficas, nomeadamente em Macau, Hong Kong e em Taiwan. Estas zonas ainda hoje se consideram as guardiãs da essência cultural chinesa por manterem a forma linguística tradicional.

Segundo Alexandre Li Ching, «há cerca de 40 sistemas de transcrição de sons da língua chinesa»[2], tendo vingado o projeto de romanização dos

[2] Li Ching. *Estrutura da Língua Chinesa*. Lisboa: Fundação Oriente, 1994, p. 19.

caracteres aprovado pela República Popular da China (RPC) a 11 de fevereiro de 1958, na quinta sessão plenária da Assembleia Popular Nacional, denominado Alfabeto Fonético Chinês ou *Pīnyīn* (拼音). Apesar da simplificação do chinês tradicional ter ocorrido apenas na década de 50 do século passado, já a partir do Movimento da Nova Cultura (新文化 – *Xīn Wénhuà*) se procurava que a língua chinesa se tornasse clara e compreensiva, a fim de chegar à maior parte dos espíritos. A Nova Cultura baseou-se numa nova atitude e adoção linguística, sendo que, do ponto de vista etimológico, o caractere é o mesmo para cultura e língua (文 – *wén*). Este representa uma tatuagem, um padrão inscrito no corpo de uma pessoa. E, num olhar mais atento, a língua tem a capacidade de nos transformar, abrindo a oportunidade não apenas para o enfeite e disfarce do corpo, mas ainda para a criação de uma segunda natureza. Por ela nos transfiguramos, ao assumirmos novas ideias e valores, como à época era requerido pelo Movimento da Nova Cultura que procura combater os excessos de formalismo e erudição e instaurar uma nova noção de cultura, com reflexos na língua. *Báihuà* (白話) significa, numa tradução literal, «palavras claras», iluminantes como velas, que constituem a língua comum, o *pŭtōnghuà*, popular e oral, pelo qual se luta no Movimento da Nova Cultura. Este processo desenvolveu-se numa atitude muito semelhante à que sucedera no Ocidente cristão dois séculos antes com a reforma luterana, de modo que cada vez mais pessoas pudessem beneficiar e partilhar dos bens espirituais comuns transmitidos pela língua. Para trás fica a «língua escrita de estilo antigo» (文言 – *wén yán*), também ela com a sua origem na língua falada. Constitui a língua das grandes obras do pensamento clássico chinês, apresentando características muito distintas. Para Alexandre Li Ching, «Era uma língua mais sucinta. Cada palavra, em geral, era um caráter (monossilábico) e possuía um sentido conciso»[3]. A ela devemos voltar para percebermos em que sentido foi realizada a simplificação da escrita.

A vaga de simplificação da escrita republicana começou, como referido, nos tempos da primeira república, tendo os nacionalistas realizado estudos na década de 30 para tornar o chinês mais adequado à

[3] Com o Movimento da Nova Cultura, surgiu o *Pútōnghuà* (普通話), baseado no dialeto da capital, Beijing, e generalizado pelos intelectuais de 4 de Maio de 1919.

época moderna, mais fácil de aprender e mais flexível, como nos lembra S. Robert Ramsey em *The Languages of China:* «Um estudo sistemático da língua foi realizado pelos nacionalistas na década de 30 e os investigadores dos anos 50»[4]. No entanto, o estandarte da simplificação da escrita, tal como a padronização do chinês alfabético, são bandeiras linguísticas empunhadas com grande vivacidade nos tempos que correspondem à RPC. Mas as hostes dividiam-se dentro do Partido Comunista Chinês, visto que os de esquerda lutavam pela total alfabetização da língua chinesa e os de direita, ou seja, os reformistas, pretendiam a simplificação da escrita para que o objetivo da modernização do chinês fosse cumprido. Venceram os conservadores, ou melhor, os reformistas. O processo de simplificação da escrita começou em 1950, sendo que em 1956 surgia a primeira lista oficial com caracteres simplificados. Em 1964, é publicado um guia básico dos caracteres, bastante mais alargado, com 2.238 caracteres simplificados, cerca de 1/3 dos sete a oito mil atualmente em uso. Decorreram, ainda, mais tentativas de simplificação, em 1973 e 1975, suspensas com a morte de Máo Zédōng e o afastamento do Bando dos Quatro[5]. A lista oficial de caracteres simplificados data do início dos anos 80, reproduzindo a lista de 1964. Os novos tempos trouxeram a simplificação da escrita à China, mas esta não foi feita ao acaso, baseando-se, como recorda Ramsey, numa longa história caligráfica, alicerçada na caligrafia, na literatura popular, nas prescrições médicas e nos livros de contabilidade: «Os caracteres simplificados que são genuinamente novos foram construídos por extensão das convenções estenográficas»[6], ou melhor dizendo, caligráficas, já que muitas

[4] Alexandre Li Ching. *A Estrutura da Língua Chinesa* 《汉语结构》. Lisboa: Fundação Oriente, 1994, p. 14.

[5] Robert S. Ramsey. *The Languages of China.* Princeton: New Jersey, 1987, p. 148.

[6] O Bando dos Quatro é uma expressão utilizada para referir os esquerdistas que conduziram o processo da revolução Cultural, lançado em maio de 1966 pelo Comité Central do Partido Comunista. O bando, que se formou para auxiliar a implementar o processo revolucionário, era liderado por Jiang Qing (江青), a última mulher de Máo Zédōng (毛泽东). A fase mais radical deste processo foi em abril de 1969, estendendo-se até 1976, tendo sido o bando, constituído por quatro elementos, detido um mês após a morte de Máo em setembro desse ano.

vezes foram empregues alguns dos métodos tradicionais da caligrafia para a simplificação dos caracteres[7].

A simplificação da escrita chinesa, preparada pelos nacionalistas e concretizada pelos comunistas, foi realizada com vista à satisfação dos ideais de modernidade. Procurava-se aproximar a escrita chinesa do sistema alfabético ocidental para a alfabetização e literacia da população chinesa. Aos poucos, o ideal revolucionário do chinês alfabético foi substituído pelo ideal reformista da simplificação do sistema linguístico. Em termos filosóficos, a escrita na China ganhou novas características: 1) maior abstração e poder concetual com perda de ligação à natureza e de elementos visuais; 2) maior rapidez e funcionalidade, porque os caracteres com menos traços se escrevem muito mais depressa; e 3) maior capacidade de memorização, sobretudo por parte dos estrangeiros, habituados a sistemas fonéticos altamente simplificados. Porém, a «língua escrita de estilo antigo» permite também compreender a filosofia profunda e a mentalidade do povo chinês.

1.1.2. O Alfabeto Fonético Chinês

O alfabeto fonético chinês, o *Pīnyīn*, que significa literalmente «som soletrado», segue as normas do alfabeto internacional e foi adotado em 1958 pelo governo chinês, após várias experiências, sobretudo no início dos tempos republicanos, ou ainda em tempos um pouco mais antigos. Quando os missionários ocidentais chegaram à China procuraram transformar os caracteres numa escrita fonética. O sistema de romanização de Yale no século XX e os registos fonéticos de Wade-Giles em meados do século XIX, que datam de 1859, são exemplos disso, continuando estes últimos a vigorar em Taiwan. Atualmente, o sistema fonético *Pīnyīn* encontra-se estabelecido tanto na China continental como em grande parte dos países ocidentais, enquanto nas Regiões Administrativas Especiais do Sul da China muitas vezes ainda se opta pelo sistema Wade-Giles.

No entanto, é impossível encontrar uma obra escrita em *Pīnyīn*, por causa da tonalidade dos caracteres chineses. Cada caractere pode ser acentuado de cinco formas diferentes em mandarim, com quatro tons e

[7] Robert S. Ramsey. *The Languages of China.* Princeton: New Jersey, 1987, p. 148.

um neutro, o que torna um texto uma potencial sequência de homofonias perfeitas e imperfeitas. A expressão «ma» pode ter diversos significados dependendo do tom: se o tom for alto como em *mā*, a expressão significa «mãe» (媽); se o tom for ascendente como em *má*, a expressão significa «cânhamo» (麻); se o tom for descendente e ascendente como em *mǎ*, a expressão significa «cavalo» (馬); se o tom for descendente como em *mà*, a expressão significa «amaldiçoar» (罵). A expressão «fú» tanto pode significar «felicidade» (福 – *fú*) como «morcego» (蝠 – *fú*), revelando uma homofonia perfeita entre estes caracteres. Quanto a exemplos de homofonia imperfeita, pense-se ainda nas palavras «felicidade» (福 – *fú*) e «riqueza» (富 – *fù*), que, embora tenham tons diferentes se pronunciam quase da mesma forma, contendo a primeira uma acentuação ascendente e a segunda uma acentuação descendente. Resumindo, em termos práticos, só os caracteres nos indicam a que palavra nos referimos. O sistema fonético chinês tem utilidade nos primeiros contactos com a língua em ambiente de aprendizagem, na divulgação sinológica e para a escrita do chinês nos computadores e telemóveis, já que os caracteres são inseridos por meio de letras, através de um programa específico que converte o *Pīnyīn* em chinês.

1.2. Critérios de Leitura

Este livro segue, por norma, o registo dos caracteres em chinês tradicional dado que partes deste trabalho foram compostas em Macau, ainda que se verifiquem algumas ocorrências em que encontramos referências apresentadas em caracteres simplificados, como é o caso dos líderes da China contemporânea. Embora o presente texto seja apresentado com caracteres tradicionais, quando surgem citações de obras em chinês simplificado, estas são respeitadas, mantendo-se o registo na íntegra. As traduções de chinês para português, quando não surgem ligadas a referências bibliográficas, foram realizadas pela autora deste trabalho. Todas as palavras chinesas, aforismos, ditos e expressões proverbiais possuem correspondência em chinês e chinês fonético, *Pīnyīn*, com os respetivos tons, sendo que as maiúsculas em *Pīnyīn* serão apenas utilizadas para nomes de pessoas e cidades, títulos de livros, conceitos e teorias fundamentais, e, ainda, o início de expressões proverbiais formadas por quatro caracteres, os *Chéngyǔ* (成語), um registo característico como, por exemplo, «desenhar pés à serpente» (畫蛇添足 – *huàshé tiānzú*). As citações de obra, sejam pequenas ou grandes, não são acompanhadas pelo chinês alfabético, salvo se houver alguma expressão que se tenha transformado num aforismo. Todos os nomes próprios, de países, escolas filosóficas e noções fundamentais, bem como das Festividades Chinesas, possuem maiúsculas. As citações são colocadas entre aspas duplas, a menos que ultrapassem as três linhas, merecendo então destaque no texto. As palavras a explicar dentro da própria língua são colocadas entre aspas simples, uma vez se trata de uma forma de tradução de umas palavras por outras. Os títulos de obras e nomes de autores chineses traduzidos para o chinês fonético são referidos entre parêntesis, quer no texto, quer nas referências bibliográficas, por uma questão de organização do livro. São muito poucos os nomes de autores chineses que aparecem apenas em chinês fonético nas obras de referência, sem os caracteres a acompanhá-los entre parêntesis, mas quando assim sucede é porque os autores ou tradutores de certos textos são ocidentais, ou a informação foi publicada em regiões que estiveram durante um longo período sob o domínio ocidental, como, por exemplo, Singapura, e não possuem os caracteres, apenas o registo fonético dos nomes. O registo *Pīnyīn* dos Clássicos segue a forma monossilábica, porque foi desta maneira que o chinês nasceu, ao passo que o registo dos nomes de autores antigos, repetidos frequentemente nos tempos contemporâneos, se pauta pelo critério dissilábico da modernidade, tal como encontramos nas obras dos intelectuais chineses da atualidade.

A consulta dos grandes clássicos da tradição chinesa e as pesquisas e vivência de Ana Cristina Alves[8], resultantes de múltiplas viagens a Macau, onde lecionou e colaborou com diversas revistas e jornais como o *Hoje Macau* e *Ponto Final*, inspiraram os capítulos Filosofia Chinesa, Mitologia e Simbologia Animal, e Simbologia Caligráfica. Para a análise

[8] Vários foram os métodos para a simplificação da escrita: a) nalguns casos optou-se por deixar de fora partes do caractere original (飛/飞 – *fēi*); b) noutros por reduzir o caractere primitivo a um traço fundamental, ou a uma estrutura, à maneira das escritas semicursiva e cursiva (樹/树 – *shù*); c) procedeu-se, ainda, a uma substituição fonética do caractere ou parte dele, de modo a indicar a pronúncia original (藝/艺 – *yì*); d) e, por último, foram eliminadas distinções gráficas, o que implicou a criação de palavras homónimas (穀/谷 – *gǔ*).

do capítulo Filosofia Política e Economia, que beneficiou do trabalho de Carmen Amado Mendes[9], o sinal de partida foi dado por dois filósofos chineses: Fēng Yǒulán (馮友蘭), autor de grande renome no século XX, e Wáng Kēpíng, já com obra publicada no século XXI[10]. Outros contributos relevantes incluem os escritos de Daniel Bell, Thierry Sanjuan, Mai Jiale, António Caeiro e António Graça de Abreu[11].

Os votos aqui deixados são que *Cultura Chinesa, Uma Perspetiva Ocidental* possa colaborar na manifestação dos valores culturais chineses e venha a enriquecer os nossos horizontes individuais e coletivos.

[9] Ana Cristina Alves. *A Sabedoria Chinesa*. Casa das Letras/Editorial Notícias, 2005; *A Mulher na China*. Lisboa: Tágide, 2007, versão encurtada da tese de doutoramento da autora intitulada: *Representações do Feminino na Cultura Chinesa. A Mulher nos discursos filosófico, religioso e sociopolítico*, defendida em 2005 no Departamento de Filosofia da Faculdade de Letras da Universidade de Lisboa. Ver também: Ana Cristina Alves. *Uma viagem de muitos quilómetros começa por um passo*. Macau: Cod, 2004.

[10] Carmen Amado Mendes. *China Contemporânea*. Coimbra: Imprensa da Universidade de Coimbra, 2020. Ver também: Cardoso, Daniel Augusto de Oliveira. *Para Além da Grande Muralha: A Construção Ideológica da Política Externa Chinesa durante o Período de Reforma e Abertura ao Exterior*: Dissertação de Mestrado em Relações Internacionais. Faculdade de Economia. Universidade de Coimbra, 2009.

[11] Fēng Yǒulán (馮友蘭). História da Filosofia Chinesa Contemporânea (中国现代哲学史 – *Zhōngguó Xiàndài Zhéxuéshǐ*). 香港：中華書局有限公司, 2006. Wang Keping. *Ethos of Chinese Culture* (Ethos da Cultura Chinesa). Pequim: Foreign Languages Press, 2007.

2.
Filosofia Chinesa

2.1. Breve Enquadramento

Em *Moral Consciousness and Communicative Action*, Jürgen Habermas (1929-)[12] revela uma grande preocupação em não confundir filosofia e ciência, destacando que a filosofia nunca poderá ser uma ciência, pois está longe de constituir um corpo científico definido, com um método próprio e objetivos perfeitamente delineáveis. Apesar de no Ocidente termos várias respostas possíveis quando indagados sobre a função da filosofia, a principal resposta ainda continua a ser a socrática, a que afirma que a filosofia é útil para recordar à Humanidade o quão vasta é a sua ignorância. Segundo o filósofo americano Richard Rorty (1931-2007), a filosofia é boa para manter a humanidade a conversar, sendo a grande tradutora-intérprete entre pessoas e uma mediadora por excelência. A filosofia procura não perder de vista o papel da razão unitária ao nível da cultura, estabelecendo uma ponte entre as diversas culturas especializadas e o mundo de todos os dias, procedendo à «reunião dos momentos separados da razão na comunicação diária»[13].

[12] Este filósofo e sociólogo é considerado o continuador da teoria crítica da escola de Frankfurt, inspirada nas teorias de Adorno e de Horkheimer, mas também de Karl Otto Apel, herdeiro do pensamento kantiano. Na obra *Técnica e Ciência como Ideologia* (1963), propõe a reflexão crítica contra a ideologia tecnocrática, sendo uma das noções fundamentais da sua filosofia a de o agir comunicacional, baseado na procura do consenso e numa ética de tolerância e livre comunicação com vista à construção de uma comunidade ideal onde a argumentação desempenhe sempre um papel de destaque.

[13] Jürgen Habermas: *Moral Consciousness and Communicative Action*. Cambridge: Massachusetts Institute of Technology 1990, p. 19.

Entre as principais filosofias chinesas[14], os chineses foram até 1949 fiéis, na perspetiva religiosa, a três formas de espiritualidade (三教 – *Sānjiào*): o Confucionismo (儒教 – *Rújiào*), o Taoismo (道教 – *Dàojiào*) e o Budismo (佛教 – *Fójiào*). A ligação destas três religiões é, do ponto de vista filosófico, conhecida como Neoconfucionismo. Houve e há uma grande polémica em torno da precedência dos dois primeiros pensamentos, até que Fēng Yǒulán, um dos historiadores neoconfucionistas da filosofia contemporânea de maior renome, que viveu entre 1895 e 1990, declara categoricamente no capítulo relativo ao Taoismo da obra *History of Chinese Philosophy*, publicada pela primeira vez em 1953, que «antes de Confúcio não houve ninguém a escrever em privado»[15], o que sucedeu com Lǎozǐ (老子) e a obra que nos deixou, o *Clássico da Via e da Virtude* (道德經 – *Dáo Dé Jīng*). Segundo esta ordem de ideias, o Confucionismo terá surgido antes do Taoismo, seguindo-se a introdução do Budismo na China, vindo da Índia ou da Ásia Central, no século primeiro da nossa era.

Se a Ocidente, e seguindo a perspetiva de Habermas, na esteira do racionalismo crítico e transcendental inaugurado por Kant (1724-1804)[16], a filosofia é a grande «guardiã da racionalidade»[17], no Oriente chinês ela é a protetora da virtude da Benevolência confucionista (仁 – *Rén*) para as filosofias confucionista e neoconfucionista, a guardiã do Caminho, do *Tao/Dào* (道) no Taoismo, e a tocha de Buda (佛 – *Fó*) para o Budismo *Chán* (禪). As tradições chinesa e ocidental são diferentes. O caminho no Taoismo não pode ser conhecido nem dito, devendo

[14] Será fornecida uma tabela cronológica que pode ser consultada em apêndice sobre as principais filosofias chinesas da Antiguidade.

[15] Fung Yu-lan (Fēng Yǒulán). *A History of Chinese Philosophy*. Vol. 1. Princeton: Princeton University Press, p. 170.

[16] Emmanuel Kant é o mais importante filósofo alemão dos tempos contemporâneos, sendo considerado por muitos o pai da filosofia contemporânea ao apresentar um projeto crítico que desenvolve nas suas três maiores obras: a *Critica da Razão Pura* (1781, 1787), *Crítica da Razão Prática* (1788) e *Crítica da Faculdade de Julgar* (1790), empenhando-se nos debates do seu século das Luzes em torno do inquérito aos limites da razão, enquanto pugnava por os seres humanos poderem usar livre, mas criteriosamente, as suas capacidades racionais.

[17] Jürgen Habermas: *Moral Consciousness and Communicative Action*. Cambridge: Massachusetts Institute of Technology 1990, p.17.

ser vivido, fazendo-se a cada passo. A racionalidade subalterniza-se perante a intuição do mistério. O início do primeiro capítulo de *O Clássico da Via e da Virtude* refere que: «O *Tao* cognoscível não é o *Tao* eterno/ Nome que o identifique não pode ser eterno»[18]. Segundo esta filosofia, o mistério ou o caminho, é vivido sem a pretensão de o interpretar e traduzir por palavras. A filosofia guarda não a racionalidade, mas «a obscuridade dentro da obscuridade/ a porta de todos os mistérios»[19], como é afirmado no final do primeiro capítulo da obra. Em *Os Analectos* (論語 – *Lún Yŭ*), Confúcio (孔子 – *Kŏngzĭ*) declara que o papel da sabedoria é salvaguardar a virtude da Benevolência confucionista, por isso o sábio deve ter como preocupação primordial viver entre gente benevolente, caso contrário arrisca-se a perder a sua virtude matriz, já que esta é um dom essencialmente social. É com este conselho que Confúcio, ou melhor um dos seus discípulos, abre o quarto capítulo da obra, dedicado à Benevolência: «Confúcio disse: deve viver-se num lugar onde haja homens de benevolência. Caso contrário, como pode alguém ser considerado sábio?»[20]. Quanto ao Budismo, pois é junto a Buda, o Iluminado, que se deve procurar o verdadeiro caminho, este reside no coração de cada um, longe do mundo das aparências e do sofrimento que nos perpassa. Assim, a filosofia para a escola budista *Chán* é a guardiã de um laço que religa aos ensinamentos essenciais e a uma verdade enraizada no coração humano, segundo explica o quarto patriarca *Chán* (禪), Dàoxìn (四祖道信 – *Sìzŭ Dào Xìn*) ao monge Făróng (法融), no célebre aforismo: «O Coração é Buda e Buda é o Coração» (非心不問佛，問佛不非心 – *fēi Xīn bú wèn Fó, wèn Fó bù fēi Xīn*).

[18] Tradução de António Graça de Abreu 《道德经》*Laozi Tao Te Ching. Livro da Via e da Virtude,* 2013, p. 28. «O *Tao* que pode ser expresso/não é o verdadeiro *Tao*/O nome que pode ser nomeado/não é o verdadeiro nome/» (道可道、非常道。名可名。非常名).

[19] Ibidem. Cf. Tradução de Graça de Abreu na qual se opta pela seguinte expressão final: «patamar para todas as maravilhas.» *(*玄之又玄。眾妙之門).

[20] Texto original dos *Analectos,* 孔子 (Kongzi). 《论语》. *Analects of Confucius.* Tradução para chinês simplificado de蔡希勤 (Cai Xiqin). Tradução para Inglês赖波 (Lai Bo) e夏玉和 (Xia Zhu He). 北京: 华语教学出版社, 1994, IV- 1《論語.理仁篇第四》<子曰：“里仁為美。擇不處仁，焉得知？>.

2.2. O Confucionismo

Confúcio (孔子 – *Kǒngzi*), o fundador do Confucionismo, viveu entre 551 e 479 a.C. e-constituiu uma filosofia de cariz ético-moral que, ainda hoje, após breves interregnos, influencia o pensamento e a maneira de ser dos chineses. O Confucionismo está ancorado em cinco pilares éticos, as «Cinco Virtudes» (五常 – *Wǔ Cháng*): a Benevolência ou Humanidade (仁 – *Rén*), a Justiça (義 – *Yì*), os Ritos (禮 – *Lǐ*), a Sabedoria (智 – *Zhì*), e a Confiança (信 – *Xìn*). A mais importante destas cinco virtudes é *Rén*, um conceito que tem vindo a ser traduzido de dois modos diferentes na sinologia ocidental: «Benevolência», quando se pretende enfatizar a ideia de bem e «Humanidade» para aqueles que desejam realçar o aspeto social desta virtude filosófica.

Entre os discípulos de Confúcio destacam-se dois de grande importância, Mâncio (孟子 – *Mèngzǐ*), o arauto da ideia de bem e de uma natureza humana espontaneamente boa, e Xúnzi (荀子), o defensor dos princípios contrários e, sobretudo, da má natureza humana. Há ainda outros pensadores de grande influência na tradição filosófica chinesa, tais como Zǐsī (子思), supostamente neto de Confúcio e responsável pela redação de *Doutrina do Meio* (中庸 – *Zhōng Yōng*), um dos livros mais marcantes da tradição chinesa, que privilegia, como o título indica, o centro e o virtuoso nada em excesso. Este livro pertence à bibliografia tradicional chinesa, a dos quatro livros e dos cinco ou seis clássicos que todos os estudantes deviam conhecer e memorizar.

A tradição confucionista compreende quatro livros fundamentais e cinco ou seis clássicos na tradição confucionista. Os quatro livros são: *Os Analectos*, diálogos entre Confúcio e os seus discípulos, registados por estes últimos; o *Livro de Mâncio* (孟子 – *Mèngzǐ*), composto por Mâncio e pelos seus discípulos; o *Grande Estudo* (大学 – *Dà Xué*), atribuído a Zēngcēn (曾参) (505-436 a.C.), um dos discípulos de Confúcio, mas que na realidade terá sido organizado nos finais da dinastia Qín (221/206 a.C.), no início da Hàn do Leste (東漢) (25-220) por letrados confucionistas, vindo a incorporar o *Livro dos Ritos* (礼记 – *Lǐ Jì*); e por último, como já foi referido, a *Doutrina do Meio*. Os cinco clássicos são: o *Clássico das Mutações* (易經 – *Yì Jīng*); o *Livro das Odes* (詩經 – *Shī Jīng*); a *História* (尚书 – *Shàng Shū*); o *Livro dos Ritos*, os *Anais da Primavera e do Outono* (春秋 – *Chūnqiū*); e existe ainda na tradição chinesa quem integre nesta lista um sexto clássico, a *Música* (樂經 – *Yuè Jīng*). Posteriormente, a tradição neoconfucionista acrescentará à bibliografia fundamental da escola o *Clássico da Piedade Filial* (孝經 – *Xiào Jīng*), todos eles compilados, sistematizados e organizados pela escola confucionista. Importa aqui fazer referência mais pormenorizada ao *Clássico das Mutações*, segundo os chineses um dos livros mais antigos do mundo, cuja base, os trigramas constituídos por três linhas femininas ou masculinas, terá sido fornecida pelo imperador mítico Fú Xī (伏羲) (2852-2736 a.C.), que os desvelou a partir da crina de um «cavalo-dragão» (馬龍 –*lóngmǎ*)[21].

Tanto o Confucionismo como o Taoismo se reclamam descendentes filosóficos do *Clássico das Mutações*. A grande diferença entre as duas escolas reside na escola confucionista, que, no apêndice à obra *Dez Alas* (十翼 – *Shí Yì*), um comentário ao *Clássico das Mutações*, familiariza e sociabiliza os oito trigramas (Céu, Terra, Trovão, Água, Montanha, Vento, Fogo e Lago), que constituem a base dos 64 hexagramas do texto. Assim, os confucionistas chamam ao Céu «pai», à Terra «mãe», ao Trovão «filho mais velho», à Água «filho do meio», à Montanha «filho mais novo», ao Vento «filha mais velha», ao Fogo «filha do meio» e ao Lago «filha mais nova». Pelo contrário, a escola taoista mantém os oito trigramas como poderosas forças naturais. As interpretações decorrem das posições filosóficas das duas escolas, com o Taoismo a privilegiar a natureza e o Confucionismo, a sociedade e a organização familiar.

2.2.1. A Tradição Confucionista

Na China, até ao final dos tempos imperiais a relação dos cidadãos com a lei era muito diferente daquela estabelecida no Ocidente. Na introdução à sua obra *História Abreviada do Desenvolvimento do Pensamento Legal Chinês* (《中國法律思想發展簡史》), Mǎ Xiǎohóng (馬小紅) diz-nos que a

[21] Cf. Ana Cristina Alves. *A Mulher na China.*Lisboa: Tágide, 2007, p. 36: «Segundo Legge, o *Yi Jing* foi constituído em três tempos distintos: (1) a alta antiguidade chinesa, c. 3322 a.C., quando viveu o imperador Fuxi, pai dos trigramas; (2) a média antiguidade, quando surgiram os hexagramas, criados pelo rei Wen e comentados tanto pelo próprio rei como pelo duque de Zhou – esta época estende-se do século XII a.C. até ao século VI a.C., quando se inicia a baixa antiguidade, a época em que viveu Confúcio; (3) por fim, na baixa antiguidade, Confúcio e/ou a sua escola contribuíram ainda para o *Yì Jīng* com comentários agrupados em As 10 alas.

tradição chinesa sempre «valorizou os ritos em detrimento da lei» (重禮輕法 – *Zhòng lǐ qīng fǎ*) e a «virtude em detrimento dos castigos» (重德輕刑 – *Zhòng dé qīng xíng*)[22]. Toda a estrutura tradicional chinesa se apoiava numa forte ligação entre a ética e a política, na qual as leis apareciam mais como complementos do direito consuetudinário. Claro que este não é o lugar para se referirem os desmandos dos senhores feudais, nem as decisões arbitrárias dos imperadores, porque apenas nos interessa o ponto de vista filosófico.

Sem uma forte ligação entre a ética, o direito positivo e o respeito pelas tradições, muitas leis podem parecer absurdas aos olhos do comum dos mortais. O respeito pelos costumes e tradições não faltava aos filósofos e pensadores de outras eras chinesas, pelo que os Ritos surgiam antes da lei. Estes mandamentos, muitas vezes não verbalizados e totalmente dependentes do costume, tinham várias funções: (1) organizavam a vida em sociedade; (2) cumpriam funções cósmicas; (3) formavam o carácter; (4) dirigiam e regulavam a conduta; (5) controlavam as emoções; e (6) produziam o bem que tanto era ético como estético, já que criavam um ambiente elegante, proporcionando assim o desenvolvimento das «belas virtudes» (美德 – *měidé*). Os Ritos possuíam não só a função reguladora das leis, que diz respeito à conduta exterior do homem, como uma inegável função constitutiva e enobrecedora dos caracteres. A prática dos Ritos tornava os homens melhores do que eram na realidade, uma vez que favorecia o desenvolvimento, nomeadamente para o pensamento confucionista, de uma trilogia de virtudes fundamentais: a Benevolência ou Humanidade, a Justiça, e os próprios rituais constitutivos dos Ritos[23]. A dissociação entre o pensamento ético e legal na tradição ocidental

[22] Cf. Ana Cristina Alves. *A Mulher na China*.Lisboa: Tágide, 2007, p. 36: «Segundo Legge, o *Yi Jing* foi constituído em três tempos distintos: (1) a alta antiguidade chinesa, c. 3322 a.C., quando viveu o imperador Fuxi, pai dos trigramas; (2) a média antiguidade, quando surgiram os hexagramas, criados pelo rei Wen e comentados tanto pelo próprio rei como pelo duque de Zhou – esta época estende-se do século XII a.C. até ao século VI a.C., quando se inicia a baixa antiguidade, a época em que viveu Confúcio; (3) por fim, na baixa antiguidade, Confúcio e/ou a sua escola contribuíram ainda para o *Yì Jīng* com comentários agrupados em As 10 alas.

[23] 馬小紅 (Mǎ Xiǎohóng) 《中國法律思想發展簡史》(História Abreviada do Desenvolvimento do Pensamento Legal Chinês). 北京，中國政法大學出版社，1995, p. 7.

fez com que as nossas leis tivessem uma natureza reguladora e não uma capacidade constitutiva ao jeito dos ritos chineses, já que, do ponto de vista funcional, leis no Ocidente e ritos no Oriente chinês se equiparam. Aliás, a lei no Ocidente define-se, não por enobrecer o carácter, mas como «norma obrigatória, geral, abstrata e vigente, emanada do poder competente»[24] ou, em sentido formal, por ser um corpo de normas obrigatórias vigentes, cujo conjunto constitui o direito positivo. Mă Xiăohóng afirma claramente que «aos olhos do imperador as leis eram instrumentos concretos de governação; aos olhos dos ministros funcionavam como regras, equilibravam o poder e possuíam um caráter punitivo; aos olhos do povo representavam o pau, os instrumentos de castigo e a prisão»[25]. Porém, antes das leis na China encontrava-se a valorização das práticas rituais, sendo o mais importante a reter do pensamento tradicional chinês não tanto a função reguladora dos ritos concretos, mas antes a sua função ética, constitutiva e criativa dos caracteres e condutas humanas.

2.2.2. A Harmonia

Na sua obra intitulada *The Geography of Thought. How Asians and Westerners Think Differently...and Why*, Richard E. Nisbett, um psicólogo social, chegou à conclusão de que os orientais, particularmente os do Sudeste Asiático, e sobretudo os chineses, pensam de um modo diferente do nosso, pelo que não se pode esperar nem pedir o mesmo às filosofias ocidentais e orientais. Os chineses, a base pensante de todo o Sudeste Asiático, partem de uma conceção do mundo relacional e holística, privilegiando a harmonia e uma mundividência complementar; os ocidentais, pelo contrário, possuem um modo de vida individualista e uma lógica de aproximação à vida. Não é então de estranhar que o pensamento lógico e científico se tenha desenvolvido grandemente no Ocidente. Do ponto de vista das conceções filosóficas, os ocidentais valorizam o pensamento concetual assente em conceitos, que se traduzem na linguagem por nomes,

[24] Ver, para um estudo aprofundado da importância dos ritos na sociedade tradicional chinesa, Antonio S. Cua «The Concept of Li in Confucian Moral Theory», in *Understanding the Chinese Mind.* The Philosophical Roots. Ed. Robert E. Allison. Hong Kong, Oxford, Nova Iorque: Oxford University Press, 1991, pp. 209-235.

[25] Maria Chaves de Mello. *Dicionário Jurídico.* Lisboa: Dinalivro, 2008, p. 270.

ao passo que os orientais expressam um pensamento relacional, que se traduz linguisticamente pelo recurso intensivo aos verbos. A linguagem oriental é altamente contextual enquanto a ocidental é particularizante e atomística. O pensamento lógico foi desvalorizado no Oriente e considerado mesmo uma prova de imaturidade. Os princípios lógicos por tradição grega mais enaltecidos no Ocidente, isto é, o da identidade, o da contradição e o do terceiro excluído, foram substituídos na China por uma visão dialética, que assenta também em três princípios. Estes são: o princípio da mudança, que determina que os conceitos que refletem a realidade são fluidos e subjetivos; o princípio da contradição, corolário da mudança que provoca paradoxos, oposições e anomalias; e o princípio da relação ou holismo, que resulta da transformação e das relações por ela suscitadas[26].

Contra o pensamento lógico e argumentativo ocidental, baseado nos três famosos princípios lógicos acima referidos, os orientais, e especialmente os chineses, opõem a harmonia, traduzida na famosa expressão confucionista da *Doutrina do Meio* (中庸 – *Zhōng Yōng*), a do equilíbrio entre os extremos. De que serve analisar, argumentar e refutar, quando o que verdadeiramente interessa está além de todos os conflitos e oposições? Os modos de ser oriental e ocidental originam pensamentos muito diferentes, da medicina às religiões, passando pelas relações políticas e sociais. Se pensarmos em termos de Direito, os ocidentais valorizam a ação dos advogados, ao passo que os orientais preferem os intermediários. No Ocidente dá-se preferência ao princípio universal e abstrato da justiça e parte-se do pressuposto que existe um certo e um errado, quem ganha e quem perde, enquanto[27]:

[26] Cf. Texto original, 馬小紅 (Mǎ Xiǎohóng) 《中國法律思想發展簡史》 (História Abreviada do Desenvolvimento do Pensamento Legal Chinês) 北京：中國政法大學出版社, 1995, p. 7: <在帝王眼中，法律治人之具；在大臣眼中，法律是規矩，权衡與繩墨；在普通的百姓眼中，法律是棍棒，刑具与监狱。>.

[27] Ver a defesa da visão transformacional e holística chinesa em Tu Wei-ming, «The Continuity of Being: Chinese Visions of Nature», in *Nature in Asian Traditions of Thought*. Albany: State University of York Press, 1989, pp. 67-78.

o objectivo no Oriente, na resolução do conflito, é para que haja uma redução da hostilidade e o resultado final seja o compromisso. No Ocidente opta-se por chamar a atenção para os princípios universais da justiça e os jurados sentem-se obrigados a tomar decisões equitativas. Em contraste, no Oriente há flexibilidade e uma maior atenção às circunstâncias particulares para uma resolução sensata do conflito.

É claro que a valorização da harmonia, particularmente da social, levanta problemas quando se passa ao nível individual. Onde não existe debate e confronto e não se valorizam as perspetivas individuais e os estilos próprios, não se pode esperar grande atenção aos valores mais prezados no Ocidente, como sejam os da liberdade individual e dos direitos humanos. Estes últimos no Oriente traduzem-se apenas ao nível dos direitos da comunidade, e só assim fazem sentido. Hoje os chineses já adotaram muitas das nossas perspetivas ocidentais e vice-versa, porque os ocidentais se têm vindo a aproximar do pensamento oriental, como se pode verificar, só para citar alguns exemplos, pelo acolhimento de práticas medidativas, hábitos alimentares e, inclusive, a incorporação de princípios da medicina tradicional chinesa. Este câmbio constitui um dos benefícios da globalização, por isso, explica-nos Nisbett, há quem hoje prediga o fim da história, à maneira de Francis Fukuyama, esse cientista político que assume a convergência dos sistemas políticos e económicos, já que o capitalismo e a democracia vão reinar por todo o planeta. Existe também quem, como Huntington, defenda o acentuar das divergências e o choque continuado das civilizações. Nisbett opta claramente por uma terceira perspetiva, a da convergência cada vez maior entre os modos de pensar e ver dos mundos oriental e ocidental, sem que haja um óbvio triunfo de um sobre o outro, ao contrário de Fukuyama que pressupõe a vitória do Ocidente sobre o Oriente. Segundo o autor: «O Oriente e o Ocidente podem contribuir para um mundo misturado, onde os aspectos cognitivos e sociais de ambas as regiões estejam representados, mas transformados»[28].

[28] Richard E. Nisbett. *The Geography of Thought. How Asians and Westerners Think Differently... and Why*, London: Nicholas Brealey Publishing, 2005, p. 194.

2.2.3. A Virtude do Meio

A China, o «País do Meio» (中國 – *Zhōngguó*), é, por tradição, não apenas o centro do mundo, como já foi referido, mas ainda o centro das virtudes, o ponto de equilíbrio perfeito entre as paixões, como nos indica a tradição confucionista, desde a elaboração da *Doutrina do Meio*, a alegada compilação dos ditos de Confúcio, atribuída ao neto, conhecido por *Zǐsī*. O certo é que a *Doutrina do Meio* surge integrada no *Livro dos Ritos*, redigido pela mão dos confucionistas, que viveram entre as dinastias Qín e Hàn (206 a.C. - 220 d.C.). A *Doutrina do Meio* foi elevada a clássico desde os tempos neoconfucianos (新儒家 – *Xīnrújiā*) da dinastia Sòng (宋) (960-1279). Um dos seus maiores arautos foi Zhūxī (朱熹), o mesmo filósofo que, ao desempenhar cargos oficiais, mandou que os pés das mulheres fossem atados de um modo tão forte que as impedisse de se movimentarem livremente[29].

Do ponto de vista teórico nada parece convir mais aos seres humanos do que o meio-termo, mas segundo as palavras do próprio Confúcio, registadas pelo alegado neto, o meio-termo que se define por «nunca se ir demasiado longe, nem ficar demasiado perto»[30] é uma filosofia existencial que apenas pertence aos homens superiores, e mesmo a esses escapa. Confúcio disse: «Receio que a Doutrina do Meio nunca possa ser praticada»[31]. É muito difícil estar sempre em harmonia e encontrar a justa medida dos nossos atos e emoções, uma vez que até o mais sábio por vezes sai do bom caminho e perde o equilíbrio. Confúcio refere ainda:

> É possível governar bem um estado, declinar altos postos e belos salários, é ainda possível que um homem ande sobre facas afiadas, mas é impossível ao homem aderir ao meio para sempre[32].

[29] Richard E. Nisbett. Op. cit., p. 229.

[30] Cf. Ana Cristina Alves. Os filósofos e as mulheres, in *A Mulher na China*. Lisboa: Tágide, 2007, p. 123.

[31] *Doutrina do Meio* (《中庸》*Zhōng Yōng*), aconselha-se a leitura da edição bilingue, *The Great Learning.* 《大学》 *The Doctrine of The Mean* 《中庸》. Trad. chinês simplificado de傳云龙 (Zhuàn Yúnlóng) e de何祚康 (Hé Zuòkāng) para inglês,1996, p. 8.

[32] Texto original 《中庸•不行章》 (Doutrina do Meio, Capítulo da não praticabilidade). 北京: 话语教学出版社,1996, p.13 : "子曰:　"道其不行矣夫".

Se a via do meio é impossível de alcançar e, sobretudo, manter de uma vez por todas, não é transcendente segui-la, para tal basta que se cultive a ligação ao Céu, seguindo um caminho basicamente ético, porque os confucionistas não são particularmente religiosos, quanto muito seguem uma espécie de «religião natural», na qual se defende o Céu (天 – *Tiān*) enquanto princípio impessoal, embora também mantenham uma ténue ligação ao sagrado, já que é preciso respeitar os espíritos porque nunca se sabe quando vão descer para nos iluminar. Para além disso, na procura do Céu há que ser benevolente, dado que o amor aos outros abafa o ego e, especialmente, procurar ser sincero (誠 – *chéng*):

> porque a sinceridade é via do Céu. Procurar ser sincero é o caminho do homem. Alguns nasceram sinceros. O que fazem conforma-se ao caminho do Céu sem esforços extenuantes, fazem-no sem pensar e por isso são sábios[33].

No caminho da sinceridade o mais importante é não utilizar o pensamento consciente, o que só o homem superior sabe fazer. É claro que também existem aqueles que aprendem, através do estudo constante e cada vez mais abrangente, a cultivar a sinceridade, mas esses são postos num segundo plano, porque, e à semelhança do que se passa no Taoismo, é o instinto natural que nos oferece o caminho do Céu, logo quem tem de o aprender, fá-lo a título de complemento:

> O instinto natural leva o homem a compreender o caminho do Céu através da sinceridade. A educação permite-lhe ser sincero através da compreensão do caminho do Céu. A sinceridade assegura a compreensão e a compreensão a sinceridade[34].

[33] Texto original《中庸·可均章》 (*Doutrina do Meio*, Capítulo do bom governo). 北京: 话语教学出版社,1996, p. 21子曰：天下國家可均也，爵祿可辭也，白刃可蹈也，中庸不可能也。”.

[34] 《中庸•“問政章”》(Doutrina do Meio, Questionando sobre a administração). 北京: 话语教学出版社,1996, p. 56, “誠者，天之道也。誠之者，人之道也。誠者，不勉而中，不思而得，從容中道，聖人也”.

Encontramos uma relação com o Taoismo, já que a enorme vantagem de se ser sincero é seguir o instinto natural, ditado pelo Céu, fazendo com que tudo espontaneamente se transforme e, através da palavra, como vemos pela análise etimológica desta virtude, cujos componentes são, «palavra» (言 – *yàn*) e «transformação» (誠 – *chéng*). Só os mais sinceros, os sábios, podem ligar o Céu e a Terra, procedendo a todas as transformações sem esforço visível, e as recompensas são grandes, sendo a maior de todas a possibilidade de previsão e predição do futuro.

2.2.4. A Bondade em Mâncio

Mâncio, que viveu entre 372 e 289 a.C., foi um filósofo otimista, porque acreditava sinceramente na natureza humana. Não houve ninguém mais generoso do que ele. Foi o primeiro pensador da escola de Confúcio a defender insistentemente a bondade humana. Para este filósofo, as pessoas são naturalmente boas, embora um meio ambiente adverso e o desleixo com as suas próprias características naturais possam torná-las más. Uma das histórias proverbiais mais conhecida entre os chineses é a da «Feia Montanha do Búfalo» (醜陋的牛山 – *Chǒulóu de Niúshān*)[35]. A montanha inicialmente era linda, verdejante e repleta de árvores frondosas. Como a terra era propícia e dadivosa, as pessoas iam lá cortar lenha, passeavam os rebanhos e o gado, mas nada repunham do que tiravam, pelo que a montanha luxuriante se foi degradando e empobrecendo até que um dia se transformou numa zona árida, explicou Mâncio aos seus discípulos, concluindo que o mesmo poderá suceder a qualquer um de nós que deixe degradar a sua natureza originalmente boa, se não for capaz de evitar as más influências ou se não se preocupar em desenvolver o Bem que traz em si.

Mâncio, à semelhança de outros filósofos orientais, não se empenhava em definir os grandes conceitos morais com que trabalhava. No entanto, existe uma história proverbial em que Mâncio avança com definições

[35] Cf. Lee Wei-hsiung (李威熊) 《孟子的故事. 醜陋的牛山》/ *Stories from Mencius*. Taiwan: The Overseas Chinese Library, Number 2003, 聯經出版事業公司印行, 1985, p. 29. Sugere--se ainda a consulta de Ana Cristina Alves «O Monte Niu», in *A Sabedoria Chinesa.*Cruz Quebrada: Casa das letras/Editorial Notícias, pp. 61-62, bem como o texto original de Mâncio na obra Homónima 《孟子·告子上篇》 (*Mencius,* Gaizi, primeira parte), p. 361.

muito felizes de bondade e justiça, quando pretende ensinar a um aluno rebelde «o método de obter o conhecimento» (追求學問的方法 – *zhuīqiú xuéwèn de fāngfǎ*). O estudante, chamado A-Long (阿龍), mal percebeu que ia ter uma aula, tentou em vão escapar-se da classe sob o pretexto de ir ajudar os pais a procurar umas galinhas e um cão fugidos. Entretanto, o Mestre começou a dissertar sobre a Benevolência, que definiu como sendo «um coração profundo nos nossos corações, que ama os outros e tudo aquilo que nos rodeia, e isso é a Benevolência»[36]. Se esta é o amor ao próximo, esteja ele mais ou menos perto, como as árvores, os animais ou a natureza, o que dizer da Justiça? A Justiça é definida como um caminho: o justo, correto ou apropriado para cada um de nós: «Os que abandonam o caminho correcto (...) são como nós quando largamos a estrada principal que devemos seguir. E então não conseguimos chegar a lado nenhum»[37]. Note-se que esta definição de justiça como o seguir do caminho correto, ou o cumprimento da função que cabe a cada um em relação ao todo onde está inserido, não é muito diferente da definição platónica, o que não é de estranhar se pensarmos o quanto Platão foi influenciado pelo pensamento oriental. O comportamento justo para o estudante é caminhar pelo estudo, para o professor seguir os passos do ensino e da investigação, e assim por diante. As pessoas que não seguem a via justa ou o caminho adequado corrompem a sua natureza, pois não desenvolvem as virtudes naturais, atrofiando-as, pelo contrário, o que vai suscitar uma atitude de desrespeito de si e por parte da comunidade onde cada qual se insere. Em *O Rio das Águas Azul-marinhas* (滄浪的河水 – *Cānglàng de Héshuǐ*), Mâncio relata que havia uma aldeia, a das Águas Azuis, banhada por dois rios: o que corria a Leste tinha umas águas muito límpidas e transparentes, enquanto o que corria o Oeste era escuro e lamacento. Os camponeses quando regressavam do trabalho aproveitavam então o rio pardo para lavar os pés e tudo o resto que estivesse muito sujo, chegando ocasionalmente a deitar porcaria para esse rio, o que nunca faziam ao outro das águas puras, que era preservado pela comunidade para passeios

[36] Texto na versão chinesa, 《孟子的故事》/ *Stories from Mencius*. 聯經出版事業公司印行, 1985, p. 60, «我們内心有一顆愛人、愛萬物的心，那就是仁».

[37] Texto na versão chinesa, Op. cit., p. 57, «我們做任何事情，都應該循著正當的軌道，這軌道就是義.»

e ginástica, como explicou certo avô ao neto, enquanto passeavam junto ao rio azul:

> O mesmo sucede com as pessoas. Se nos mantivermos limpos e com auto-respeito, poderemos obter a admiração dos outros, mas se nos abandonarmos, os outros farão o mesmo[38].

Se a justiça para o filósofo é um caminho, então os justos são aqueles que percorrem o seu trilho, sendo contemplados e apreciados por todos. O justo é-o também em função dos outros, nunca estando sozinho e sendo sempre avaliado pela comunidade em que se integra. Logo, a justiça no mundo de Mâncio é uma virtude relacional e muito exigente.

2.2.5. Os *Analectos*

No Ocidente, existem várias filosofias da linguagem muito interessantes: numas defendem-se posições essencialistas, noutras nominalistas, existindo também as realistas. No entanto, não existe nenhuma tão apelativa, crê-se, como a de Confúcio, que avança com o princípio da «retificação dos nomes» (正名 – *Zhèngmíng*) de consequências práticas muitíssimo sugestivas. O que é então a «retificação dos nomes»? Através de um dos seus discípulos mais diretos, que lhe reuniram pensamentos na obra *Os Analectos*, Confúcio diz o seguinte[39]:

> Zi Lu afirmou: «O governante de Wei tem estado à sua espera para que tome conta da administração do estado. Qual deverá ser o primeiro acto de governação?» O Mestre replicou: «Em primeiro lugar, é necessário retificar os nomes.» «Ai, sim? Mas por que razão deve haver uma retificação?» – Quis

[38] Texto na versão chinesa, Op. cit., p. 64, «這不就像我們人一樣，只要潔身自愛，一定會贏別人的尊重；要是自暴自棄，別人也就瞧不起我們了！».

[39] Texto original, 孔子 (Kǒngzǐ). 《論語》， *Analects of Confucius*. Tradução para chinês simplificado蔡希勤 (Cài Xīqín); 赖波 (Lài Bō) e tradução para Inglês夏玉和 (Xià Yùhé). 北京: 华语教学出版社, 1994, XIII-3, «子路曰：衛君待子而為政，子將奚先？子曰：“必也正名乎！”子路曰：“有是哉，子之迂也！奚其正？”子曰：“野哉，由也！”君子於其所不知，蓋闕如也。名不正則言不順，言不順則事不成，事不成禮樂不興，禮樂不興則刑罰不中，刑罰不中則民無所錯手足。故君子名之比可言也，言之必可行也。君子於其言，無所苟而已矣。.

> saber Zi Lu' [...]. O Mestre respondeu: «Se os nomes não estiverem corretos, a linguagem não está de acordo com a verdade das coisas. Se a linguagem não estiver de acordo com a verdade das coisas, os assuntos não podem ser tratados como deve ser. Os ritos e a música não podem prosperar, e se os ritos e a música não prosperarem, os crimes não podem ser devidamente punidos, e se estes não forem devidamente punidos, as pessoas sentem-se perdidas. Por isso, um homem superior considera necessário que os nomes proferidos por ele sejam apropriados e não ditos de qualquer maneira.»

O que nos diz este filósofo chinês, que viveu entre o século VI e V a.C., não pode ou deve ser em vão, à semelhança do que defende. Nada pode ser proferido por puro prazer ou brincadeira, pois tudo o que expressamos tem consequências profundas sobre nós e a realidade que nos rodeia. As palavras pesam e têm uma espécie de eficácia social: com elas podemos endireitar políticas, administrações e, claro está, modos de vida. É este «poder mágico» da linguagem que, a meu ver, os filósofos ocidentais da segunda metade do século XX quiseram recuperar. John Austin refere o poder performativo, isto é, operacional da linguagem. Quando falamos, realizamos atos com inegável valor instrumental, porque toda a linguagem é, antes de mais, um poderoso instrumento de comunicação, seja connosco mesmos, com os outros ou até com os poderes sobrenaturais do universo para quem seja religioso.

Para quem contacta com a cultura chinesa, uma das primeiras lições que aprende é a respeitar muito certos caracteres, porque estes, além da sua eficácia social, possuem um verdadeiro poder mágico. Quem decorar a casa à maneira chinesa, não estará apenas a enfeitar as paredes. Se pendurar os caracteres de «longevidade» (壽 – *shòu*) e de «felicidade» (福 – *fú*) em certos pontos estratégicos da casa, não o fará por mero apetite estético, conta com eles para que lhe prolonguem a vida e lhe tragam alguma felicidade. E quanto à «prosperidade» (祿 – *lù*), qualquer chinês que o seja venera-a. Quem quiser entender bem os chineses, deve antes de mais tomar atenção aos caracteres que mais prezam. Quais são então as divindades mais importantes? São, recorde-se, na filosofia popular uma trilogia, expressa por três magníficos sinogramas: a longevidade (壽 – *shòu*), a felicidade (福 – *fú*) e a prosperidade (祿 – *lù*), sendo que pelo último se deve entender um belo cargo. Existem ainda outros caracteres igualmente importantes como o da dupla felicidade (雙喜 – *shuāngxǐ*), que nos chama a atenção para a importância de se viver em conjunto, ou seja, como marido e mulher. Quanto ao amor propriamente dito (愛 – *ài*), não terá talvez o peso que possui no Ocidente cristão. Por fim, perspetivando a caligrafia chinesa, sob orientação do princípio da retificação dos nomes, encontra-se uma filosofia realista da linguagem, na qual as palavras possuem um poder realizante incalculável. Caso se adote esta filosofia, entra-se no domínio da compreensão racional intuitiva, professando uma forma de vida onde tudo é possível.

2.3. O Moísmo

Mòzǐ (墨子), o fundador do Moísmo[40] terá vivido entre o século V e o século IV a.C. (479 e 371 a.C.) no início dos Estados Combatentes (戰國 – *Zhàn Guó*) (475-221 a.C.). Foi o grande defensor da ideia de amor universal (兼愛 – *Jiàn Ài*), ao tempo a principal rival da Benevolência confucionista. O seu imperador modelo foi Yǔ, o Grande (大禹), o lendário fundador da dinastia Xià (夏), que se distinguiu pela extrema frugalidade e autossacrifício. *Mò Jīng* (墨經) é o livro canónico desta escola filosófica, redigido pelo fundador com a presumível participação, nos últimos capítulos, dos seus discípulos. O filósofo sustentava o conceito de Vontade Celestial (天志 – *Tiān Zhì*). Os moístas acreditavam na educação moral e na política para reconstruir a sociedade chinesa com menos clivagens sociais e mais harmonia. Os filósofos desta escola também contribuíram para o desenvolvimento da lógica e para o estabelecimento dos critérios do conhecimento, embora neste trabalho não sejam apresentados os pontos de vista da filosofia do conhecimento nem a lógica[41]. Vamo-nos ocupar da sua filosofia para a humanidade e, portanto, estudar o

[40] Cf. Fung Yu-lan (馮友蘭 – Féng Yǒulán). «Mo Tzŭ and the early Mohist School», in *A History of Chinese Philosophy*: The Period of the Philosophers. Princeton: Princeton University Press, Vol.1,1983, pp. 76-105, e Oliver Leaman. *Key Concepts in Eastern Philosophy*. London and New York: Routledge, 1999, pp. 208-211.

[41] Para quem tenha interesse em aprofundar estes aspetos da filosofia moísta, sugere-se a consulta do capítulo, relativo aos desenvolvimentos da Escola Moísta «The Later Mohist School» no Vol. 1 da obra *A History of Chinese Philosophy*, do historiador da filosofia chinesa Fēng Yǒulán.

seu pensamento ético-moral e religioso. Autores como Oliver Leaman consideram intermutáveis os conceitos de Benevolência confucionista e amor universal ou, como lhe chamam, benevolência moísta[42], embora nos distanciemos desta perspetiva pois, à boa maneira (e aqui sim!) da lógica, seja ela ocidental ou chinesa moísta, palavras diferentes expressam conceitos dissemelhantes. O objetivo que o filósofo tem em mente quando tematiza o conceito, ou melhor, a noção basilar da sua filosofia, o amor, é mais funcional do que teórico, devendo ter efeitos imediatos nas relações sociais. Estas, sob a influência do amor, passam do desnível da posição social ao nivelamento produzido pelos afetos, viabilizando o fim do estado de guerra permanente em que então se vivia, que não podia ser mais repudiado pela escola. *Mòzǐ* sonhava com uma sociedade ideal, constituída por gente simples e modesta em interajuda constante, seguindo como princípio de ação o amor universal, aceite por todos, através da religião, por Vontade Celestial, o que havia de constituir uma sociedade entre a vontade do Céu, que recompensa quem se porta virtuosamente e castiga todos os outros, e o afeto de gente humilde e bem-intencionada. Este ponto abria uma divergência muito concreta entre moístas e confucionistas, já que os últimos baseiam o seu modelo sociopolítico numa educação sofisticada, na música e nos ritos, ao passo que os primeiros optam pela economia, austeridade e justiça, com vista ao bem-estar geral: o principal objetivo do sistema social que se pretende implantar. Daí que os conceitos de Serviço Meritoso (功 – *Gōng*) e Benefício ou Lucro (利 – *Lì*) sejam tão importantes para a escola. A filosofia moísta foi suplantada pela confucionista até aos finais da dinastia Qīng (1644-1912), altura em que voltou a despertar interesse na China.

2.3.1. O Amor universal

Pouco se sabe sobre Mòzǐ, o fundador da escola Moísta. À semelhança de Confúcio e de outros filósofos do tempo, viajou muito entre os vários reinos da China sempre mergulhados em lutas e ódios intestinos. Talvez por ter vivido durante o período dos Estados Combatentes, fez da pregação do amor universal a sua principal teoria. O filósofo ia de Estado

[42] Oliver Leamen, Op. cit, p. 209: «Para Mozi *ren* ou humanidade é equivalente a benevolência, *renai*».

em Estado e procurava convencer os senhores feudais de que, sobretudo por razões utilitárias, o amor era bem melhor do que o ódio. A sua filosofia recorda-nos a longa tradição cristã, que faz do amor o pilar da fé. No entanto, o amor que *Mòzǐ* não se cansa de defender é para ser implementado neste mundo com objetivos claramente políticos, pelo que a sua teoria tem uma vertente utilitária inultrapassável. O sucesso de uma teoria depende, de acordo com este pensador, de três fatores: primeiro, o de poder ser incluído um modelo de desprendimento e frugalidade numa tradição que remonta aos Reis Sábios da antiguidade, no seu caso, Yú, o Grande; segundo, a comprovação dos sentidos; e terceiro, a aplicabilidade em termos mundanos.

A teoria do amor universal veio fazer frente à da Benevolência confucionista, mas nunca a chegou a destronar, embora tenha sido muito importante ao longo do século III a.C. Se a teoria moísta não se sobrepôs à confucionista, foi talvez porque os chineses, com o seu proverbial apego ao concreto e ao particular, não entendiam como poderia funcionar uma proposta tão universal e abstrata. A Benevolência, que podia ser lida em termos de respeito e aplicada de uma forma hierárquica, era bem mais funcional. Além disso, *Mòzǐ* propõe como pilares coadjuvantes desta teoria: a frugalidade; o respeito pela religião tradicional, com ênfase para o culto de espíritos e fantasmas; e o afastamento do culto das artes e de todas as expressões artísticas para que as coletividades não fossem tão exauridas, dado que os senhores feudais despendiam muito em banquetes e festas artísticas à custa do povo. *Mòzǐ* também propunha grande moderação nos rituais, a começar pelos fúnebres, o que só poderia ser malvisto à luz da mentalidade dos senhores da época[43].

O modo como o filósofo constrói a sua argumentação não podia ser mais lógico, daí que muitos autores se viessem a queixar que ele tinha uma linguagem fria e pouco artística. Mas o pensador explicou-se muito bem, não largando as categorias com as quais se propunha argumentar. O amor, como ideia motriz da organização social, justificava-se porque:

[43] Aconselha-se, para um conhecimento mais aprofundado das teorias moístas, a leitura da obra de Chad Hansen. *A Daoist Theory of Chinese Thought*, particularmente do capítulo, «Mozi: Setting the Philosophical Agenda.» Oxford: Oxford University Press, 1992, pp. 95-152.

> Aquele que ama será amado pelos outros, aquele que odeia será odiado pelos outros. Por isso, eu não compreendo como é que as pessoas podem ouvir a doutrina da universalidade e, ainda por cima, criticá-la[44].

O amor faz girar o mundo na direção correta, favorecendo as relações entre as gentes e a paz, e evitando o ódio e a destruição. Só o amor pode ser universal. O ódio é sempre parcial, quer dizer, particular, visto que um ódio universal seria a negação da própria existência, dada a sua capacidade destrutiva. Se o fundamento do amor é a universalidade, esta deve substituir-se no mundo à parcialidade, categoria nunca seguida pelos reis da antiguidade, nomeadamente pelos reis Wén (文) e Wǔ (武):

> As pessoas condenam a universalidade em palavras, mas adoptam-na na prática, e os grandes reis da antiguidade Wen (文) e Wu (武), administraram os seus reinos segundo o princípio da imparcialidade[45].

Em termos de análise filosófica, o amor é uma força que se rege pelo princípio da universalidade e tem como categoria diretriz a imparcialidade. Já a Benevolência sendo uma virtude importante, pode ser subsumida no amor, tendo características mais restritas e parciais e não implicando o empenhamento profundo nem a doação total. A Benevolência é um respeito contido, ao passo que o amor universal é uma dádiva integral de si, o que o torna uma ideia que obriga o seu praticante ao altruísmo absoluto. Segundo Mòzǐ, deve ser essa a postura exigida aos filósofos e, sobretudo, aos governantes para que o mundo deixe de se guerrear e se torne mais pacífico e harmonioso[46].

[44] Burton Watson (trad.). *Mo Tzu. Basic Writings.* Nova Iorque, Londres: Columbia University Press, 1963, p. 47.

[45] Burton Watson. Op. cit., 1963, p. 43.

[46] «Se pensarmos que não estamos corretos, o que se pode fazer para mudar a situação? Mozi disse: devemos usar o amor e a proteção mútua, realizar o método de benefícios mútuos para mudar as coisas. Devemos olhar para o país dos outros do mesmo modo que olhamos para o nosso, devemos encarar a casa dos outros como se fosse a nossa, devemos tomar a vida dos outros como se fosse a nossa. Se os senhores feudais se amarem mutuamente, não haverá guerra; se os senhores se amarem mutuamente, não se conquistarão; se as pessoas se amarem, não farão mal umas às outras; se os senhores e ministros se amarem, poderão ser benevolentes

2.3.2. A Vontade Celestial

As divergências entre moístas e confucionistas no que se refere ao tratamento do tema religioso são mínimas, especialmente no que respeita à Vontade Celestial, sendo esta o fundamento do amor universal para Mòzǐ e da Benevolência na escola confucionista, aumentado à medida que se caminha na tematização da relação entre as pessoas, espíritos e fantasmas. Veja-se então a questão da Vontade Celestial. Em Mòzǐ, existe um Céu que deseja a justiça para as pessoas e odeia a injustiça. Só pode fazer justiça quem ama, enquanto quem odeia espalha o ódio e a injustiça:

> Se amarmos os outros e os ajudarmos, o Céu recompensa-nos com bênçãos e felicidade; mas se os odiarmos e lhes fizermos mal, o Céu fará com que se abatam sobre nós desgraças[47].

Ficamos a saber que a vida e a riqueza dependem da justiça que o Céu deseja para os homens, ao passo que a morte e a pobreza são o fruto da desordem e injustiça que os homens provocam. Segundo esta conceção, o Céu intervém ativamente na vida humana para espalhar graças e, quando se retira, é para deixar as pessoas entregues à sua desgraça. A injustiça é, em parte, a ausência da justiça que reina quando o Céu deixa de proteger as suas criaturas. Como é óbvio esta conceção religiosa explica o modelo político em vigor na China antiga, onde há um imperador, o Filho do Céu (天子 – *Tiānzǐ*), que serve de elemento de ligação entre o Céu e a Terra, cumprindo um Mandato celestial: «O filho do Céu não pode decidir o

e fiéis; se os filhos e os pais se amarem, poderão seguir a misericórdia e o respeito piedoso; se os irmãos mais velhos e mais novos se amarem, poderão ter uma convivência harmoniosa. Se todos se amarem, os poderosos não poderão oprimir os mais fracos.» Texto original《墨子语录》(Citações de Mòzǐ) 上海：上海古籍出版社, 1994, p. 47, «既然认为不对，该用什么来改变它呢？墨子说：用互相爱护、互施利益的方法来改变它…把别人的国家看成像自己的国家一样，把别人的家看成像自己的家一样，把别人的生命看成像自己的生命一样。所以诸侯相爱就不会发动战争，大夫相爱就不会互相抢夺，人与人相爱就不会互相伤害，君臣相爱能仁爱忠诚，父子相爱就能慈爱孝敬，兄弟相爱就会和睦。天下的人都相爱，强的就不会压迫弱的。».

[47] Texto original《墨子语录》(Citações de Mòzǐ) 上海：上海古籍出版社, 1994, p. 134, «天人鬼神» ： «爱别人，帮助别人的人，上天必定赐福给他；憎恨别人、残害别人的人，上天必定降祸给他>.»

que é justo. O Céu decide isso por ele»[48]. Os imperadores benevolentes e os Reis Sábios da Antiguidade foram todos recompensados pelo Céu, tendo-se este empenhado no auxílio aos governantes que reinaram virtuosamente sobre a China. Os governantes malévolos, pelo contrário, foram castigados pelo Céu e, por isso, tiveram mortes precoces. Segundo esta perspetiva, o Céu interfere ativamente na ordem humana em relação à distribuição de castigos. Se a lei humana tece recompensas e castigos, fá-lo à imagem e semelhança da lei divina, que é a raiz do amor universal. Se um culpado pode escapar à lei positiva, de certeza que não escapa às malhas da lei divina, porque «aquele que mata uma pessoa inocente sofrerá inevitavelmente uma desventura»[49]. A tradição portuguesa também nos chama a atenção para a justiça sobrenatural, tendo feito desta um dos símbolos do país na famosa lenda do Galo de Barcelos[50].

2.4. O Taoismo

Lǎozǐ, considerado o patriarca da filosofia taoista, terá vivido entre o século IV e III a.C., de acordo com os estudos atuais. A tradição baseava-se no seu nome *Lǎo* (老), cujo significado é «velho», para defender que a filosofia taoista era, entre as autóctones, a mais antiga da China[51].

[48] Burton Watson (trad.). *Mo Tzu. Basic Writings.* Nova Iorque, Londres: Columbia University Press, 1963, p. 80.

[49] Burton Watson. Op. cit., p. 82.

[50] Uma das versões conhecidas da lenda é a seguinte: um galego peregrino passa por Barcelos a caminho de Santiago de Compostela, aí é acusado injustamente de ter roubado a estalagem onde ficara hospedado. Levado ao juiz, enquanto este almoçava, foi condenado à forca; mas como estava inocente, ter-se-á defendido, afirmando que o galo assado que o juiz comia à mesa, havia de cantar como prova da sua inocência quando estivesse prestes a ser enforcado. O milagre sucedeu, tendo sido o galego socorrido por uma força sobrenatural que se fez visível através do galo. Câmara Municipal de Barcelos. Disponível em: https://www.cm-barcelos.pt/visitar/caminho-portugues-de-santiago/a-lenda-do-galo/.

[51] Há várias explicações possíveis para o nome de Laozi. Uns acreditam que ele esteve 81 anos na barriga da mãe, razão pela qual nasceu de cabelos e barbas brancas, o que lhe terá valido o nome de velho; outros valorizam o seu nome próprio e apelido, contando uma interessante história que liga o seu apelido à ameixeira (李树 – *Lǐ Shù*) sob a qual terá nascido, e o nome próprio explica a origem das suas grandes orelhas, sendo o seu nome derivado de *Lǐ ěr* (李耳), aliás *Lǐ Dān* (李聃); outros ainda enfatizam as formas de tratamento tradicionais da cultura chinesa onde *Lao* é sinónimo de respeito.

O fundador do Taoismo iniciou uma filosofia cuja noção central é a de *Tao/Dào* (道)[52], em torno da qual gira o primeiro clássico desta escola, o *Clássico da Via e da Virtude.* O *Tao* é considerado de difícil tradução para alguns sinólogos como, por exemplo, António Graça de Abreu, que ainda assim o fez na obra para português intitulada *Laozi. Tao Te Ching. Livro da Via e da Virtude* (2013)[53]. O *Tao* expressa, do ponto de vista caligráfico, como se teve oportunidade de referir em *A Sabedoria Chinesa* (2005)[54], a cabeça do chefe em movimento, ou seja, o caminho que este percorre e, por extensão, o percurso existencial das nossas mentes em ação. A noção, que se considera aqui com um valor existencial, pode ser traduzida por «via» ou «caminho», mas também pode ser mantida no chinês fonético *Tao/Dào*, para os que acreditam ser as traduções de certas noções filosóficas-chave uma verdadeira traição ao espírito essencial que as anima. O certo é que o Taoismo se apresenta como uma filosofia de cariz existencialista, própria para orientar a vida de cada um, pelo que surge frequentemente em aliança com práticas meditativas e com a medicina tradicional chinesa. Os chineses acreditam, tanto para a filosofia como para a religião, que uma única forma de pensamento não esgota todas as orientações possíveis. Assim, assumem-se frequentemente como taoistas em casa, confucionistas em sociedade e budistas nos assuntos espirituais. O melhor caminho a seguir relativamente ao Taoismo começa por ser exposto no *Clássico da Via e da Virtude*[55]. O *Clássico da Via e da Virtude* é uma espécie de introdução literária ao pensamento filosófico, de grande beleza, simplicidade e profundidade, já que é apenas constituído por 81 pequenos capítulos em verso.

[52] *Tao* é o Registo fonético de Wade-Giles, que foi adotado no Ocidente para a noção basilar do Taoismo, este, de acordo com o *Pīnyīn*, escreve-se *Dào* (道).

[53] António Graça de Abreu (Trad.). *Tao Te Ching. Livro da Via e da Virtude.* Vega: Lisboa, 2013, p. 10.

[54] Ana Cristina Alves. *A Sabedoria Chinesa.* Lisboa, Casa das Letras/Editorial Notícias, 2005, p. 58.

[55] Este clássico já conheceu várias traduções do chinês para português. Aqui destacam-se duas de elevada qualidade e do maior interesse para quem se deseje familiarizar com o pensamento taoista: a de Cláudia Ribeiro, realizada em 2004, sob o título de *Laozi. Dao De Jing. O Livro da Via e do Poder*, e a de António Graça de Abreu, já mencionada e realizada em 2013.

Lǎozǐ deixou muitos discípulos, encontrando-se entre os de maior relevância: Zhuāngzǐ (莊子), que viveu entre os séculos IV e o III a.C. durante o período dos Estados Combatentes; Huáinánzǐ (淮南子), que terá vivido já no século II d.C., frequentando a corte do príncipe Liú Ān (劉安) ou sendo mesmo o próprio príncipe de Huáinán, segundo Fēng Yǒulán; e Lièzǐ (列子), que não se sabe ao certo em que tempo existiu, oferecendo-se um leque de possibilidades que oscila entre o século V a.C. e o século III d.C.. Todos estes autores deixaram obras intituladas com o nome deles, como era costume à época, sendo estudados na tradição sinológica ocidental como marcos representativos do pensamento taoista, no que se refere à governação política e individual. Além disso, estes autores são a base do Taoismo religioso. Como bem nos explica Isabelle Robinet na sua obra *Une Histoire du Taoisme: des origines au XIV siècle*, aqui consultada na versão inglesa, *Daoism. Growth of a Religion* (1997)[56], o Taoismo filosófico, estabelecido em O *Clássico da Via e da Virtude*, mas também por Zhuangzi, Huáinánzǐ e Lièzǐ, forma a base do Taoismo religioso. Para os estudiosos chineses, o Taoismo religioso remonta ao séc. II, quando em 165 Lǎozǐ é deificado, sendo o primeiro da escola religiosa dos Mestres Celestiais (天师 – *Tīanshī*).

2.4.1. O Taoismo do Fundador

A escola taoista é mais conhecida no Ocidente pela sua ontologia do que pela filosofia política, apesar de mais de metade dos 81 capítulos que compõem este clássico fundador serem devotados ao bom governo do país. Se, de facto, a ontologia é o fundamento da filosofia taoista, esta permanece incompleta se nos focarmos apenas nos alicerces, porque nos falta o resto da construção, que é tão importante como as bases. O melhor governo para a China era a verdadeira preocupação de Lǎozǐ, o fundador do Taoismo. Qualquer boa dona ou dono de casa sabe que é preciso mais arte para fritar um pequeno peixe do que um grande: a regra é mexer-lhe o menos possível, ou seja, virá-lo uma ou duas vezes no máximo.

Lǎozǐ, que muitos na China do Sul insistem ser anterior a Confúcio, diz-nos no capítulo 60 (道德经.六十章) do *Clássico da Via e da Virtude*:

[56] Isabelle Robinet.*Taoism. Growth of a Religion*. Trad, de Phyllis Brooks. Stanford: California, Standford University Press, 1997.

«Governar um grande país/é como fritar um pequeno peixe (治大國若烹小鮮)»[57]. Na perspetiva do filósofo, a Grande China deve ser governada como um pequeno peixe, porque os governantes devem ser os Sábios (聖人 – *Shèngrén*), os que compreendem o *Tao/Dào* e seguem a sua lei fundamental, que é a da Não-Ação Taoista (無為 – *Wúwéi*). A primeira virtude dos Sábios é a Não-Interferência (無爲之事 – *Wúwéi zhī shì*), porque como nos declara o filósofo no capítulo 11 (道德经.十一章) do *Clássico da Via e da Virtude*: «embora o ser pareça importante/É o não ser que se torna realmente valioso (故有之以爲利。 無之以爲用)»[58]. Os que se guiam pelo *Tao/Dào* dominam o mundo.

No capítulo 39 (道德经·三十九章), Lǎozǐ diz-nos: «Os reis e nobres que adoptaram o Tao (a grande unidade) ficaram senhores do mundo (侯王德一以爲天下正)»[59]. Estes senhores que se guiam por um fundamento não dito nem conhecido, que tipo de Estado governam e como é que o fazem? Tendo em mente o capítulo 38[60], organizam um Estado sem virtude, sem benevolência, sem justiça nem rituais, porque como se afirma claramente no capítulo 18 (道德经·十八章): «quando o grande *Tao* é ignorado/começa a benevolência e a justiça/Quando a sabedoria e a sagacidade predominam/sobreleva-se a hipocrisia (大道廢、有仁義、慧智出、有大偽)»[61]. Então se o *Tao/Dào* e o Sábio não se expressam por palavras, são modelares precisamente pela sua inatividade, seguindo

[57] Cf. A tradução de António Graça de Abreu. *Laozi Tao Te Ching. Livro da Via e da Virtude.* Lisboa: Vega, 2013, p. 147, «Governar um pequeno império é como fritar peixinhos». Na tradução de Cláudia Ribeiro *Laozi Dao De Jing. Livro da Via e do Poder.* Mem Martins: Publicações Europa-América, 2004, p. 125, «Governar um grande país/é como fritar pequenos peixes».

[58] Cf. A tradução de António Graça de Abreu, Op. cit., 2013, p. 49, «Por isso, no existir está a posse/no vazio a utilidade». Na tradução de Cláudia Ribeiro, ob. cit, 2004, p. 27. «Assim/o Manifesto (*You*) torna acessível/ o não-Manifesto (*Wu*) torna útil».

[59] Cf. A tradução de António Graça de Abreu, Op. cit., 2013, p. 105, «pela unidade, senhores e príncipes transformaram-se em bons governantes». Na tradução de Cláudia Ribeiro, Op. cit, 2004, p. 83. «os príncipes e reis que, ao alcançarem o Um, tornaram-se os exemplos do mundo».

[60] Ver António Graça de Abreu, Op. cit., 2013, p. 103: «A virtude superior não se assume como Virtude, por isso existe como verdadeira Virtude (上德不德/是以有德).».

[61] Cf. A tradução de António Graça de Abreu, Op. cit. 2013, p. 63, «Quando o grande ***Tao*** é esquecido/cresce a benevolência, a rectidão/Quando se desenvolvem a inteligência e a sabedoria, /existe a grande hipocrisia». Na tradução de Cláudia Ribeiro, Op. cit., *p.* 41. «Quando o

como normas «a tranquilidade e a quietude para governarem o mundo» (清靜為天下正)[62], segundo somos advertidos no capítulo 45. Volta a repetir-se a questão, mas agora a um nível mais prático, como é que se legisla e executa o poder de governação? Para a filosofia taoista, criando e implementando muito poucas leis, normas e proibições, porque estas têm um papel negativo na sociedade, uma vez que interferem constantemente com a lei natural do *Tao/Dào*. As leis são produções humanas e, como tal, artificiais. Por isso, Lǎozǐ no capítulo 57 (道德经·五十七章), chama-nos a atenção para o que considera um Estado realmente bem governado[63]:

> Um estado pode ser governado de uma maneira correta. [...] Quantas mais forem/ as proibições e os constrangimentos/mais pobre se torna o povo. [...] Quantas mais leis no país existirem/Mais roubos e ladrões surgirão/ Por isso de *Tao* se recolhe a lição/ Se a inacção prevalecer/o povo submete-se espontaneamente.

Algumas leis serão necessárias ao Estado. A única que o filósofo menciona concretamente é a da pena de morte, no capítulo 74, e não é para a enaltecer; pelo contrário, Lǎozǐ declara expressamente que a aplicação da penalidade máxima recai sobre o executor, «magoando-lhe as mãos»[64]. Afinal, o governo pela justiça é a terceira forma mais distanciada do *Tao/Dào*, porque, recorde-se, este só impera depois da virtude e da benevolência terem desaparecido. O governo pela justiça é a ordem mais humana e, por isso, o filósofo refere, no capítulo 58 (道德经·五十八章),

Grande Dao foi negligenciado/apareceu a benevolência e a justiça/Quando emergiram intelecto e inteligência/apareceu a grande falsidade».

[62] Cf. António Graça de Abreu. 《道德经》*Laozi Tao Te Ching. Livro da Via e da Virtude*, 2013, p. 117 «Quietude, serenidade governam as coisas do mundo.»

[63] Cf. Texto original Cláudia Ribeiro. *Laozi Dao De Jing. Livro da Via e do Poder*, p. 119, «以正治國。(...) 天下多忌諱、而民彌貧。(...) 法令滋彰、盜賊多有。故聖人云。我無爲而民自化。我好靜而民自正。我無事而民自富。我無慾而民自樸。»

[64] Cf. António Graça de Abreu. 《道德经》*Laozi Tao Te Ching. Livro da Via e da Virtude*, 2013, pp. 174-175.

que: «Quando o governo é tolerante/o povo é sincero (其政悶悶、其民淳淳)»[65].

Já sabemos que na tradição, quer taoista quer confucionista, os chineses eram avessos à ideia de lei. Esta surge em força com o desenvolvimento e influência do pensamento ocidental. Mas, quando atualmente lemos os jornais são os próprios chineses que pedem mais leis, normas e regulamentos. Pode dizer-se que receberam e assimilaram as lições do Ocidente. Quanto a Lǎozǐ, e com ele toda a escola taoista, embora despreze a lei humana em nome da natural, a que espontaneamente se dá, não a coloca inteiramente de parte.

2.4.2. A Longevidade Taoista

Hoje, os chineses estão cada vez mais ocidentalizados: vestem-se como nós, vivem como nós e até libertaram a subjetividade. Quando sintonizamos a televisão nos canais chineses, assistimos à exposição dos sentimentos bem ao modo ocidental: sofrem e amam sem qualquer pudor. Longe vão os tempos em que apenas insinuavam os afetos, escondendo-se em metáforas naturais, em gestos que ficavam a meio caminho para que depois o espetador interpretasse o resto. Além disso, as cidades chinesas são construídas ao modo ocidental, segundo o modelo americano. As construções no País do Meio «arranham mesmo o Céu» (摩天楼 – *mótiānlóu*) num desafio único ao Criador e à Mãe-natureza. Também a universal aspiração à longevidade, possui na China características únicas, apresentando-se desde cedo como uma das principais preocupações filosóficas da escola taoista, reflexo de um sentir comunitário partilhado. Os chineses exercitam-se nos jardins, levantam-se invariavelmente cedo e, sobretudo, não abandonaram o culto aos símbolos que presentificam o desejo de uma longa existência. Ainda que ao olharmos para a tradição, os vejamos a construir templos de madeira, matéria altamente efémera, e a dedicarem-se aos recortes de papel, não mais perenes, fazem-no com uma alma íntegra e totalmente entregue à devoção de símbolos que louvam a longevidade e a imortalidade, como sejam, a Imortal Mágŭ (麻姑仙壽 – *Mágŭ Xiānshòu*), nos recortes de papel, e o deus da Longevidade

[65] António Graça de Abreu. Op. Cit., p. 143.

(壽星 – *Shòu Xīng*). A Imortal Mágŭ[66] oferece um pêssego (桃 – *táo*) que, dizem os entendidos, é repasto de imortais e grande símbolo da longa vida, à Rainha-Mãe do Oeste (西王母娘娘 – *Xiwángmŭ Niángniáng*)[67], para lhe desejar boa sorte e longos anos, por altura do aniversário dela no terceiro dia do terceiro mês lunar, e oferece-o num belo recorte de papel que, pela sua própria natureza, não podia ser mais perecível. O deus da Longevidade é retratado como um ancião de longas barbas brancas, apoiando-se numa bengala de ramo de pessegueiro e sendo acompanhado por uma criança, para que não esqueçamos o ciclo da vida, a renovação, o prolongamento de uma descendência feliz.

Também os Oito Imortais Taoistas (八仙 – *Bā Xiān*)[68] expressam a mesma aspiração e ensinam-nos, com o exemplo das suas vidas, que a passagem para um estado mais espiritual se alcança pela libertação do espírito, o que permite, entre outras façanhas, voar. Porém, é preciso notar que o espírito voa sem nunca abandonar o espaço cósmico, que é, afinal, o sítio onde se pode alcançar a felicidade perfeita. Existem, ainda, outros símbolos que nunca nos deixam perder de vista o interesse máximo deste povo: prolongar a vida em ambiente natural. Eles são a massa (面條 – *miàntiáo*) que, pela sua forma comprida e alongada, não permite o esquecimento do que é realmente importante: fazermos esticar ao máximo esta magnifica oportunidade que nos é dada na Terra, que se não tivesse tantos problemas, seria perfeita. A massa é a mais expressiva das figurações do caractere da longevidade, também ele composto por longas linhas (壽 – *shòu*). Além disso, existe ainda a tartaruga (龜 – *guī*), que vive longos e vagarosos anos se pensarmos nas tartarugas asiáticas e africanas, que quase chegam a meio milénio. Muito podemos aprender, portanto, se soubermos poupar energia à boa maneira destes animais.

[66] Consulte-se mais informações sobre a Imortal Taoista Mágŭ (麻姑仙壽 – *Mágŭ Xiānshòu*), que numa tradução literal se chama a «Imortal do Cânhamo», e foi grande protetora do povo, o capítulo The People´s Protector: Mah Ku, in Eva Wong, *Tales of Taoist Immortals*. Boston & London: Shambala, 2001, pp. 102-103.

[67] Ver nesta obra o subcapítulo «O Tigre e a Divindade da Riqueza» onde se apresenta a Rainha-Mãe do Oeste.

[68] Aconselha-se para um conhecimento mais aprofundado da biografia dos Oito Imortais Taoistas, a leitura da obra de T.C Lai. *The Eight Immortals*. Hong Kong: Swindon Book Company, 1972.

No entanto, é preciso lembrar que a longevidade tipicamente chinesa não é exclusivamente obtida por «meios artificiais», embora as pílulas da imortalidade também tenham um papel importante na cultura chinesa: não se pode esquecer o trágico castigo da deusa da Lua[69] por ter roubado a pílula da imortalidade ao seu marido nem olvidar os esforços dos velhos taoistas, sempre associados ao fabrico do elixir da imortalidade, que poderia servir para prolongar a vida de imperadores tão tirânicos como foi Qín Shǐhuáng (秦始皇). Hoje a longevidade está ao alcance de cada um, bastando que se estime o corpo com massagens, ginástica, uma dieta adequada; enfim, aquilo que se considera um «modo de vida saudável». Também é melhor venerar os máximos representantes da tradição naturalista, marcada por escolas de meditação, por exemplo, a taoista, com tantas afinidades com o Budismo Chinês e, especialmente o Budismo *Chán*[70]. Esta filosofia pode resumir-se num louvor permanente à vida e ao melhor que ela tem para nos oferecer: as pequenas ações quotidianas, a confraternização com a família e os amigos, assim como o contacto diário com a natureza.

2.5. O Legalismo

Entre os filósofos da escola legalista (法家 – *Fǎjiā*), destaca-se Hánfēizǐ (韩非子) que viveu no século III a.C., talvez por volta de ?280 e 233 a.C., já que apenas existe certeza do ano do seu falecimento. Pertenceu ao estado de Han, um dos sete Estados do período dos Estados Combaten-

[69] Cf. Wang Suoying, Ana Cristina Alves. Chang'E Voa para a Lua (嫦娥奔月 – *Cháng'é bēn yuè*), in *Mitos e Lendas da Terra do Dragão*. Lisboa: Caminho, pp. 72-73. Recorde-se resumidamente que a Divindade da Lua é duplamente castigada pelos Deuses. Primeiro por uma falta cometida pelo marido, o Divino Arqueiro Hòuyì (後羿), é obrigada a acompanhá-lo até à Terra, depois, já por conta própria, rouba o elixir da imortalidade ao marido e envergonhada socorre-se da Lua para se resguardar do ato cometido, porque sabe se não será perdoada no Céu pelas restantes divindades, pelo que se vê forçada a permanecer quase sozinha na Lua.

[70] Para uma leitura mais aprofundada do Budismo Chinês, sugerem-se as seguintes obras: Nan Huai Chin. *Basic Buddhism. Exploring Buddhism and Zen*. Trad. J.C. Cleary, York Beach, Maine: Samuel Weiser, Inc., 1997 e, sobretudo, a antologia dedicada ao fundador do Budismo Chán, o Monge Bodhidharma, cuja coletânea foi organizada por L. Jeffrey Broughton. *The Bodhidharma Antology*. The Earliest Records of Zen. Califórnia: University of California Press, 1999.

tes. Este membro da família real dos Hán concebeu teorias a respeito da organização política do estado, defendendo que um governo bem-sucedido devia assentar em leis, vistas como instrumentos de controlo político-social. Esta teoria política influenciou o monarca dos Qín, o Primeiro Imperador chinês Qín Shǐhuáng, que unificou o território em 221 a.C. durante a dinastia Qín, encerrando um longo período de desunião. Após morosa discussão entre os legalistas, sobre qual seria o princípio fundador da escola, chegou-se a um consenso com Hánfēizǐ, considerando-se três grandes princípios orientadores nesta filosofia política: a Lei (法 – *Fǎ*), a Autoridade (势 – *Shì*) e Métodos (術 – *Shù*). De entre os métodos, destaca-se fazer amizades para benefício do governo do Estado, sempre na perspetiva do governante, pelo que o filósofo viria a ser encarado pela história da filosofia como um antecessor de Maquiavel, como veremos adiante[71]. Esta escola, que não valoriza o passado, ao contrário do Confucionismo, coloca a ênfase numa atitude pragmática, encarando a escassez de bens dos tempos de então como ponto de partida para a necessidade de uma forte legislação de controlo da população, a aplicar pelos ministros do governante. O governante nada deve fazer, numa aparente semelhança com a Não-Ação Taoista, mas distanciando-se da tradição chinesa, na qual o Cavalheiro confucionista (君子 – *Jūnzǐ*) ou o sábio taoista (聖 – *Shèng*) deveriam servir de modelos morais a fornecer ao povo. As propostas legalistas devem ser então perspetivadas num quadro inteiramente novo para a filosofia política da época, que as distancia da ética e as aproxima do pragmatismo político que tantas vezes encontramos no Ocidente.

2.5.1. Hánfēizǐ, o Patriarca do Legalismo

A exceção à regra da valorização dos ritos contra as leis na tradição chinesa surge-nos, portanto, da escola legalista de Hánfēizǐ. Será interessante analisar este filósofo sob vários aspetos, incluindo o ponto de vista psicológico, indagando por que tipo de psicologia se regia um fervoroso

[71] Cf. Fung Yu-lan (馮友蘭 – *Féng Yǒulán*) «Han Fei Tzŭ and the Other Legalists,» in *A History of Chinese Philosophy*, The Period of the Philosophers, Princeton, Princeton University Press, Vol.1,1983, pp. 313-336 e Oliver Leaman, *Key Concepts in Eastern Philosophy*, London and New York, Routledge, 1999, pp. 179-180.

crente nas leis, a ponto de fazer delas a sua ideia-matriz. Talvez as histórias e expressões idiomáticas, que o pensador nos deixou, ajudem a responder a esta questão. Hánfēizǐ era um profundo conhecedor da psicologia humana, embora isso não lhe tenha valido muito na prática. Como representante diplomático do estado de Han, Hánfēizǐ foi enviado ao estado de Qin em 234 a.C. Começou por ser bem recebido, mas depois de um *qui pro quo* ficou prisioneiro e acabou por se suicidar na prisão, uma estranha ironia do destino. Entre as suas histórias proverbiais, encontramos uma que enaltece, não apenas as leis, como a relação de fidelidade que os governantes devem manter com as mesmas. Se forem eles os primeiros a violá-las, quem é que as vai respeitar? Ora, uma vez desrespeitadas poderão ser úteis a alguém? Em *Bater no tambor* (打鼓 – *Dǎ Gǔ*), Hánfēizǐ cria uma situação equivalente à do conto infantil *Pedro e o Lobo* para o mundo legal. Assim conta-nos que o rei Lì de Chǔ (楚厲王) resolveu decretar que, em caso de emergência nacional, seria tocado um tambor. Ao som deste, o povo devia mobilizar-se. Certa vez, muito bêbado, o Rei Lì tocou o tambor por graça. O povo acorreu ao chamamento e, ao verificar que tudo não passara de um equívoco, quando mais à frente voltou a soar o tambor, em situação de perigo, ninguém apareceu[72]. Moral da história: as leis são importantes quando as cumprimos e, em especial, os governantes devem segui-las e aplicá-las exemplarmente.

Hánfēizǐ transmite-nos uma visão realista da natureza humana. Os homens fazem tudo para defender os seus interesses, sendo um dos seus piores defeitos o à-vontade com que mentem, a fim de favorecerem os seus negócios ou de encontrarem situações mais cómodas. Deve-se a este filósofo a introdução da expressão «contradição» (矛盾 – *máodùn*) na língua chinesa. Se, à letra, *máodùn* significa «lança» (矛 – *máo*) e «escudo» (盾 – *dùn*), então por que motivo a lança e o escudo juntos representam

[72] Todas as histórias proverbiais aqui mencionadas são do conhecimento da maioria dos chineses. Para um entendimento mais aprofundado do pensamento do fundador do Legalismo chinês aconselha-se a tradução realizada pelo sinólogo Burton Watson dos escritos fundamentais de Hánfēizǐ para inglês, pelo que se sugere a consulta de: *Han Fei Tzu. Basic Writings.* New York: Columbia University Press, 1964.

a contradição? Segundo a lição proverbial *A lança contra o escudo*[73] (自相矛盾 – *Zìxiāng-máodùn*), existia um vendedor de lanças e escudos que se excedia em elogios a ambos os produtos, caindo em contradição ao dizer que as suas lanças eram as mais pontiagudas do planeta, pelo que podiam trespassar qualquer escudo. De seguida, enaltecia, no mesmo tom, os seus escudos, afirmando que eram os mais resistentes do universo, invencíveis ao embate da melhor das lanças. A verdade é que esta história proverbial apresenta as nossas contradições de um modo figurativo. Contradizemo-nos porque existem interesses a defender, por causa do medo, etc. Este tipo de características demasiado humanas torna necessária a existência de leis para resolverem os conflitos que possam surgir entre as pessoas.

Entre os defeitos, um dos que mais incomodava Hánfēizǐ era a mentira. De facto, muita gente gosta de enganar, mas poucos apreciam ser aldrabados. É com vista à erradicação da mentira que o pensador nos viria a oferecer uma outra história corrente entre os chineses: *Zēngzǐ não mente* (曾子不撒謊 – *Zēngzǐ bù sā huǎng*)[74]. Esta assume a forma de uma lição por parte de um marido, Zēngzǐ (曾子), à mulher, quando o homem não gosta que a cara-metade engane o filho. O menino desata a chorar ao ver a mãe a sair de casa e ela, a fim de o calar, diz-lhe que no regresso matará um porco para o jantar. No regresso ao lar, ela apanha um susto por ver o marido pronto a matar o animal. Interrogado, Zēngzǐ terá retorquido que, embora não fizesse jeito à economia caseira, não se devia mentir às crianças. Podem-se ainda contar muitas mais histórias proverbiais deste filósofo, que todos os chineses conhecem, como *Aguardar por Coelhos ao Pé da Árvore*[75] (守株待兔 – *Shǒuzhū- dàitù*), uma das melhores condenações da preguiça que se pode realizar, por não ser direta, mas metafórica pelo que a sua carga simbólica redobra. No Estado de Sòng (宋國), certo dia um camponês, quando se preparava para lavrar a terra, teve a sorte de apanhar um coelho que inadvertidamente fora contra uma árvore, o que provocou a morte do bichinho, proporcionando ao homem uma

[73] Ver Wang Suoying e Ana Cristina Alves, «Lança e Escudo», in *Contos da Terra do Dragão.* Lisboa: Caminho, p. 30.

[74] Cf. Fan Weixin (org.). Matar o Porco para Educar o Filho, in *Cem Provérbios Chineses.* Macau: Instituto Cultural de Macau/Fundação Oriente,1994, p. 108.

[75] Wang Suoying, Ana Cristina Alves. *Contos da Terra do Dragão.* Lisboa: Caminho,2009, p. 80.

lauta refeição; a partir de então, o camponês resolveu deixar de trabalhar, ficando à espera de mais dádivas celestiais.

Resumindo, nas histórias de Hánfēizǐ, é possível encontrar o louvor do realismo contra os excessos de idealismo, como, por exemplo, em *O Homem de Zheng Compra Sapatos* (鄭人買履 *Zhèngrén-mǎilǚ*)[76]; uma crítica atenta aos defeitos humanos; a crença no conhecimento científico; e, como não podia deixar de ser, um profundo respeito pela lei, bem como a advertência de que os castigos (o chicote) devem ser utilizados com moderação. Nada existe a apontar à psicologia deste legalista que, pelas suas histórias proverbiais, demonstra preocupar-se em transmitir valores úteis ao bom funcionamento da sociedade.

De facto, as histórias são vividas e realistas, não deixando, no entanto, transparecer todo o pensamento deste filósofo. Do ponto de vista teórico, Hánfēizǐ era, sem qualquer exagero, muito duro, e não é por acaso que o comparam a Maquiavel. Embora pertença ao século III a.C., apresenta grandes afinidades com o autor do Renascimento, que viveu entre 1469 e 1527. Apesar de muito afastados no tempo, os dois pensadores escreveram para um príncipe e tendo em mente o fortalecimento do poder central. O objetivo principal de Hánfēizǐ era acabar com o estado de guerra e desunião em que coexistiam os reinos à época. Perante um governo dos Zhōu (周) já muito enfraquecido, nomeadamente pelas invasões bárbaras, Hánfēizǐ quis, na qualidade de príncipe da família real do pequeno estado dos Han, influenciar o seu rei, ensinando-lhe as boas artes da governação. As suas metas eram: o fortalecimento do poder central; o controlo da população através das leis e de duras penalidades que lhe deviam estar associadas; e a substituição da aristocracia por um corpo competente de burocratas.

Segundo Hánfēizǐ, a população devia ser controlada por ministros com mão-de-ferro, que tinham por missão obedecer passivamente a todas as leis e decretos saídos do poder real. As leis deviam ser seguidas por todos, à exceção do criador das mesmas, o rei, que, em nome da arte da governação, se podia colocar acima delas, violando-as sempre que o interesse do Estado assim o exigisse. O governante de Hánfēizǐ, à seme-

[76] Cf. Fan Weixin (org.). Zheng Compra Sapatos, in *Cem Provérbios Chineses*, Macau: Instituto Cultural de Macau/Fundação Oriente 1994, p. 230.

lhança do de Maquiavel, é um ser solitário, desconfiado e totalmente desprovido de compaixão ou, caso se prefira, de Benevolência. Na secção 17 intitulada *Precauções dentro do Palácio* da obra *Han Fei Tzu. Basic Writings*[77], diz-nos: «é negativo para o governante confiar nos outros, porque aquele que confia nos outros será controlado por eles.». Por causa do poder e da necessidade de o manter, o filósofo alerta contra o perigo de se confiar na mulher e mesmo nos próprios filhos. Mais ainda, é em nome de um Estado bem organizado, quer dizer, com os poderes hierarquicamente distribuídos, onde cada qual sabe exactamente o lugar superior ou inferior a ocupar, que Hanfeizi vai lançar um ataque violento aos valores da filosofia confucionista, que defendia as mesmas hierarquias só que não impostas pela força. Deste modo, na secção 50, *Superioridade na Aprendizagem*, o filósofo afirma: «eu sei que o poder e autoridade podem evitar a violência, mas a bondade e a generosidade são insuficientes para pôr fim à desordem»[78].

O filósofo marca, desta forma, o seu distanciamento em relação aos moístas e confucionionistas, aproximando-se do pensamento taoista que, à partida lhe é adverso por defender valores pacifistas[79]. No entanto, ele subverte a ideia do sábio taoista, colocando-a ao serviço da sua teoria legalista. O sábio transforma-se, assim, no governante omnipotente do Estado por ele idealizado. Esta reviravolta na perspetiva é viável, caso se substitua a compreensão absoluta que o sábio na filosofia taoista possui pela ideia de poder absoluto, sendo tudo possível a partir daí. O governante detém a compreensão absoluta, o poder total sobre os ministros, sem interferir na gestão do Estado. O seu papel é o de legislador, ditando os castigos que deverão ser aplicados a todo o povo pelos seus funcionários. Na seção 6, *Sobre os Padrões*, declara:

[77] Burton Watson (trad.). *Han Fei Tzu. Basic Writings*, Nova Iorque, Columbia University Press 1964, p. 84.

[78] Burton Watson. Op. cit., p. 125.

[79] O filósofo considera a Benevolência (仁 – *Rén*), ou o sentimento moral de Confúcio, e o Amor universal (兼爱 – *Jiàn Ài*) de Mòzǐ (墨子) incapazes de constituírem as bases filosóficas de uma filosofia, o que só a Lei (法 – *Fǎ*) poderá realizar.

> Um governante verdadeiramente iluminado usa a lei para selecionar os homens por ele, não os escolhe ele próprio. Ele usa a lei para medir os méritos deles e não procura julgá-los por si mesmo[80].

O Estado bem governado é aquele onde a população se entrega à agricultura e à arte da guerra, a fim de ser disciplinada e estar sempre alerta. Todo o estado se rege pelas leis, excetuando o soberano, porque[81]:

> as leis são meios para proibir o erro e afastar os motivos egoístas; penalidades estritas são as vias para obrigar a cumprir as ordens e disciplinar os inferiores; a autoridade nunca deve residir em dois lugares [...] se a autoridade e o poder forem partilhados, então surgirão todo o tipo de abusos.

Hánfēizǐ morreu às mãos do Primeiro Imperador Qín Shǐhuáng, quer dizer, daquele que levou até às últimas consequências os seus princípios e teorias. O filósofo morreu porque o Primeiro Imperador desconfiou dele, uma vez que ele era o enviado diplomático de um Estado que este último pretendia controlar.

2.6. O Budismo

Nas filosofias de maior relevo na China encontra-se uma essencialmente religiosa, o Budismo, vinda do exterior e que para muitos é apenas considerada uma religião. Neste livro defende-se a ideia de que o Budismo é uma filosofia religiosa que ganha na China tonalidades muito específicas, vindo apenas a ser totalmente vivenciada nas várias comunidades chinesas, a partir do momento em que se desenvolveu com características chinesas, assumindo a forma de Budismo *Chán*, seguidor da via *Mahāyāna*, a linha budista que teve maior aceitação na China. A religião budista é originária da Índia e foi fundada por Gautama Shakyamuni (c. 560-480 a.C.). O primeiro tipo do Budismo a desenvolver-se foi o da linha *Hīnayāna*, centrado na salvação individual do *Arhat* (o santo). Por volta do séc. III a.C., surge uma nova escola budista, a Mahāyāna, cuja ideia-guia deixa de ser a obtenção do Nirvana, sendo substituída pela salvação

[80] Burton Watson. Op. cit., p. 24.
[81] Burton Watson. Op. cit., pp. 27-28.

coletiva realizada por *bodhisattvas*, entidades espirituais que renunciam ao Nirvana em nome do auxílio à humanidade.

Embora não exista uma data certa para a introdução do Budismo na China, por tradição situa-se a mesma no século I, no reinado do imperador Hàn Míngdì (漢明帝). Uma lenda conta que o imperador teve um sonho com um ser voador dourado e, acreditando que tinha tido uma visão de Buda, enviou emissários à Índia para que obtivessem os sutras budistas. Segundo o estudioso japonês Daisaku Ikeda[82] e mestres budistas chineses, como Zen Nan Huai, o início do Budismo Chinês dá-se com o estabelecimento da Escola da Terra Pura (净土 – *Jìngtǔ*) pelo patriarca Huì Yuǎn (惠遠) em c. de 400[83]. Quanto ao Budismo mais tipicamente chinês, o Budismo *Chán*, que significa «budismo da meditação», aproxima-se filosoficamente do Taoismo e tem como fundadores o discípulo de Buda, Mahakashyapa, e o monge iraniano ou indiano, Bodhidharma, que terá chegado à China no século VI, na dinastia Liáng (梁), existindo quem defenda a sua chegada à China ter acontecido um pouco mais tarde. Os princípios fundamentais de todas as escolas *Chán* são os seguintes: (1) a verdade última é inexprimível; (2) a via espiritual não pode ser instruída ou ensinada; (3) não se ganha nada com o que quer que seja; (4) não há nada de especial nos ensinamentos budistas; e (5) o *Tao* cultiva-se diariamente «transportando a água e cortando lenha»[84].

2.6.1. O Budismo e os seus Princípios

Segundo a melhor tradição budista, somos um agregado de cinco componentes psicológicos (*Skandhas*): forma, sensações, discriminação, forma-

[82] Daisuku Ikeda. *Le Boudhisme en Chine*. Monaco, Éditions du Rocher,1986.

[83] Note-se que Hui Yuan (334-416), o patriarca e inspirador da escola Terra Pura, não é o fundador da mesma. Este último, segundo se lê em Zheng Lixin e sua obra introdutória ao Budismo Chinês, *Guide to Chinese Buddhism*. Beijing: Beijing Foreign Languages Press, 2004, p. 60, é Shandao (善導) (613-681), que viveu muito depois e foi quem verdadeiramente popularizou a escola. Hui Yuan é o patriarca da escola na medida em que na sua filosofia religiosa, fortemente ancorada no Taoismo, estabelece a ponte entre o Taoismo e o Budismo, criando as condições para esta última escola venha a ser aceite pelos chineses.

[84] Jiang Lansheng. 《禪宗語錄一百則》 *100 Excerpts from Zen Buddhist 100 Excerpts*, trad. Jane C.C. Lai e Martha P.Y. Cheung. Hong Kong, Hong Kong Commercial Press, 1997, p. 33.

ções mentais e consciência[85]. Somos ainda a força das nossas ações, que vai construindo o nosso *karma*[86], absolutamente essencial para entrarmos e também para fugirmos da grande roda das reincarnações. As ações boas somam e crescem, contribuindo para nos libertarmos do ciclo de mortes e renascimentos. Nesta filosofia oriental estamos longe de ser um todo composto por uma, ou ao modo cartesiano, duas substâncias. Os budistas procuram alcançar o Nirvana (涅槃 – *Nièpán*): um estado de suprema libertação e graça que permite escapar ao sofrimento, ao ciclo dos nascimentos e mortes como, por exemplo, os seguidores da escola *Hīnāyana*, a do Pequeno Veículo, que se concentra na meditação e libertação individual. Existem, no entanto, outros tipos de Budismo como os que pertencem ao Budismo Chinês[87]. Neste procura-se, acima de tudo, seguir o caminho da libertação pela ação comprometida no mundo, tendo como modelo os e as *bodhisattvas*, seres santificados que prescindiram propositadamente do Nirvana para poderem ajudar todos os viventes que se encontram mergulhados no sofrimento e, portanto, muito longe da iluminação redentora.

O *Sutra*[88] Plataforma (坦經) foi pregado por Huì Néng (惠能), o sexto patriarca da escola do budismo chinês *Chán* que, numa tradução literal, como sabemos, significa o «budismo da Meditação», conhecido por

[85] John Powers. «Skandha», in *A Concise Encyclopedia of Buddhism*. Oxford: Oneworld, 2000, p. 200: «Os cinco componentes da personalidade psicológica, e os fatores na base dos quais os seres comuns imputam a falsa noção de "si próprios (*ātman*): (1) forma (*rūpa*); (2) sensações (*vedanā*); (3) discriminação (*samjñā*); (4) fatores mentais (*SAMKĀRA*) e (5) consciência (*VIJÑĀNA*). Uma vez que estes componentes estão em constante mutação, os que se agarram a si próprios ficam sujeitos a sofrer.»

[86] Op. cit., 2000, p. 116, o *Karma* é definido como «aquelas ações que resultam de escolha deliberada». Estas ações voluntárias são fundamentais para a construção da ética budista, porque todas as ações possuem resultados que podem ser imediatos, mas também sentidos num tempo posterior e até numa vida futura.

[87] Para uma apresentação aprofundada do Budismo na China, aconselha-se a leitura das seguintes obras: Kenneth Ch'en. *Buddhism in China. A Historical Survey*, Princeton: Princeton University Press, 1964; Zheng Lixin. *Guide to Chinese Buddhism*. Pequim: Foreign Language Press, 2004.

[88] John Powers define *Sūtra*, in *A Concise Encyclopedia of Buddhism*. Oxford: Oneworld, 2000, p. 212: «Sermão atribuído a Sākyamuni Buddha (ou menos frequentemente a um dos seus discípulos imediatos)». O termo é ainda empregue para referir as escrituras sagradas, como é

Zen no Japão. Esta escola da Meditação dividiu-se em Escola do Norte e Escola do Sul, a partir do século VII, altura em que Huì Néng (638-713) viveu. Esta escola está integrada no Budismo *Māhāyana*, o do Grande Veículo, tendo sido fundada na China pelo monge indiano Bodhidharma. O Budismo chinês Chan valoriza os *bodhisattvas* da ação e, muito em particular, os da compaixão, como Avalokiteśvara que, na sua versão feminina chinesa, se transformou em Guānshìyīn (觀視音), aquela que, como o seu nome indica, «contempla todos os sons do mundo». Apesar da grande ligação à ação, os *Chán* têm as suas raízes na filosofia mentalista que os viu nascer, onde se defende que nada de verdadeiro existe fora da mente, sendo esta a raiz de todo o bem e mal e, como tal, a verdadeira Terra Pura. A natureza da mente é o vazio, que não se traduz na indiferença em relação aos outros seres da natureza; pelo contrário, implica um empenhamento total, fácil de observar na seriedade com que os *bodhisattvas* procuram libertar todos os seres. O vazio, sem indiferença, é a grande sabedoria, que permite alcançar a outra margem, em sânscrito *mahāprajñapāramitā*[89]:

> O que significa *mahā*? Significa grande. A capacidade da mente é tão grande como o espaço vazio. Contudo, se nos sentarmos com a mente vazia, ficaremos ligados ao vazio caracterizado pela indiferença. O espaço vazio pode abarcar o sol, a lua, as estrelas, as plantas, a grande terra, as montanhas e os rios, todas as árvores e plantas, as boas e más pessoas, dharmas bons e maus, os céus e os infernos. Todos contidos no vazio. Assim é o vazio da natureza humana.

Nesta definição de vazio mental, existe muito espaço para se agir em nome da libertação universal para os bodhisattvas, estando excluídas, à partida, todas as ações do ego e a prática do bem a pensar em bênçãos ou

o caso do *Sutra* Plataforma《坦经》, na tradição *Mahāyāna*, ou do Grande Veículo, aquela em que se insere o Budismo *Chán* (禪), privilegiando a meditação em ação.

[89] Versão chinesa apresentada pelo filósofo Wing-Tsit Chan (trad.)《坦經》*The Platform Scripture*. Nova Iorque: St. John's University Press, p. 69: «何名〈摩訶〉？〈摩訶〉者是大。心量廣大，猶如虛空。若空心坐。即著牙記空。虛空能含日月星辰，大地山河，一切草木，惡人善人，惡法善法，天堂，地獄，盡在空中。世人性空，亦復如是。».

méritos, bem como outras formas de interesse pessoal. Lê-se ainda no *Sutra* Plataforma:

> Ao cultivar a prática da inação,
> Fica-se inativo e insensível aos objectos.
> Quando se quer ver a verdadeira inatividade,
> Deve-se ser inativo na atividade[90].

No Ocidente, houve quem pensasse o sujeito de uma maneira budista, tal como, por exemplo, Nietzsche (1844-1900)[91] que, na sua obra *A Vontade de Poder*, chama a atenção para a superficialidade de nos pensarmos como sujeitos: «a ideia de uma ideia, a ideia de vontade, de um sentimento (apenas conhecido por nós) são totalmente superficiais; o nosso mundo interior também: aparência!»[92]. Nietzsche insiste ainda que o espírito, a razão, o pensamento e a alma são puras ficções, caminhos que não levam a lado nenhum, segundo a expressão de um outro filósofo. Nietzsche chega então à conclusão de que é bem mais útil substituir a ideia de sujeito singular pela de uma multiplicidade de forças: «A minha hipótese: o sujeito como multiplicidade, dor intelectual e dependente da projeção do juízo, *prejudicial*»[93]. Tente-se fazer a vontade ao filósofo e esqueça-se a ideia de sujeito, apenas para questionar o que nos resta: «A única força que existe é da mesma natureza da vontade: o domínio dos outros sujeitos que por

[90] Wing-Tsit Chan (trad.). Op. cit., p. 131: 《若修不動行，同无情不動。若見真不動，動上有不動。》

[91] Este filósofo alemão foi influenciado pelo pensamento de Arthur Schopenhauer, que tinha uma visão pessimista da existência próxima do Budismo e, ainda, pelo músico Richard Wagner. Na sua obra revela momentos de profundo sofrimento, entrecortados por grandes alegrias, numa oscilação que o conduziriam à loucura. Ele é considerado o fundador da problemática niilista, que proclama o «nada» e anuncia a morte de Deus nos tempos contemporâneos, sendo este substituído por uma figura todo-poderosa, que é o super-homem. este assume a sua força quando troca as raízes cristãs pelos antecedentes naturalistas, veiculados na filosofia grega antiga. Uma das obras mais conhecidas de Nietzsche é *A Origem da Tragédia* (1871), onde expõe um universo de forças que se digladiam, personificadas pelas divindades gregas, Dionísio, o noturno Deus do Vinho, e Apolo, o diurno deus da claridade, da razão e da música.

[92] Friedrich Nietzsche. *The Will to Power*. Ed. Walter Kaufmann, New York: Vintage Books, 1968, p. 467.

[93] Friedrich Nietzsche. Op. cit., p. 490.

isso mesmo se alteram»[94]. Nós somos uma força projetada, uma construção feita à base de interpretações, logo incapaz de penetrar no domínio do conhecimento, que é o dos factos e das verdades absolutas. Não temos acesso a verdades absolutas nem relativas. Temos tão-somente perspetivas, que são o fruto das necessidades que nos compelem a interpretar o mundo. Somos vida que se define como uma multiplicidade de forças: «a este modo de nutrição, como meio que o torna possível, pertencem os chamados desejos, ideias e pensamentos»[95].

Aqueles que admitem com Nietzsche e os budistas que se perdeu o sujeito, e que somos mera aparência, caracterizada por uma multiplicidade de forças, ficam apenas e tão só com a força das nossas ações, teoria a que Nietzsche não foi insensível ao tematizar o eterno retorno do mesmo: somos aquilo que fazemos e as nossas ações regressam num ciclo eterno, pelo que cada uma delas possui um peso infinito. No entanto, o peso da responsabilidade no filósofo alemão parece ser ainda mais grave, porque não se vê a compensação concedida pelo pensamento budista *Chán*, que oferece aos seus crentes, ao cabo de muitas ações benignas, a libertação da roda das reincarnações para regressarem à Grande Unidade (大同 – *Dàtóng*) de onde partiram. Enquanto Nietzsche se deteve na multiplicidade de forças, os budistas, nomeadamente, os da escola *Chán*, continuaram a avançar no caminho da libertação do sofrimento, ao contrário do filósofo que acabou por sucumbir à dor de uma existência fragmentária e ao peso do eterno retorno das ações indesejáveis.

2.6.2. O Budismo Popular

O Budismo é uma religião séria, que prega estar o mundo pejado de sofrimento, daí a necessidade de cultivar o desprendimento face a esta vida ilusória, cheia de doenças, guerras e outros desentendimentos. Mas neste deserto de sofrimento que é a Terra, existem dois oásis a encherem-nos de esperança e alegria. O primeiro é a *bodhisattva* Guānyīn (觀音), cujo nome é vulgarmente traduzido para português por «deusa da Misericórdia», e o segundo é o «Buda que Ri» (笑佛 – *Xiào Fó*), que nos cumula de felicidade e alegria. Não há ser divino mais simpático. O seu reino há

[94] *Ibidem.*

[95] Friedrich Nietzsche. Op. cit., p. 641.

de ser no futuro, daí que também seja conhecido pelo seguinte nome: Wèilái Fó (未來佛), aquele que tem preparado para nós um mundo bom, incomparavelmente melhor.

O Buda que Ri começou por ser um funcionário celestial, que tinha por companhia uma trouxa (兜率 – *dōu shuài*), onde cabia tudo. Foi destacado para a Terra, a fim de ensinar as escrituras e a doutrina budista. Quando cá chegou até era magrinho e entre os indianos dava-se pelo nome de Maitreya[96], mas depois engordou e a barriga cresceu-lhe desmesuradamente; o seu riso abriu-se largo e rasgado (笑口常開 – *xiào kǒu cháng kāi*) e os olhos, também eles muito sorridentes, dançavam sem parar. Sofreu esta profunda alteração entre os chineses, no tempo das Cinco Dinastias (五代 – *Wǔ Dài*) (907-960), mais especificamente no período da dinastia Liáng Posterior (後梁 – *Hòu Liáng*) (907-923). Porém, apesar da sua grande mudança, nunca perdeu o ramo de pessegueiro, símbolo da longevidade, nem o saco que lhe anda associado, porque com este último distribui a sorte a cada um segundo as suas ações e com uma restrição. Nunca assumiu a forma de um Buda castigador; pelo contrário, conhecendo bem os homens, criou-lhes a esperança de se poderem transformar para melhor. Era muito amigo de ajudar, e como viveu numa altura onde inexistiam boletins meteorológicos, auxiliava os camponeses como podia, anunciando com grande precisão o tempo. Avisava as pessoas sobre as condições atmosféricas: se vinha a humidade, usava os sapatos de pano, tipicamente chineses, molhados; mas quando se avizinhava a seca, envergava uns tamancos de madeira para que o povo pudesse tomar as medidas adequadas em relação aos trabalhos agrícolas.

Numa análise etimológica ao caractere de «riso» (笑 – *xiào*) verifica-se que anda associado aos sons do Céu. Ao ser analisado, vê-se que possui dois componentes, o «bambu» (竹 – *zhú*) e o «céu» (天 – *tiān*). O riso é, então, uma dádiva celestial, que tem um som semelhante ao do bambu. Conhece-se a importância desta planta na cultura chinesa. O bambu é perfeito, vazio por dentro e flexível por fora. Estas são as duas virtudes imprescindíveis a quem cultiva o riso, sobretudo perante as grandes e pequenas adversidades do quotidiano. Só o sábio é suficientemente

[96] Cf. Wu Boheng & Cai Zhuozhi *100 Buddhas*. Trad. Mu Xin e Yan Zhi, Ilustrações de Lu Yangguang, Singapore: Asiapac Books, 1997, p. 13.

maleável para aceitar os outros e mesmo vergar-se, quando é necessário, às diversas prepotências e reveses. Além disso, apenas um ser muito inspirado, vazio, consegue manter a boa disposição quando os seus interesses mais legítimos estão a ser atacados. As pessoas que riem seguem o modelo deste Buda também conhecido por Extremamente Cheio (彌勤 – *Míqín*), sendo a sua mensagem clara: perante as inevitáveis vicissitudes a que se está sujeito, há que manter a cara alegre, porque o que realmente importa é não deixar cair o otimismo em relação ao futuro. Por fim, constate-se que não é por acaso que as pessoas mais fortes são as mais bem-dispostas; de algum modo, e de uma forma muito misteriosa, devem transportar as sementes do riso e do bem-estar, à semelhança da figura divina que as modelou. Pelo que aqui se deixa o expresso louvor ao otimismo, e ao desejo que vá irradiando de Macau e da China ao resto do mundo.

2.6.3. O *Qì*

O *Qì* (氣), que pode ser traduzido por «energia anímica» ou «sopro vital», é um conceito operatório fundamental na filosofia chinesa. Do ponto de vista etimológico, este ar essencial é corpóreo, libertando-se *qì* (气) quando se coloca o arroz (米 – *mǐ*) ao lume, deixando-o ferver. O vapor que se escapa então da panela é a energia anímica que percorre cada ser e toda a natureza, permitindo a conjugação dos elementos feminino e masculino aos mais variados níveis, existenciais e mentais. Assim, também do *Qì* depende a conjugação harmónica das linhas trigramáticas do *Clássico das Mutações*. As linhas que constituem os trigramas representam na cultura chinesa as mudanças do Céu, que contêm os princípios de transformação para todo o cosmos. Os trigramas são, ainda, a conjugação de dois princípios universais que, por mutação, a partir de uma primeira raiz ou de um monismo primitivo, criam tudo o que existe. Os trigramas são, em termos de imagens, uma linha contínua masculina e celestial e uma linha descontínua feminina e telúrica. São os dois princípios básicos materializados no cosmos: o Céu, que é criatividade e abertura, e a Terra, que é recetividade e tranquilidade. Os trigramas são o movimento e o repouso, o positivo e o negativo, o sim e o não, conjugando-se por meio do *Qì*, a energia vital, quer na cosmologia taoista, quer em todas as escolas da meditação como as do Budismo chinês.

2.7. A Ação Confucionista e a Não-Ação Taoista

As pessoas podem e devem ter uma atitude ecológica, que normalmente se situa entre os extremos. Isto não significa que não se possa viver nos extremos e existe até um provérbio chinês interessante a este respeito, «Mī Zijiàn e Wŭ Măqī» (宓子賤与巫馬期)[97], podendo uma possível tradução para ele ser: «Lazer e Exaustão». Reza a história que quando Mī Zijiàn (宓子賤)[98] governou Dānfŭ (單父), um dos distritos de Lŭ Guó (鲁國), se isolava muito e passava o tempo a tocar *qín* (琴), um instrumento musical chinês, demonstrando alma de músico. Apesar da sua fraca intervenção nos negócios de Estado, o povo beneficiava das rédeas soltas e o governante gozava em paz os seus longos períodos de lazer. Certo dia, Mī Zijiàn foi substituído por Wŭ Măqī (巫馬期), que era a sua antítese: levantava-se antes do sol nascer e só regressava a casa muito depois do sol-posto. Wŭ Măqī era um homem altamente enérgico, que se encarregava pessoalmente de todos os assuntos do território. Diz-se que as pessoas beneficiaram muito da sua atitude controladora. Admirado com o facto de ambos terem resultados satisfatórios, Wu Maqi pediu um esclarecimento ao seu antecessor, que lhe disse: «A sua atitude leva à exaustão, a minha conduz ao lazer.». A meu ver, Mī Zijiàn representa o modelo de governante proposto pelos taoistas, ao passo que Wŭ Măqī é o típico homem de estado confucionista. A moral da história é a noção de que ambas as atitudes são possíveis e poderão ser aparentemente benéficas, refletindo feitios diferentes. A história também resume aquilo que costumava suceder nas nossas vidas antigamente, em que após períodos de labor intenso se seguiam pausas recreativas. Porém, hoje o mundo acelerou e a alternância entre ambos os modos de estar desequilibrou-se para uma rapidez vertiginosa que está longe de ser ecológica. Mī Zijiàn mostra-nos a sua espontaneidade, que pouco tem a ver com a essência habitualmente industriosa do ser humano, e Wŭ Măqī, desdobrando-se em ações e afazeres, esgota-se a si e à natureza em seu redor. Ele é o típico

[97] Ver 《宓子贱与巫马期是什么故事?》 (Mī ZiJiàn e Wŭ Măqī – 宓子賤与巫馬期) 搜狗问问 https://wenwen.sogou.com/z/q900804402.htm

[98] Mī ZiJiàn (宓子賤) foi um dos estudantes de Confúcio, que terá vivido entre 512 ou 502 e 445 a. C, tendo assumido um posto oficial em Lŭ Guó (鲁國), talvez por reação ao Mestre Confúcio desenvolveu um modo de ser em que privilegiava o lazer.

homem moderno, empreendedor ao limite, sem horas para descanso e lazeres cronometrados, apostado em deixar a sua marca de sobreaquecimento ecológico um pouco por toda a parte, não sendo, em última análise, nem bom para si mesmo, porque apressa drasticamente o seu fim.

A atitude ecológica é aquela que respeita a natureza e, dentro desta, os seres humanos, podendo ser definida como uma atitude familiar, se pensarmos não numa família tradicional chinesa, onde não havia verdadeira comunicação e os mais novos eram submetidos aos mais velhos, mas numa família mais moderna em que todos têm uma palavra a dizer, revelando cuidado sério uns com os outros. A atitude ecológica é familiar em todos os setores. O desprendimento total e exaustão absoluta não são verdadeiras opções, porque não refletem sentimento pelos que coabitam connosco no mesmo espaço ambiental. O relaxamento total é fruto da indiferença e o labor frenético advém, segundo se crê, de uma enorme prepotência intelectual, sem consideração pela ordem que nos foi legada pelos nossos antepassados. A pressa e a falta de afeto ditam-nos uma morte antecipada, como avisa a tradição chinesa e, também a portuguesa, «devagar se vai ao longe» (慢慢成老 – *mànmàn chéng lǎo*).

3.
Filosofia Política e Economia

3.1. O Socialismo Espiritual

O socialismo espiritual chinês significa, na prática, uma aplicação do conceito da harmonia em termos culturais, por via da recuperação de uma antiga filosofia, a confucionista, na defesa dos valores ético-morais ou espirituais, que agora se harmonizam com o materialismo comunista dos novos tempos chineses. Afirma António Caeiro em *Novas Coisas da China - Mudo Logo Existo*[99]:

> O antigo «sábio» é de novo venerado. «Como diz Confúcio, a harmonia é algo que devemos cultivar», disse Hu Jintao em 2005, num discurso muito citado e que consagrava a construção de «uma sociedade harmoniosa» como um dos objetivos estratégicos. Em Wei, uma vila da província de Hebei, com quase um milhão de habitantes, «o amor filial» – outro conceito associado a Confúcio – passou a ser um critério para a promoção dos quadros políticos. «Se os quadros não são leais aos pais, como é que podem ser leais ao povo, ao Partido Comunista e ao País?», argumentava o líder local, Qi Jinghai.

Na verdade, esta revalorização dos valores confucionistas, a que se convencionou chamar «socialismo espiritual», muito enfatizada na presidência de Hú Jǐntāo (胡锦涛), que governou o país entre março de 2003 e março de 2013, pode e deve recuar um pouco mais até à era de Dèng Xiǎopíng (邓小平) (1909 e 1997). Este, sem nunca ter chegado a Presidente da RPC, ocupou muitos outros cargos de relevo e teve um

[99] António Caeiro, *Novas Coisas da China – Mudo Logo Existo*. Lisboa: D. Quixote, 2015, p. 84.

papel decisivo na nova orientação política do país entre 1978 e 1989. Pela influência de Dèng, desde 1982, os chineses deixam de encarar Confúcio e a sua filosofia como fontes de uma mentalidade conservadora e reacionária. O Mestre Kǒng (孔) recupera o seu lugar de humanista e de maior pedagogo da história chinesa. A atestar a nova atitude em relação à escola confucionista, surge em 1985 um grande simpósio organizado pela *Fundação Confúcio* em Qūfù (曲阜), subordinado ao tema da educação e à revitalização dos valores ético-morais, na sequência da enérgica tomada de atitude de Dèng, o Pequeno Timoneiro, contra a ganância e individualismo profundos em que estava a cair a sociedade chinesa.

A partir de então e até aos nossos dias não mais os chineses deixaram de pugnar pelo seu socialismo espiritual, pragmaticamente falando, pelo regresso dos valores morais que se desenvolveram, não apenas na China, mas se têm vindo a espalhar pelo mundo inteiro, sendo de destacar o papel dos *Institutos Confúcio*[100], mais aceites por uns países do que por outros, uma vez que estes têm por missão ensinar a língua chinesa e, também, os valores culturais tradicionais, onde brilha em lugar de destaque a estrela da cultura confucionista.

3.2. O Multiculturalismo

Os movimentos de abertura e fechamento em relação ao exterior sempre existiram na China, em determinados tempos históricos, como no da dinastia Táng (唐) (618-907), o apogeu cultural da China imperial, no qual predominou a tendência para a abertura. Noutras épocas, a de fechamento, a começar pela construção da muralha, levantada para satisfazer o projeto de defesa e unificação do Primeiro Imperador Qín Shǐhuáng. Isto sem contarmos com as Guerras do Ópio e a política de abertura forçada que então se seguiu. Desde o século XX que temos vindo a assistir a uma

[100] Os *Institutos Confúcio* (孔子学院 – Kǒngzǐ Xuéyuàn) têm por missão o ensino da língua e da cultura chinesas por todo o mundo, seguindo o modelo cultural da filosofia confucionista adaptada aos novos tempos socialistas. O primeiro instituto a ser criado surgiu na Coreia do Sul, tendo sido inaugurado a 21 de novembro de 2004. Em Portugal, o país possui vários *Institutos Confúcio*, sediados em instituições universitárias, tendo sido o primeiro inaugurado na *Universidade do Minho* em 2006. Há ainda a destacar os *Institutos Confúcio* de Lisboa, de Aveiro e de Coimbra ligados às respetivas Universidades.

tendência para abertura consentida no País do Meio. Têm sobressaído as vozes em defesa do multiculturalismo à maneira chinesa. Fēng Yǒulán defende uma estratégia multicultural clara com a proposta que resume em «aprender com o estrangeiro» (estudar com o Ocidente) [«以夷為師» (向西方學習) – «*yǐyí wéi shī*» (*xiàng xīfāng xuéxí*)][101].

Este tipo de multiculturalismo tem características especificamente chinesas, como tem o socialismo, a religião e tantos outros campos, incluindo os da escrita, medicina e culinária. Não estamos perante um multiculturalismo entendido como mistura de culturas sem mais. A abertura ao estrangeiro realiza-se à maneira tradicional chinesa, com a existência de mestres e discípulos. Os chineses querem retirar do Ocidente o melhor que este lhes pode oferecer, seja a nível da cultura em sentido estrito, da ciência ou da política. Neste movimento de abertura há sem dúvida muito experimentalismo, com um objetivo específico: pretende-se melhorar o país. O multiculturalismo estará então ao serviço de um sentimento maior, o Patriotismo (爱國主義 – *Àiguózhǔyì*), sendo esta a melhor definição do multiculturalismo com características chinesas. A respeito da noção em estudo, Wáng Kēpíng (王柯平), um filósofo chinês, apresenta uma proposta de estratégia multicultural que segue a linha confucionista, apelando à análise «a noção confucionista de harmonia

[101] «Aprender com o estrangeiro» (estudar com o Ocidente). O que deve a China fazer? Os chineses liberais julgam ser importante estudar com o Ocidente, "aprender com o estrangeiro". Mas há divergências no que estudar primeiro. Uns pensam que antes de mais há que estudar a artilharia ocidental; outros julgam que devemos estudar a indústria, o que atualmente se chama a indústria e o comércio; outros querem estudar as religiões ocidentais; por fim, as pessoas acham que se deve estudar a cultura ocidental, concretamente a democracia e a ciência. E assim começou o movimento da Nova Cultura que dura até aos nossos dias. Volvidas algumas décadas, estamos de acordo relativamente à importância do estudo da ciência, mas ainda não se obteve consenso no que significa democracia." (Fēng Yǒulán, também conhecido como Feng Youlan ou Fung Yu-Lan) 馮友蘭《中國現代哲學史》, (História da Filosofia Contemporânea). 香港：中華書局有限公司2006, p. 9: "以夷為師" (向西方學習)中國如何應付? 開明的中國人都以為應該向西方學習，"以夷為師"。但是，對於首先要學習甚麼，人們的意見各自不同。有的人認為，首先要學習西方的兵器；有的人認為，要學習西方的工業，當時稱為實業；還有人要學習西方的政治；有的人要學習西方的宗教。最後，人們提出要學習西方的文化，具體的內容是民主與科學。人們認識到這裏，新文化運動就開始了。到現在，幾十年過去了，没有人不承認科學的重要，但對於甚麼么是民主，還没有一致的認識。".

sem uniformidade» (和而不同 – *hé ér bù tóng*)[102]. A harmonia é pensada sob três aspectos. Primeiro, significa a existência de dualidades, aspetos positivos e negativos em qualquer campo teórico ou prático; depois, o jogo transformacional criativo a partir desses registos opostos e/ou complementares e, por último, o reconhecimento do movimento dialético que conduz a uma síntese ético-política eficaz.

Não esqueçamos que, no quadro da filosofia confucionista, a abertura ao exterior é encarada de um modo positivo, pois o que interessa é cultivar a Humanidade, ou melhor, o sentimento de bondade e de respeito intelectual partilhado por todos os seres humanos. É interessante verificar que *Os Analectos*, obra fundamental do pensamento confucionista, abrem com um elogio aos «amigos que vêm de longe», num capítulo dedicado, significativamente, ao estudo:

> Não é bom poder praticar em tempo devido o que cada um aprendeu? Não será um prazer receber amigos vindos de longe? Não é próprio dum cavalheiro ofender-se quando não é apreciado pelos outros[103]?.

[102] Wang Keping, a propósito da estratégia no domínio multicultural, afirma o seguinte em *Ethos of Chinese Culture*, Beijing, Foreign Languages Press, 2007, p. 51: «É inspirada no encontro do Leste e do Oeste e baseada no princípio da harmonia (*he*) em vez de uniformidade (*tong*), pode ser designada harmonia sem uniformidade (*hé ér bù tóng*)». Reflexão de Wáng Kēpíng (王柯平) sobre a harmonia a manter nas relações Oriente/Ocidente: «Para concluir, é aqui proposto o encontro entre o Oriente e o Ocidente de acordo com o princípio de harmonização sem padronização, porque a troca de ideias e interação entre culturas deixou sem fundamento a fantasia dum Oriente puro ou dum Ocidente puro. Já não é difícil encontrar elementos ocidentais na cultura e modos de vida orientais, e vice-versa. De facto, a troca e interação têm inspirado muitas descobertas novas e criações transculturais.» Wang Keping. *Ethos of Chinese Culture*. Beijing: Foreign Languages Press 2007, p. 55.

[103] Apresentação da abertura do Primeiro Capítulo dos diálogos de Confúcio com os seus discípulos, os *Analectos* (《論語》Lún Yǔ) em chinês tradicional e simplificado, Op. cit., (《論語·學而》篇第一， 1:
子曰: «學而時習之，不亦説乎？有朋友自遠方来，不亦樂乎？人不知，而不慍，不亦君子乎？»
译文 (Chinês simplificado) 孔子说: «对学过的知识按时去实习它，不也是很好的事吗？有朋友从远方来，不是很快乐的事吗？不为别人不了解自己而抱怨，不是很有修养的君子风度吗？»

No entanto, a atitude de reforma e abertura ao exterior, como se viu, nem sempre foi uma constante na China, ou melhor, coexistiu esporadicamente com uma outra de fechamento às tendências multiculturais de harmonização de culturas num equilíbrio tensional. A atitude isolacionista chinesa está bem representada no capítulo 80 (道德经·八十) do *Clássico da Via e da Virtude*[104]:

> É melhor um pequeno reino/ Embora existam alfaias para dez ou cem homens, elas não são necessárias/ Os homens, até à morte, não viajam para longe/ têm barcas, carruagens mas ninguém as usa[105].

No caso do Taoismo, o isolamento é a atitude certa, quer a nível individual quer coletivo, sendo esta a faceta de uma China fechada que por pouco tempo vingou. Já o multiculturalismo só é possível quando se pratica a abertura, aproximação e aceitação do Outro. Normalmente, neste tipo de relações, os valores de uma cultura têm tendência a sobrepor-se aos das outras, e como de valores e culturas se trata, estes conjugam-se de forma a constituírem um poder suave, bem-vindo, aceite e partilhado pelos outros.

Peçam-se emprestados os conceitos de *hard power* e *soft power* ao grande politólogo americano Joseph Nye, trabalhados em 2004 pelo pensador na obra *Soft Power: The Means to success in Word Politics*. *Soft Power*, numa tradução possível, o «Poder Suave» (文化輭實力 – *Wénhuà ruǎn shílì*), é, antes de mais, o que se opõe ao *hard power*, o «poder duro». Enquanto o primeiro é implementado, em estreita ligação com a cultura que circula livremente na era da informação, recorrendo a meios persuasivos; o segundo, depende da força, sendo imposto por meio da guerra ou de outros mecanismos de submissão. O primeiro é um poder aceite e partilhado, ao passo que o segundo é unilateralmente decretado e sofrido. O «poder suave» não verga nem abafa, não é sentido como algo exterior,

104 Tradução de António Graça de Abreu 《道德经》*Laozi Tao Te Ching. Livro da Via e da Virtude*. Lisboa: Vega, 2013, p. 187.

105 António Graça de Abreu, o Capítulo 80 no original, p. 186: «小国寡民/使有什伯之器而不用.».

já que os que o recebem aderem aos valores que lhes estão a ser transmitidos, integrando-os de livre vontade nas suas vivências.

A China de Kāng Yǒuwéi (康有為)[106] ou, mais tarde, a de Fēng Yǒulán, que começou por estudar e aprender com o exterior, quer agora assumir e desenvolver o seu próprio *soft power*, para espalhar pelo mundo sem necessidade de recorrer a outra força que não seja a persuasiva, divulgada nos meios de comunicação social, nos encontros científicos ou recreativos, nas tertúlias e via os seus institutos culturais. Este poder suave foi claramente proclamado, em 2014, pelo atual Presidente da República, Xí Jìnpíng (习近平), no discurso ao 17º Comité Central do Partido Comunista Chinês, no qual foi defendida, parafraseando o chefe de Estado chinês, a linha de ação de transformar o país «numa superpotência cultural socialista».

3.3. O Patriotismo no Discurso Oficial

Do ponto de vista etimológico, Patriotismo diz-se em chinês *Àiguózhǔyì* (爱國主義), que significa literalmente «Amor ao País». O Patriotismo Chinês é um sentimento muito forte que alimenta há séculos toda a nação chinesa. Na sua vertente negativa, leva à construção de muralhas e à expulsão de estrangeiros, enquanto no seu lado positivo, é um programa de ação ético-moral que une os chineses. Foi este sentimento que conduziu à Revolução de 1949, já que Máo (毛) considerava ter duas grandes montanhas a derrubar: uma delas o imperialismo das forças estrangeiras, que então ocupavam a China; a outra, o feudalismo. Só depois de afastados estes poderes poderia existir o almejado socialismo com características chinesas sob a liderança do Partido Comunista Chinês. A verdade é que, de 1949 a 1978, esta última a data em que Deng Xiaoping se assumiu como o líder espiritual da nação chinesa, o Patrio-

[106] O filósofo Kāng Yǒuwéi (1858-1927), que participou ativamente no período reformista liderado pelo imperador Guāngxù [光绪 (1871-1908)], viveu nos finais da dinastia Qīng. Redigiu, entre 1884 e 1902, *O Livro dum Só Mundo* (大同書 – *dàtóngshū*). Nele se proclamava o fim da ideologia patriarcal confucionista, assente numa rígida hierarquização da existência. No *Livro dum Só Mundo*, o pensador defende uma sociedade nivelada, onde homens e mulheres possam ter estatutos igualmente ativos e idênticas oportunidades em termos sociais e políticos.

tismo era companheiro ideológico do Comunismo e não surgia em lugar de destaque como grande força ideológica catalisadora da energia e sentimentos nacionais, o que virá a suceder a partir dos tempos reformistas. Hoje, embora se mantenha a ideologia comunista, e o Partido Comunista continue a comandar o país, domina um nacionalismo pragmático, que assenta num «processo de construção e consolidação do estado-nação que visa conciliar a estrutura política com a estrutura identitária coletiva»[107].

A estratégia adotada pelos líderes do período reformista de Dèng Xiǎopíng a Xí Jìnpíng tem sido a escolha de uma via pragmática com o objetivo de incorporar no país conhecimentos científico-tecnológicos e a cooperação com o sistema internacional, nomeadamente económico, sem proceder a alterações políticas. A «Fábrica do Mundo» começa a virar-se para o mercado interno[108]. A economia continua a crescer sob os auspícios da Nova Era Chinesa, com a promessa da realização do sonho chinês pelo atual Presidente da RPC. Com a chegada de Xí Jìnpíng ao poder, em 2013, regressa o discurso do novo em força à China, também em termos económicos e científicos, soando ligeiramente aos tempos do Movimento da Nova Cultura.

Agora a novidade parece mais abrangente: já não é apenas de uma nova cultura que se trata, mas sim de uma Nova Era (新時代 – *Xīn Shídài*), feita de cultura, em sentido abrangente, pois inclui em lugar proeminente as Quatro Modernizações (四個現代化/四化 – *Sì gè Xiàndàihuà/Sì Huà*). Querem-se realizar os sonhos da modernização do campo (农業現代化 – *nóngyè xiàndàihuà*), da indústria (工業現代化 – *gōngyè xiàndàihuà*), da ciência e da tecnologia (科學技術現代化 – *kēxué jìshù xiàndàihuà*) e da defesa nacional (国防现代化 - *guófáng xiàndàihuà*), com lugar de destaque para as ciências e tecnologias espacial e militar. As modernizações já vêm do tempo de Dèng Xiǎopíng, mas agora são enquadradas num

[107] Zhao Suisheng, *Apud*, Cardoso, Daniel Augusto de Oliveira. *Para Além da Grande Muralha: A Construção Ideológica da Política Externa Chinesa durante o Período de Reforma e Abertura ao Exterior*. Dissertação de Mestrado em Relações Internacionais, orientada por Carmen Amado Mendes Coimbra. Faculdade de Economia. Universidade de Coimbra, 2009, p. 9.

[108] Carmen Amado Mendes. *A China Contemporânea*. Coimbra: Imprensa da Universidade de Coimbra, 2020, p. 54.

novo princípio. Elas são essenciais para a concretização do grande Renascimento da China (中國複興 – *Zhōngguó fùxīng*), que tornará possível o Sonho Chinês, no qual a criatividade, ou melhor, a nova mente criativa (創造新思維 – *chuàngzào xīn sīwéi*), nomeadamente ligada à ecologia e às energias renováveis, assumirá lugar de destaque. É interessante analisar o caractere chinês de sonho, constituído pelo seguinte pictograma na versão clássica 夢 (*mèng*), que se transformou na versão simplificada em 梦 (*mèng*). O pictograma tradicional conta-nos que o sonho nos sucede à «noite» (夕 – *xī*), quando estamos deitados de «olhos abertos» (目 – *mù*); já na versão simplificada, o sonho é que nos acontece à «noite» (夕 – *xī*) por entre o arvoredo (林 – *lín*).

Não é muito diferente o Sonho Chinês (中國夢 – *Zhōngguó Mèng*) do Sonho Americano (*the American Dream*), este último definido num simples dicionário online como «o ideal pelo qual a igualdade de oportunidades é acessível a qualquer americano, permitindo que as mais altas aspirações e objetivos sejam concretizados,» incluindo a felicidade e o bem-estar material. Também no Sonho Chinês a felicidade e bem-estar material passam para primeiro plano, sendo mesmo a garantia do Renascimento Chinês no campo, na indústria, na ciência e tecnologia. Aliás, a 13ª Assembleia Popular Nacional, que alterou a restrição de mandatos presidenciais e reelegeu, na manhã de 17 de março de 2018, Xi Jinping como Presidente da RPC, inaugurou a 5 de março os trabalhos com um discurso do Primeiro-Ministro Lǐ Kěqiáng (李克强), no qual se afirmava que, devido ao bem-sucedido combate à corrupção, a China tinha hoje menos milionários e mais ricos, avançando deste modo em direção à almejada igualdade e nivelamento sociais.

No discurso político oficial afirma-se expressamente a aspiração ao enriquecimento do país, do povo, e do socialismo com características chinesas, mas também à modernização em termos políticos, económicos, sociais e culturais. O número quatro recupera antigas tonalidades positivas, na sequência das quatro grandes invenções da Antiguidade (四大发明 – *Sì dà fāmíng*): o papel (造纸術 – *zàozhǐshù*); a bússola (指南鍼 – *zhǐnánzhēn*); a pólvora (火藥 – *huǒyào*); e a impressão (印刷術 – *yìnshuāshù*). O papel foi inventado durante a dinastia Hàn do Leste por Cài Lún (東漢蔡伦 – *Dōng Hàn Cài Lún*). A bússola, ou agulha magnética, terá aparecido durante o período dos Estados Combatentes[109]. A pólvora surgiu em estreita ligação com o fabrico da pílula da imortalidade na escola da Alquimia[110], associada ao nome do alquimista Gě Hóng (葛洪) (c. 283-343 d.C.), que viveu durante a dinastia Jìn (晋) (265-420), mas só passaria a ser utilizada para fins militares a partir da Dinastia Táng, quando aparecem os canhões no século X. Por último, a invenção da impressão remonta às dinastias Suí (隋) (581-618) e Táng: a impressão em madeira com caracteres amovíveis data de 868 e a impressão móvel da dinastia Sòng (宋) (960/1279), tendo sido o seu inventor Bì Shēng (畢昇) (?-1051). As quatro grandes novas invenções não foram inventadas pelos chineses, mas sim implementadas, divulgadas e melhoradas por eles. A nomenclatura das quatro grandes novas invenções surge na sequência de um inquérito realizado pelo Instituto de Investigação da Rota da Seda da Universidade de Estudos Estrangeiros de Beijing a jovens de vinte países na orla geográfica da Iniciativa «Uma Faixa, Uma Rota» em maio de 2017. Investigava-se então quais seriam as 'invenções chinesas' que os jovens gostariam de ver nos seus países. Após o tratamento dos dados, surgiram as quatro grandes novas invenções, a saber: O Comboio de Alta Velocidade (高速鐵路/高鐵 – *Gāosù tiělù/gāotiě*); *Alipay* (支付寶 – *Zhīfùbǎo*); Bicicletas Compartilhadas (共享單車 – *Gòngxiǎng dānchē*); e Compras online (網購 – *Wǎng gòu*).

O princípio estratégico «Uma faixa, Uma Rota» (一带一路 – *Yī dài, Yī lù*) vem reavivar a vivência da Antiga Rota da Seda, renascida sob o

[109] Foi possível inventar a bússola a partir da matéria-prima fornecida por aquela que seria batizada em chinês como Montanha Magnética (磁山一带 – *Cí Shān yīdài*).

[110] Em estreita ligação com a religião Taoista, surge Gě Hóng [(葛洪), considerado o pai da Alquimia, que escreveu a obra *O Mestre que abraça a simplicidade* (《抱樸子》 *Bàopǔzǐ*). Esta começa por basear-se na manipulação de elementos materiais, ficando conhecida por Alquimia Exterior, e só mais tarde evolui, na dinastia Sòng (宋), para a Alquimia interior (内丹 – *Nèidān*), ainda que o primeiro clássico remonte ao séc. II da nossa era e a Wèi Bóyáng (魏泊陽) e à obra *A Concordância dos Três* (《参同契》 *Cāntóngqì*). Tanto na Alquimia Interior como na Exterior se pretende alcançar a imortalidade, a primeira por processos físicos, a segunda pela via espiritual. A Alquimia espiritual depende em todo o Oriente, China incluída, de práticas de meditação. Há duas grandes linhas de meditação na China: a budista e a taoista, surgindo por vezes no interior destes caminhos de pensamento escolas ligadas à filosofia tântrica. Deste modo, podemos falar de um yoga budista tântrico, bem como de um yoga Taoista tântrico, imprimindo a filosofia tântrica de raiz indiana um cariz especial às práticas meditativas que influencia.

signo da novidade, de uma rota mais abrangente: uma Nova Rota da Seda (新絲綢之路 – *Xīn Sīchóu zhī lù*). O projeto avançado pelo presidente Xí Jìnpíng, em 2013, tem vindo a desenvolver uma rede ferroviária intercontinental, aeroportos, portos, zonas de comércio livre e centrais elétricas, num esforço de renascimento e alargamento das vias comerciais da antiga Rota da Seda que ligavam a China à Europa por meio da Ásia Central, África e Sudeste Asiático. Do ponto de vista etimológico, e numa abordagem intuitiva, no princípio «Uma Faixa, Uma Rota» somos conduzidos até à ideia de unidade. Contudo, há que ter presente que na Nova Era, a Unidade não é uma noção homogénea, mas pode ser bem captada numa imagem de rede, em que os países se encontram todos ligados numa caminhada económica conjunta, na qual a diversidade é um fator de êxito decisivo para a própria existência da rede. Esta rede relaciona-se harmoniosamente, guiada pelo mesmo tipo de interesses económicos, aos quais se acrescentará também uma forte vertente cultural, em que a China se assume como potência cultural influente por meio da exportação do seu *soft power*, uma exportação eficaz e comprovada, como já vimos, pelos múltiplos *Institutos Confúcio*, espalhados pelo mundo inteiro.

Quando chega ao poder em 2013, Xí Jìnpíng, dirige a sua atenção para a harmonia global, para o multiculturalismo e para o sonho chinês de uma nova era, onde a harmonia nacional se estenda ao domínio internacional e os valores confucionistas ganhem uma dimensão verdadeiramente universal[111]. Do ponto de vista político, o que está em jogo ultrapassa largamente as dimensões económica e cultural. O conceito de sonho chinês não podia ser mais abrangente já que, com ele, desta forma, se procuram alimentar expectativas nacionalistas internas relativas às possibilidades externas de projeção da China num futuro radioso, incluindo em termos

[111] Cf. Carmen Amado Mendes. *China Contemporânea*. Coimbra: Imprensa da Universidade de Coimbra, 2020, p. 71: «O conceito de harmonia, que idealmente seria concretizável através de um sistema hierárquico dominado pela China, é atualmente invocado na defesa da multipolaridade, por oposição à hegemonia dos Estados Unidos. Esta postura tanto pode esconder objetivos pacíficos como hegemónicos, sendo um meio para destronar a hegemonia do Ocidente e conseguir liderar a nova ordem mundial.».

internacionais[112]. De acordo com as palavras do atual presidente chinês, em breve deverá ser possível colocar grande parte da humanidade a caminhar na mesma direção económica, política e social, traçada geograficamente por uma rota, ou melhor, por uma rede de corredores terrestres e uma rota marítima, atualmente denominada Iniciativa Faixa e Rota, orientada por um novo poder suave, aceite pacificamente, onde reinam partilhados os valores espirituais confucionistas.

Os valores que passam para primeiro plano seguem uma ética confucionista e uma pragmática, conduzida pela ideia de progresso científico-tecnológico, sendo então neste enquadramento que surgem as quatro novas grandes invenções, com a consequente recuperação da antiga carga positiva para o número quatro. Como já foi referido, nenhuma destas quatro novas invenções o é à maneira das que ocorreram na antiguidade chinesa. O comboio de alta velocidade foi criado no Japão em 1964, mas foi a China quem assimilou plenamente a invenção, tendo hoje a maior rede de comboios de alta velocidade do mundo. Também a *Alipay*[113] é a maior plataforma de pagamentos *online* do globo[114]. A segunda maior empresa de pagamentos móveis é a *We Chat Pay*. Os pagamentos móveis por *smartphone*, ainda chamados carteira móvel, têm um imenso sucesso na China, já que os chineses preferem andar sem dinheiro e não apreciam cartões de crédito. O maior sistema de bicicletas compartilhadas do mundo encontra-se instalado em Hángzhōu (杭州), mas já foi espalhado pelo planeta.

A China foi solo propício onde cresceram as quatro grandes novas invenções, por causa do desenvolvimento económico e da aposta realizada pelo país nos domínios científico-tecnológico. Os comboios de alta velocidade garantem rápida mobilidade, eficácia nas deslocações de

[112] Cf. Carmen Amado Mendes. Op. cit., 2020, p. 105: «Com o Sonho Chinês, o Presidente parece continuar o jogo duplo de reformas económicas internas e assertividade externa, projetando a imagem de uma China mais assertiva e confiante, disponível para liderar uma nova ordem mundial com características chinesas. O mito de fundação do Partido Comunista resulta da revolta contra o Século de Humilhações, imposto pelo Ocidente, por isso este momento, em que a China emerge como rival da maior potência ocidental, é particularmente crítico – um império reemergente a contestar um império mundial estabelecido.»

[113] A *Alipay*, agora uma empresa independente, nasceu ligada ao grupo *Alibaba*.

[114] De acordo com os dados do *Business Insider* de 2014.

pessoas e bens; as bicicletas compartilhadas permitem um bom escoamento do trânsito nas megacidades chinesas, uma movimentação fluída e descongestionada. Os pagamentos online são cómodos e possibilitam que as pessoas circulem descontraidamente sem pensarem em cartões e dinheiro, ao passo que o comércio eletrónico não deixa de ser cómodo e prático, mesmo que levante algumas questões de fiabilidade. Pode dizer-se que o número 4 é um dos grandes números da Nova Era e a sua recuperação e enaltecimento provam que nos encontramos no quadro de uma nova cultura que, do ponto de vista da simbologia numérica, ergueu o 4 ao pódio do 8 e do 9. Na China de Xí Jìnpíng, na *Zhongguo* da Nova Era do Sonho Chinês, o Renascimento da China passa pelas Quatro Modernizações, com particular ênfase para a científico-tecnológica, que conduzirá ao progresso, nacional e internacional, e ao sucesso da Iniciativa «Faixa e Rota» por ele viabilizado e transmitido harmoniosamente para todo o mundo por via da Nova Rota da Seda.

3.4. A Justiça Popular

A sabedoria proverbial chinesa tem algo a dizer sobre a noção de justiça. No que diz respeito às noções de culpa e castigo, não há margem para erro na justiça, porque se aconselha que todo o culpado pague pela falta que cometeu: «toda a falta deve ter o seu castigo» (咎有應得 – *jiù yǒu yīng dé*). Defende-se, por isso, que um crime não fica sem castigo: 'nunca um crime fica impune' (咎有自取 – *jiù yǒu zì qǔ*). Então, nada melhor do que a distribuição pesada de castigos para aqueles que avariam: «o castigo faz ao doido ter juízo» ou, numa outra versão portuguesa de sentido semelhante em chinês, «malha-se no ferro, enquanto está quente» (出爐鉄-非打不可 – *chū lú tiě-fēi dǎ bù kě*). Nesta filosofia popular parte-se do princípio de que a falta é um produto do livre-arbítrio humano; age mal quem quer e porque assim o deseja, não existem forças sobrenaturais que expliquem o desafio insensato à harmonia da ordem estabelecida: «o homem cria o mal que o faz sofrer» (自作自受 – *zì zuò zì shòu*). Logo, se os castigos são merecidos, é porque os crimes não passam despercebidos devido ao comportamento do próprio criminoso que, dizemos nós, volta sempre à cena do crime: «o crime atrai o castigo sobre o culpado» (罪有應得 – *zuì yǒu yīng dé*). A lei justa na mundividência tradicional chinesa «é igual para todos» ou, pela negativa, «é iníqua a lei que deixa de ser igual para todos» (天子犯法與民同罪 – *tiānzǐ fànfǎ yǔ mín tóng zuì*). A lei não é encarada como uma distribuidora de graças mais ou menos divinas, mas antes como uma dispensadora de castigos justos, na exata proporção das faltas cometidas, à maneira romana de *dura lex, sed lex* ou, como se diz à portuguesa, «a lei é dura, mas é a lei» (法律無情 – *fǎlǜ wú qíng*).

No pensamento proverbial, surgem muitas vezes expressões com sentido ambivalente e até contraditório, o que sucede por se estar a lidar com a linguagem natural, polivalente, que expressa um pensamento perspetivista e multifacetado, sem procurar alcançar o rigor, a objetividade e a uniformidade das linguagens científicas. Logo, a par da sentença proverbial «a lei é dura, mas é a lei», surge uma outra bem mais magnânima e caridosa, que nos adverte: «mais vale, às vezes, o bom sentimento que justiça sem razão». No entanto, não nos iludamos com a benevolência chinesa em relação aos crimes abrangidos pela lei. Se é um facto que há exceções à regra quando, por exemplo, o juiz tem uma intuição de justiça para determinado caso, o tom mais generalizado é o de que «bem perece o ladrão na forca» (法網難逃 – *fǎ wǎng nán táo*). Afinal o que pretende a tradição chinesa com estes pensamentos sobre o crime, o castigo e a lei? Apenas que a verdade venha ao de cima, isto é, que o mal não triunfe e que a justiça reine incontestada na terra, porque «o mal não pode triunfar sobre a justiça» (邪不勝正 – *xié bù shèng zhèng*). Por isso, se defende que esta tem uma força incontornável: «sede justos e sereis fortes» (有理壓得泰山倒 – *yǒu lǐ yā dé Tài Shān dǎo*) ou, numa tradução pelo sentido literal muito vívido, «quem tem razão é capaz de esmagar a montanha Tài».

Por fim, na sabedoria popular chinesa pretende-se, ainda, estabelecer uma relação entre a ética e o direito, porque quem age bem, de acordo com as normas e leis do direito, é mais feliz: «Cada qual faz a cama em que se deita» ou, à maneira chinesa, «a dita e a desdita não nos entram pela porta, somos nós quem as convida a entrar» (禍福無門，唯人自召 – *huòfú wú mén, wéi rén zì zhào*). Neste contexto de uma legalidade ancestral, o azar e a sorte dependem exclusivamente das pessoas e das suas ações.

3.5. A Religião Popular e o Culto dos Antepassados

Ainda no quadro da filosofia popular, não podem ser esquecidas outras expressões no mundo chinês como a Religião Popular. A par das religiões oficiais chinesas, surgem vários deuses, fruto de uma adoração espontânea e popular. Entre os mais famosos, destacam-se as divindades da Literatura e da Guerra (關帝 – *Guāndì*) e da Terra (土地公 – *Tǔdìgōng*), tematizados na investigação *Histórias das Religiões Chinesas* (中華宗教的故事 – *Stories of Chinese Religions*), realizada na Academia Sinica em 2011. Existem outras três divindades estelares, que estão presentes em quase todos os votos festivos relativos ao Ano Novo Chinês (新年 – *Xīnnián*) ou à Festa da Primavera (春節 – *Chūnjié*). Estes são o Deus da Felicidade (福 – *Fú*), da Prosperidade (祿 – *Lù*) e da Longevidade (壽 – *Shòu*). Além de outras divindades que serão referidas ao longo deste trabalho, há uma outra muito acarinhada pelos chineses (e não só!), que é o Deus da Riqueza (財神 – *Cáishén*).

O Culto dos Antepassados é uma expressão religiosa de inspiração patrilinear, porque inicialmente os rituais a ele ligados apenas podiam ser efetuados por homens, que se desenvolveu em torno dos cultos doméstico e da linhagem e, ainda, da conceção de nação chinesa, cuja linhagem remonta aos soberanos míticos Fú Xī (伏羲), o Imperador totémico do Leste, Huáng Dì (黃帝), o Imperador Amarelo do Centro, e Shén Nóng (神农), também conhecido por Yán Dì (炎帝), o Imperador Do Sul, do fogo, da agricultura e da medicina. Depois da ascensão dos comunistas ao poder, o altar doméstico, com os seus objetos rituais, tabuinhas de madeira, folhas de papel vermelho e fotografias a preto e branco, foi proibido. Mais tarde, o culto oficial a Huáng Dì e Yán Dì seria retomado nos anos 90. Nem todos os mortos ascendem à categoria de antepassados, mas apenas aqueles que são considerados «bons mortos», isto é, que morreram numa idade avançada, após terem assegurado descendência[115].

Moístas, confucionistas e taoistas têm posições diferentes em relação ao mundo dos vivos e dos mortos. No que diz respeito aos espíritos e fantasmas, os moístas aproximam-se mais dos taoistas do que dos confucionistas. A posição de Confúcio sobre o que existia para além desta vida surge claramente exposta em *Os Analectos*: «Confúcio nunca falava

[115] Thierry Sanjuan (Dir.) *Compreender a China Contemporânea*. Lisboa: Edições 70, 2009, pp. 45-46.

de monstros, forças, desordem e seres espirituais»[116]. Numa outra passagem, o pensador afirma que para um bom relacionamento com o mundo sobrenatural é preciso, antes de mais, uma dedicação total ao mundo humano, porque o resto é, na realidade, um mistério[117]:

> Zi Lu perguntou a Confúcio sobre a maneira de servir os espíritos, ao que ele respondeu: «Como podemos servir os espíritos se não soubermos primeiro como servir as pessoas?» Zi Lu prosseguiu: «O que é a morte?» Confúcio replicou: «Como entender a morte antes de perceber a vida?»

Confúcio, o arauto do caminho benevolente, proclama que o mais importante é estar ao serviço da humanidade, portanto alguém terá grande valor se morrer em benefício da ordem social, daí que, parafraseando o pai do Confucionismo, possa morrer tranquilo à noite quem conheceu o verdadeiro caminho ao amanhecer[118]. Para os taoistas e moístas a morte natural implica uma longa vida, já que uma existência curta, normalmente interrompida por uma morte violenta e inesperada, está relacionada com uma punição enviada pelo Céu, que para os taoistas se modela pelo *Tao/Dào*. Recordemos então as palavras de Lǎozǐ no *Clássico da Via e da Virtude*: «O homem violento e agressivo não morre de morte natural. Torna-se este facto o pai de todos os ensinamentos»[119]. Uma vida longa é a maior das bênçãos para taoistas e moístas. Mòzǐ diz a este respeito que quem procede mal tem os dias azarados e encurtados pelos fantasmas e espíritos existentes e distribuidores das recompensas e punições conforme as ações de cada um:

> Acreditamos que os espíritos e os fantasmas podem distribuir recompensas e castigos, sendo este ponto de vista utilizado para governar o país e o povo,

[116] Texto original, 孔子 (Kǒngzǐ). 《論語》, *Analects of Confucius*. Tradução para chinês simplificado de蔡希勤 (Cài Xīqín); tradução para inglês 赖波 (Lài Bō) e夏玉和 (Xià Yùhé). 北京: 华语教学出版社, 1994, VII-21,"子不語怪，力，亂，神".

[117] 孔子 (Kǒngzǐ). 《論語》. Op. cit, XI-12, "季路問事鬼神。子曰：«未能事人，焉能事鬼？» 曰：«敢問死。»曰：«未知生，焉知死».

[118] 孔子 (*Kǒngzǐ*). 《論語》. Op. cit., IV-8.

[119] Cf. António Graça de Abreu 《道德经》*Laozi Tao Te Ching. Livro da Via e da Virtude*. Lisboa: Vega, 2013, p. 111 « 強梁者不得其死。吾將以為教父».

> porque só ele pode governar o país e conduzir o povo à felicidade e ao caminho certo[120].

Para Mòzǐ, os fantasmas e os espíritos fazem parte do nosso mundo, pelo facto de haver gente que constata que os viu e ouviu. O critério é, então, o da experiência dos outros, aliado à crença individual. O filósofo divide, ainda, estes seres sobrenaturais em três tipos: os espíritos do Céu, os espíritos das montanhas e dos rios, e os fantasmas dos homens que morreram. Como entre estes últimos se encontram os nossos ascendentes, não devemos nem podemos esquecer-nos de lhes prestar culto, oferecendo-lhes de comer e de beber, sobretudo vinho e milho-miúdo. Os sacrifícios não são em vão, porque com eles procura o filósofo:

> atrair as bênçãos dos espíritos e fantasmas que estão acima de mim; enquanto que abaixo procuro reunir um grupo agradável e fazer amizade com as pessoas da minha comunidade. E se os fantasmas e os espíritos existem, de facto, então estou a alimentar e a satisfazer a sede do meu pai, da minha mãe dos meus irmãos mais velhos e das minhas irmãs. Não é isto benéfico para toda a gente?[121].

A tendência, universalmente falando, é para acreditar em seres intermédios e intermediários entre os divinos e os terrestres, aspirando estes últimos à proteção das forças cósmicas que sentem existir, mas não conseguem identificar, já que elas se movem num plano que escapa ao pensamento consciente, porque tudo o que é essencial desliza por entre as malhas linguísticas, como bem viram os taoistas e os budistas Chan na China, ou os herdeiros da tradição platónica e cristã no Ocidente.

A Geomancia domina as forças do «Vento» (風 – *Fēng*) e da «Água» (水 – *shuǐ*), a arte do *Fēngshuǐ* (風水) para que sejam construídos palácios,

[120] Texto original《墨子语录》(Citações de Mòzǐ)上海，上海古籍出版社, 1994, p. 136, «應該相信鬼神是能夠賞罰惡的，用這種觀念去治理國家、治理万民，才真正是治理國家、造福萬民的正道».

[121] Burton Watson (trad.). *Mo Tzu: Basic Writings.* New York, London: Columbia University Press, 1963, pp. 108-9.

casas e campas em ambiente auspicioso. Durante a dinastia Jin, o *Fēngshuǐ* conheceu um desenvolvimento sem precedentes. Entre os nomes ligados a esta arte da adivinhação, por meio da manipulação das forças naturais, conta-se o de Guō Pú (郭璞), que viveu entre 276 e 324, deixando-nos, além de outras obras, *O Livro das Exéquias* (葬書 – *Zang Shu. A Translation of The Ancient Chinese Book of Burial (Zang Shu) By Guo Pu (276 - 324)*[122], traduzido por Zhang Juwen, no qual se descreve a boa maneira de se enterrarem os mortos, a fim de que os vivos tirem o melhor partido da relação que ainda mantêm com eles e para que os falecidos os continuem a proteger sempre. Guō Pú fez história, não apenas por ter redigido *O Livro das Exéquias*, mas ainda, segundo se conta, por ter morrido e ressuscitado três dias depois, à semelhança de Jesus Cristo, já que, quando lhe abriram o túmulo, o encontraram vazio, tendo o desaparecido ficado conhecido por «o imortal das águas».

Quem decidiu editar o Livro das Exéquias também passou naturalmente à história. Chamava-se Wú Chéng (吳澄) e viveu em plena dinastia Sòng do Sul (南宋) (1249-1331), como nos informa Zhang Juwen, o tradutor contemporâneo da obra. Os chineses enterram os seus mortos para ficarem em comunhão com a importante noção, já anteriormente referida, de sopro vital ou «*qì* gerador»[123]. O *Qì*, do ponto de vista etimológico, significa «ar» e talvez derive de nuvem ou, ainda, recorde-se, numa leitura atenta ao pormenor dos componentes dos caracteres, do «vapor» que se liberta do «arroz» a cozer. No Ocidente, existem, como sabemos, algumas traduções para o sentido de *Qì*. Ele é força vital, força cósmica, princípio material, essência da vida, enfim, percorre-nos a todos, unindo antepassados e descendentes em mútua ressonância. «Enterrar os mortos» (葬 – *zàng*) é também, por homofonia imperfeita, «escondê-los» (藏 – *cáng*), de modo que se recupere a força vital que há na matéria e que liga a terra aos pais e os pais aos filhos.

[122] Guo Pu *Zang Shu* 葬書 *A Translation of The Ancient Chinese Book of Burial (Zang Shu)*. Trad. Zhang Juwen. Lewiston. Queenstown: Lampeter, 2004.

[123] Texto Original, Guo Pu *Zang Shu* 葬書 *A Translation of The Ancient Chinese Book of Burial (Zang Shu)*. Trad. Zhang Juwen. Lewiston. Queenstown: Lampeter, 2004, 1.1 《葬者乘氣也》.

«O *Clássico* diz que o qi responde ao que sente, e a boa fortuna dos fantasmas (e espíritos) estende-se aos vivos»[124]. Antepassados e descendentes comunicam uns aos outros, abençoados pelo mesmo espírito e, por isso, se devem enterrar os mortos, para preservar o seu *Qì* e não os abandonar ao acaso das forças naturais. É necessário que eles regressem (歸 – *guī*) à grande Mãe Natureza, estando na altura de apontar a homofonia imperfeita entre *guǐ* (鬼) de fantasma e *guī* (歸) de regresso. O *Qì* liga todos os seres que partilham o mesmo princípio material, logo é natural que «ao colapso da Montanha de Cobre no Oeste responda o sino espiritualizado do Leste»[125]. Tal sucede porque o sino foi feito com o cobre existente na Montanha de Cobre. Neste sentido, se todos estamos ligados, e especialmente aqueles compostos pelo mesmo *Qì*, então é preciso que os vivos lutem por preservar a sua ligação aos mortos, dando-lhes a melhor das campas para que eles se sintam confortáveis e reconhecidos, de maneira a influenciarem positivamente o destino dos vivos. Eles podem, inclusive, quando devidamente «escondidos», alterar e beneficiar a sorte dos vivos, por isso os que ficam não devem acatar passiva e indiferentemente a partida dos seus familiares, mas antes lutar ativamente para lhes dar a melhor das moradas: «É deste modo que o homem superior concretiza feitos notáveis, e obtém vantagens celestiais, sendo assim o mandato do Céu alterado»[126].

Eis a resposta chinesa ao fatalismo do destino, que se aceita, exceto quando se recorre à Geomancia: através da adivinhação e da procura da aliança com as forças naturais, consegue-se realmente transformar a sorte, contando para tal com a ajuda dos mortos, como nos é dito de um modo bem poético: «As luzes do Céu descem; as virtudes da Terra ascendem»[127]. Para ligar o Céu e a Terra, as estrelas e as campas basta, na perspetiva de *O Livro das Exéquias*, realizar um enterro que siga a sabedoria do *Fēngshuǐ*. Nesse momento, as estrelas do Céu entram em comunicação com as campas, porque quando alguém é enterrado na campa propícia, as estrelas brilham, iluminando-a, chamando pela alma celestial, e as virtudes da terra ascendem de mansinho ao Céu.

[124] Guo Pu. Op. cit., 1.4 "經曰氣感而應，鬼福及人."
[125] Guo Pu. Op. cit.,1.5 "是以銅山西崩，靈鍾東應".
[126] Guo Pu. Op. cit., 1.43 «是以，君子奪神功，改民天.»
[127] Guo Pu. Op. cit, 2.13 «天光下臨、地德上載.»

4.
Mitologia e Simbologia Animal

4.1. O Zodíaco Chinês

O calendário lunissolar, em vigor desde 604 d.C., combina os calendários solar e lunar, sendo que este último continua a ser utilizado nos almanaques. A China adotou o calendário gregoriano apenas em 1912, já em período republicano. É necessário proceder a ajustes entre os calendários lunar e solar, porque um ano lunar tem 12 luas de 29 ou 30 dias, ou seja, 354 dias, ao passo que o calendário solar decorre em 365 dias, com exceção dos anos bissextos. Para que haja correspondência nas contas, os chineses necessitam de adicionar um mês intercalar, ficando com 13 luas em certos anos. Como nos interessa chegar ao zodíaco chinês, é preciso entender que este corresponde a janeiro ou fevereiro do calendário gregoriano. Há, no entanto, que ter atenção ao facto de os chineses estarem a celebrar não o tempo solar, mas o lunar[128]. Este combina 10 troncos celestes e 12 terrestres em ciclos sexagenários, pelo que sempre que alguém faz 60 anos, tem direito a uma festa de aniversário, porque completou um ciclo[129].

Os dozes ramos são representados por 12 animais que responderam, segundo uma das lendas que corre sobre o zodíaco chinês[130], a uma corrida lançada por Buda. Este zangado com o governo da humanidade, sem-

[128] Cf. António Pedro Pires. «O Calendário Lunar e Lunissolar», in *Festividade do Ano Novo Lunar em Macau*, Macau, Instituto Cultural de Macau, 2018, pp. 69-92.

[129] António Pedro Pires. Op. cit., p. 84.

[130] Cf. Man-Ho Kwok *Chinese Astrology. Forecast Your Future from Your Chinese Horoscope.*Singapore: Asiapac Books, 1997, p. 6. Numa outra lenda terá sido o Imperador de Jade, que nunca tinha estado na Terra, a pedir a um dos seus conselheiros celestiais para lhe dar a conhecer os animais terrestres. Ora como eram muitos, decidiram que fariam uma seleção dos 12 mais

pre pronta a criar a confusão na terra, resolveu dar prioridade aos animais para administrarem o destino humano, mas não a todos os animais, apenas àqueles que, saindo vencedores da competição, se mostrassem capazes de governar a terra de acordo com as suas melhores características. Os 12 ramos terrestres que regem os destinos humanos são pela seguinte ordem de chegada à meta, alcançada após a travessia de um longo rio: o rato, o búfalo, o tigre, o coelho, o dragão, a serpente, o cavalo, a cabra, o macaco, o galo, o cão e o porco. Informa-nos António Pedro Pires em *Festividade do Ano Novo Lunar* da correspondência estabelecida entre o zodíaco chinês e o ocidental:

> Rato-Áries; Búfalo-Touro; Tigre-Gémeos; Coelho-Câncer; Dragão-Leão; Serpente-Virgem; Cavalo-Libra; Cabra-Escorpião; Macaco-Sagitário; Galo--Capricórnio; Cão-Aquário; Porco-Peixe[131].

Fica-se ainda a saber que os doze animais do zodíaco chinês estão divididos em ativos e passivos, sendo seis os ativos regulados pela predominância da energia positiva masculina *Yáng* (陽): o rato, o tigre, o dragão, o cavalo, o macaco e o cão. Nos restantes seis sobressai a energia negativa feminina *Yīn* (陰), sendo estes animais, portanto, mais passivos. Durante um ciclo sexagenário, cada ramo terrestre ou animal se combina com os cinco Elementos (五行 – *Wǔ Xíng*)[132] que compõem o universo, a saber: a Madeira, o Fogo, o Metal, a Água e a Terra[133]. Cada ramo celeste encontra-se ainda associado às cinco cores, o branco, o preto, o vermelho, o

interessantes para governarem os destinos humanos, ano a ano, até perfazerem os doze anos de um tempo astral.

[131] António Pedro Pires. Op. cit., p. 85.

[132] Ver nesta obra subcapítulo relativo à filosofia dos Cinco Elementos, intitulado Caracteres para os Cinco Elementos.

[133] A tradução de «五行» para «cinco elementos» implica uma escolha ligada à filosofia. Na filosofia, desde a sinologia mais antiga, se optou por esta tradução, uma vez que se estavam a tematizar e a analisar conceitos, já no âmbito da ciência médica se tem vindo a privilegiar o aspeto dinâmico dos cinco elementos e, por isso, se tem traduzido por «cinco fases» ou «cinco dinamismos», mas neste texto assume-se a perspetiva filosófica tradicional e não a científica, que por certo se privilegiará caso se venha a redigir um trabalho sobre filosofia da ciência.

amarelo e o verde, bem como às duas forças cósmicas primordiais, a força feminina *Yīn* e a masculina *Yáng*:

> Cada ciclo começa com a combinação do primeiro tronco com o primeiro ramo terrestre (animal do zodíaco) e este com um dos cinco elementos, o que dará: rato-madeira-*yang*; boi-madeira-*yin*; tigre-fogo-*yang*; coelho-fogo-*yin*, e assim sucessivamente até perfazer um ciclo de 60 anos. O primeiro ciclo começou no ano 604 d.C. e o actual, no qual nos encontramos, teve início em 1984[134].

O que possa ser dito sobre as características de cada signo tem, para nós ocidentais, muito de intuição e senso comum. No entanto, há algo que é importante reter: ao longo da sua história, os chineses acreditaram sinceramente nas características dos signos, guiando-se pelas compatibilidades celestiais, ao ponto de nem sequer avançarem, por exemplo no que se refere aos relacionamentos sentimentais, para envolvimentos mais sérios sem primeiro terem consultado a carta astral do seu parceiro/a. A crença nos desígnios celestiais e no modo como estes determinam os destinos humanos vê-se bem pela função dos almanaques, mesmo no mundo da política ou dos negócios, como declara Frédéric Obringer, chamando a atenção para as informações astrológicas fornecidas por eles:

> Também fornecem informações astrológicas e indicam os momentos fastos e nefastos para efectuar os actos mais ou menos importantes dos domínios familiar e profissional, como o casamento, a mudança de casa e as viagens[135].

Antes de se passar a uma apresentação geral dos signos, é preciso deixar bem claro que todos eles são dominados por um dos Cinco Elementos e uma das cinco cores, bem como atravessados pelas forças negativa feminina *Yīn* e masculina positiva *Yáng*[136]. Numa primeira leitura da eti-

[134] António Pedro Pires. Op. cit., p. 86.

[135] Fréderic Obringer. «Almanaque», in *Compreender a China Contemporânea. Um dicionário*. Dir. Thierry Sanjuan, Lisboa, Edições 70, p. 41.

[136] Fontes chinesas indicam a possibilidade de outras leituras, ligando estes elementos e forças a cada signo: rato – água e *yáng*; búfalo – terra e *yīn*; tigre – madeira e *yáng*; coelho – madeira

mologia de *Yáng* e *Yīn*, verifica-se que a força masculina representa o lado solarengo da encosta e a feminina o seu lado sombrio. No entanto, se recuarmos na etimologia podemos ver que a força feminina está ligada à nuvem (陰) e a masculina a estandartes esvoaçantes ao sol (陽)[137], só a partir daí e por transferência terão sido aplicados ao lado luminoso e solarengo ou sombrio da encosta. Tais atributos virão a ter consequências importantes para a mentalidade chinesa ao longo dos séculos, pois vão condicionar a formação de ideias e estereótipos em relação às mulheres e homens concretos, como se teve oportunidade de defender em *A Mulher na China*:

> A força feminina *yin* (阴) tem atributos específicos: é escura, noctívaga, recolhida. Existe como complementar da força *yáng*, masculina, clara, luminosa, diurna e manifesta. O brilho lunar que a mulher concreta exala deve ser discreto, confinando-a aos aposentos interiores da casa. Ela é dominada, desde a Antiguidade, por um poder patriarcal que abarca todas as esferas do seu mundo e lhe criou uma determinada imagem, com a qual se procura harmonizar[138].

Mas a força feminina *Yīn* ultrapassa em muito a esfera da mulher concreta, já que é uma energia gerada pelo cosmos, surgindo em complementaridade com a força masculina *Yáng*, cuja interligação proporciona todas as manifestações concretas do nosso universo: só o Céu é totalmente *Yáng*, e a Terra apenas *Yīn*, se nos deixarmos guiar pela simbologia do *Clássico das Mutações*, sendo o fogo e a água, assim como o sol e a lua, suas manifestações complementares.

Em traços largos e muito resumidos, todos os signos têm características positivas e negativas, muitas delas em concordância com a visão que o Ocidente tem desses animais, enquadrada numa mundividência de sociedade agrícola e tradicional, com exceção do dragão naturalmente, que possui conotações muito mais negativas no Ocidente, sem contar com o

e *yīn*; dragão – metal e *yáng*; serpente – fogo e *yīn*; cavalo – fogo e *yáng*; cabra – terra e *yīn*; macaco – metal e *yáng*; galo – metal e *yīn*; cão – terra e *yáng*; porco – água e *yīn*.

137 Richard Wilhelm (trad). *I Ching or book of changes*. London: Penguin, Arkana, 1989, p. LVI.

138 Ana Cristina Alves. *A Mulher na China*. Lisboa: Tágide, 2007, p. 27.

caso português do Futebol Clube do Porto, onde se assume como símbolo totémico do Clube e seus jogadores. Assim, as virtudes do rato são a rapidez, a diligência e a esperteza, tendo sido por isso que chegou em primeiro lugar à meta. Um dos seus aspetos negativos consiste nessa mesma esperteza mal empregue, que é capaz de enganar gatos, como sucedeu na história da corrida, na qual o gato também era para participar, se não tivesse sido a manha do rato, que prometeu acordá-lo. Até então eram grandes amigos e andavam sempre juntos, mas na hora da verdade, o rato deixou o gato a dormir e foi para a competição sozinho. Quando o felino percebeu que tinha sido enganado, nunca mais confiou nele, tornando-se um dos seus piores inimigos. O rato associa-se ao elemento Água, em harmonia com a Madeira, mas é dominado pela Terra. Manifesta um predomínio da força *Yīn* e a sua cor é o preto que simboliza a honra e a dignidade e o triunfo sobre as dificuldades. Como a cada animal está associada uma direção na bússola chinesa, o rato liga-se ao Norte (N) e ao início de um ciclo horário, que se estende das 23h à 1h da manhã[139], bem como ao meio do inverno, período dominado pela energia *Yīn*.

O boi e o búfalo são dois nomes possíveis para o mesmo signo. O caractere chinês para «boi» representa gado bovino no seu geral, incluindo o boi e o búfalo. Assim, uns nasceram sob o signo do boi (牛 – *niú*), enquanto outros se consideram debaixo da alçada do búfalo (水牛 – *shuĭ niú*). O búfalo é um animal sobretudo asiático. Os seus chifres também costumam ser mais longos e curvados, e a escrita mais antiga de *niú* é mesmo um pictograma que reproduz a cabeça do animal com chifres longos e curvados. O animal distingue-se por uma imensa capacidade de trabalho, característica que, como vimos, acompanha todo o gado bovino. O boi ou búfalo têm ainda uma nobreza diferente, talvez pelo facto de simbolizarem um novo tempo, a primavera, mas ao búfalo se ficou a dever o transporte do fundador do Taoismo, Lăozĭ, a caminho da fronteira, quando este deixou a China desgostoso com o seu cargo de guarda-livros dos Arquivos Reais do Reino de Chū (楚國) de acordo com o historiador Sīmă Qiān (司馬遷). Deveras incomodado com a corrupção

[139] Cada ano é dominado por um dos doze ramos terrestres. Estes também designam as 12 horas duplas de cada dia, e não as 24 horas ocidentais, governando o rato a primeira hora dupla.

que grassava à época, resolveu emigrar. Na fronteira foi encorajado pelo guarda Yǐn Xǐ (尹喜), que aí exercia a vigilância, a registar o pensamento filosófico. E assim terá nascido o *Clássico da Via e da Virtude*. Tanto na qualidade de boi como na de búfalo, atua como mensageiro entre o Céu e a Terra. Pacífico, trabalhador, teimoso ou perseverante, este signo tem um sentido muito positivo para os chineses. O seu elemento natural é a Terra e a cor é o amarelo, por ser Terra tem as forças *Yīn* e *Yáng* em equilíbrio e a sua direção é Norte-Norte-Este (NNE), pelo que surge associado às primeiras horas da manhã, ao período entre 1h e as 3h.

O tigre, o terceiro ramo terrestre, exibe em lugar proeminente a virtude da coragem. É o rei da Terra, um líder natural, otimista e cheio de magnetismo. Deteta facilmente as forças negativas, pelo que a sua imagem é utilizada para afugentar demónios e proteger as crianças. Na sua faceta mais negativa, é destemido, impulsivo e egocêntrico. É o parceiro geomântico natural do dragão, o animal que governa o Céu, simbolizando o imperador celestial e o imperador terrestre chinês. O seu elemento natural é a Madeira[140], que se harmoniza com o Fogo, mas é dominado pelo Metal. A sua cor é o verde, surgindo ligado à primavera, a cor da vida a despontar de forma calma e relaxante. O tigre possui uma boa combinação das energias *Yīn* e *Yáng*, mas dado o seu elemento natural ser a Madeira, apresenta um leve predomínio da energia positiva masculina, que lhe confere intuição e descontração. A sua direção na bússola chinesa é Este-Norte-Este (ENE), governando o período entre as 3h e as 5h da manhã, bem como o do início da primavera, quando a força *Yáng* começa a despontar.

Quanto ao coelho, tem as características que a nossa intuição nos dita. Possui uma natureza delicada e tranquila, como nos diz Man-Ho Kwok[141], uma imaginação viva e bom intelecto. É tímido, o que pode ser visto como o seu aspeto negativo, pelo que evita correr riscos e opta frequentemente por um estilo de vida familiar e conservador para não comprometer a sua segurança. O seu elemento é a Madeira em harmonia com o Fogo e em conflito com o Metal. Manifesta ainda equilíbrio entre as forças *Yīn*

[140] Ao elemento madeira correspondente no Ocidente o ar.

[141] Man-Ho Kwok. *Chinese Astrology. Forecast Your Future from Your Chinese Horoscope.* Singapore: Asiapac Books, 1997, p. 18.

e *Yáng*, porque também se encontra ligado à Terra, que o torna atento e cauteloso, partilhando com o tigre a cor verde da tranquilidade e do repouso. A sua direção é o Este (E), a sua estação o meio da primavera e o seu período horário é o do amanhecer, entre as 5h e as 7h.

O dragão, o quinto ramo terrestre, é entre os animais, o equivalente a imperador celestial. Transborda de energia, generosidade, carisma, entusiasmo e atenção ao mundo que o rodeia. Na sua faceta negativa, pode ser orgulhoso e arrogante. O seu elemento é a Terra, que está em harmonia com o Metal, mas pode ser controlado pela Madeira. A sua cor é amarela e imperial, associada ao progresso, à fama e à realização. Tem as forças *Yīn* e *Yáng* bem equilibradas, como sucede com todos aqueles cujo elemento é a Terra, e a sua direção é Este-Sul-Este (ESE), que o colocam em estreita conexão com o final da primavera, sendo o seu ciclo horário entre as 7h e as 9h.

A serpente, o sexto animal do zodíaco chinês, é ativa e sábia. Na sua faceta positiva, está sempre em movimento, a fim de concretizar a máxima sabedoria espiritual. Simboliza ainda a atenção e o conhecimento científico e aborrece-se facilmente em ambientes desinteressantes. Na sua faceta negativa, tem veneno, que tanto pode salvar como matar. O seu elemento é o fogo que proporciona todo o tipo de metamorfoses, das pessoais às coletivas. Tem uma boa relação com a Terra, mas é dominada pela Água. Ainda que também possua características *Yīn*, como todos os seres, tem mais qualidades *Yáng*, que lhe proporcionam uma maneira de estar na vida positiva e intuitiva. A sua direção é Sul-Sul-Este (SSE) na bússola chinesa, estando ligada ao início do verão e ao tempo da hora do almoço, entre as 9h e as 11h.

O cavalo, o sétimo ramo terrestre, simboliza a energia, a ação e a beleza. É independente e determinado. É ainda inteligente, eloquente e gregário. Aprecia ideias e novidades, deixando-se tomar por grande excitação, que lhe dificulta algo tão simples como guardar um segredo[142]. O seu amor pelo movimento e a rapidez pode torná-lo descuidado, sendo esta a sua faceta mais negativa. O seu elemento é o Fogo, estando, portanto, em conflito com a Água, e manifesta uma preponderância de ener-

[142] Man-Ho Kwok. Op. cit., p. 24.

gia *Yáng*. A sua cor é o vermelho, o que o associa de imediato à boa sorte e ao triunfo em tudo o que se propõe realizar com a família e os amigos. A sua direção é o Sul (S), o que o liga ao meio do verão e ao período do início da tarde, entre as 11h e as 13h.

A cabra, por vezes denominada «carneiro», é o oitavo ramo terrestre. Em Portugal, costumamos chamar a este animal do zodíaco chinês «cabra», tendo muitas características positivas, já que é refletida e sensível, ponderada, confiante e gregária. Foge, tal como o coelho, de conflitos, dada a sua natureza pacífica. Aprecia viagens artísticas e espirituais, costumando inspirar os outros a realizá-las. O seu lado criativo pode conduzir a uma faceta considerada negativa, porque não gosta de viver de acordo com regras rígidas, nem obedecer a horários, e também não gosta de tomar decisões rápidas sobre questões importantes. O seu elemento é a Terra, podendo ser dominado pela Madeira. Amarelo é a sua cor, que lhe abre as portas da glória, do progresso e da concretização. Tem as energias *Yīn* e *Yáng* em harmonia. E a sua direção é Sul-Sul-Oeste (SSW), que a ligam ao fim do verão e ao período do dia decorrendo entre as 13h e as 15h.

O macaco é o nono signo do zodíaco chinês, e o terceiro rei, depois do dragão, imperador do Céu e do tigre, rei da Terra. Ele é o soberano da humanidade, simbolizando por isso a inteligência. Muito vivo e ótima companhia, é um amigo em que se pode confiar. Também se sabe defender muito bem, não perdoando ofensas nem injustiças. Entre as suas virtudes, encontra-se ainda uma excelente memória. A sua rápida inteligência pode, no entanto, conduzi-lo a situações difíceis ou pouco claras, sendo esta a sua faceta mais negativa. O seu elemento é o Metal, que o coloca em harmonia com a Água, mas em conflito com a madeira, podendo ser dominado pelo Fogo. A sua cor é o branco[143], que simboliza o outono e a maturidade além do luto, mas também a boa sorte, já que o branco espiritualiza, representando a pureza, por exemplo, na *Bodhisattva* da Compaixão, a Guanyin vestida de Branco, simbolizando a divindade nesta figuração a personificação da ausência de mácula e a máxima compaixão e bondade para com todos os seres humanos. A associação

[143] Man-Ho Kwok. Op. cit., p. 28.

do macaco com a Água coloca-o do lado da força feminina *Yīn*. A sua direção é Oeste-Sul-Oeste (WSW), em ligação com o início do outono e o poente, o período entre as 15h e as 17h.

O décimo signo do zodíaco chinês é o galo, um animal de luta, muito elegante e atraente. Gosta de se vestir bem e enfeitar, mas não é apenas um exibicionista, faceta negativa por que é conhecido. Também possui um lado positivo de bravura e compaixão incontornáveis, assim como de pontualidade e de independência, que lhe tornam particularmente difícil a atenção aos conselhos dos outros. É ainda direto e honesto, pronto a dizer tudo aquilo que os outros dispensam escutar. O seu elemento é o Metal, podendo ser destruído pelo Fogo. A sua energia predominante é a *Yīn*, o que lhe permite lutar pela paz e tranquilidade, se assim o desejar. A sua cor é o branco, associada ao outono e à maturidade, bem como à direção Oeste (W), que o colocam em estreita ligação com o meio do outono e o fim do dia, sendo a sua hora entre as 17h e as 19h.

O cão é o décimo primeiro ramo terrestre. É corajoso e fiel, muito amigo do seu amigo, podendo dar a vida por ele. É ainda sensível, empático e honesto, possuindo um forte sentido de dever e responsabilidade. Na sua faceta negativa, deixa-se arrastar pelo pessimismo, sobretudo quando acredita estar em confronto com poderes que ultrapassam as suas forças, pelo que deve, de vez em quando, aliviar-se dos fardos que julga carregarem-lhe a existência. O seu elemento é a Terra, podendo ser dominado pela Madeira. A sua cor é o triunfante amarelo que lhe promete glória e fama. Tem um bom equilíbrio entre as energias *Yīn* e *Yáng* e a sua direção é Oeste-Norte-Oeste (WNW), que o liga ao fim do outono e ao período horário entre as 19h e as 21h.

Por último, nesta breve apresentação, surge o porco, que a bem dizer não é dos animais com melhor imagem física, mas tem uma excelente relação com a matéria e a riqueza. Pela facilidade com que se liga à abundância e ao prazer, pode desenvolver a faceta negativa da preguiça, já que parece que as oportunidades vêm ao seu encontro sem ter de despender muita energia para adquirir o que ambiciona. Tem um caráter pacífico e por vezes sonhador, sendo muito otimista, e está sempre na esperança que a sua vida terrena, bem como a daqueles que aprecia, decorra no melhor dos mundos. O seu elemento é a Água, podendo ser dominado pela Terra. Tem preponderância de energia *Yīn*, o que lhe proporciona uma natureza pacífica e reflexiva. A sua cor é o preto, que representa a honra e a dignidade, bem como triunfo em circunstâncias adversas. A sua direção na bússola chinesa é Norte-Norte-Oeste (NNW), ligada ao início do inverno e à noite, entre as 21h e as 23h, quando a força *Yīn* é preponderante.

4.2. A Gíria do Zodíaco

O que nos diz a gíria linguística para os animais do Zodíaco Chinês? Nada de muito simpático. À exceção de uns quantos, a maioria dos signos é mimoseada com epítetos ou conjunções pouco elogiosas. Ora o rato (鼠 – *Shǔ*), além de rápido e esperto, pode ser uma «criatura pouco fiável» (鼠辈 – *shǔbèi*) ou de «vistas curtas» (鼠目寸光 – *shǔmù- cùnguāng*); é também o animal que melhor simboliza as «pragas» (鼠疫 – *shǔyì*), o que tem a sua razão de ser se pensarmos na China como um país tradicionalmente agrícola, onde os roedores constituem um problema para os campos cultivados, além de se reproduzirem aos milhões.

O búfalo é representado pelo caractere geral para gado bovino *niú* (牛), como já se teve oportunidade de referir. Retirando-lhe a virtude do trabalho, é orgulhoso e arrogante e, como tal, adora «gabarolices» (吹牛 – *chuī niú*), por isso de quem possui o nariz empinado se diz ter «temperamento bovino» (牛脾氣 – *niú píqi*), expressão que também traduz a ideia de muita teimosia. A junção do ruminante ao cavalo «em cabeça bovina não emparelha com boca de equídeo» (牛頭不對馬嘴 – *niútóu búduì mǎzuǐ*), equivale à expressão portuguesa «não diz a bota com a perdigota», para expressar um comportamento ou discurso incongruentes. Do ponto de vista filosófico e literário, há vantagem em ser-se do signo búfalo, porque, como já sabemos, o animal surge associado à primavera, ao início de um novo tempo e a Lǎozǐ, o fundador da nova filosofia taoista. O facto de um pedaço do caminho terreno do filósofo ter sido percorrido com o auxílio de um búfalo pode ter contribuído, nas mentes bem-pensantes, para o bom nome deste animal que, nas interpretações menos societárias e mais espontâneas, se encontra firmemente associado ao início de um novo ciclo temporal e à melhor de todas as estações para os chineses. O búfalo é então uma besta de carga com algum encanto, pois pode colaborar para rasgar caminhos e desenhar saídas.

O tigre (虎 – *hǔ*), se esquecermos a sua faceta brava e heroica, é «cobiçoso e ávido» (虎視眈眈 – *hǔshì-dāndān*) segundo a filosofia proverbial, sendo, além disso, extremamente perigoso. Se numa situação difícil os portugueses estão na «na boca do lobo», os chineses preferem apresentar-se «na boca do tigre» e quem tem a sorte de sair dela «escapa por um triz» (虎口餘生 – *hǔkǒu-yúshēng*).

O coelho (兔 – *tù*), além de familiar, caseiro, imaginativo e prudente, é esquivo e receoso; repare-se no provérbio cuja correspondência cultural em português é «todo o coelho gosta da sua toca» (兔兒滿山跑，仍舊歸老巢 – *tù ér mǎn shān páo, réngjiù guī lǎo cháo*), mostrando que o coelho se sente bem protegido em casa, longe dos holofotes que a exposição social viabiliza.

O dragão (龍 – *lóng*), do ponto de vista linguístico, é signo do poder, tal como o tigre, seu parceiro natural, mas também pode cair em desgraça, como sucede a todos os que se distinguem no mundo. Estes quando caem são bem mais castigados, como nos adverte a sabedoria proverbial portuguesa em «de árvore caída, todos fazem lenha», que tem correspondência cultural no seguinte dito chinês: «o dragão que vem à superfície sofre com as brincadeiras do camarão e o tigre caído é vítima do escárnio do cão» (龍游淺水遭蝦戲，虎落平陽被犬欺 – *lóng yóu qiǎn shuǐ zāo xiā xì, hǔ luò píngyáng bèi quǎn qī*). O par geomântico do dragão é o tigre, entenda-se no que respeita ao controlo da natureza, ao passo que para efeitos de casamento, o par mitológico do totem chinês é a fénix, que renasce divinamente das suas próprias cinzas, simbolizando a paz. Digamos que a suprema energia espiritual, sempre dinâmica e em movimento do animal mitológico que simboliza o imperador, procura a sua complementaridade na tranquilidade proporcionada pela fénix, por isso não há prosperidade mais ambicionada e auspiciosa do que a «boa sorte trazida pelo dragão e pela fénix» (龍鳳呈祥 – *lóngfèng-chéngxiáng*) enquanto casal primordial.

A serpente (蛇 – *shé*) na filosofia popular linguística está normalmente ligada ao submundo e ao tráfico de pessoas, sendo o traficante «uma cabeça de serpente» (蛇頭 – *shé tóu*) e quando se associa ao tigre também não fica bem vista, como mostra o dito: «cabeça de tigre e cauda de serpente» (龍馬精神 – *hǔtóu-shéwěi*), significando que se começou algo bem, com muita energia e força, mas que acaba mal e com pouca garra.

O cavalo (馬 – *mǎ*), para além das virtudes positivas da beleza e energia, bem visíveis quando se liga ao dragão, por exemplo, em «vitalidade de dragão e cavalo» (龙马精神 – *Lóngmǎ-jīnshen*), anda associado à impetuosidade e ao desleixo, sobretudo quando se associa ao tigre em «cavalo-tigre» (馬虎 – *mǎ-hǔ*), expressão que significa algo feito sem cuidado.

Os animais do rebanho, aqui com especial atenção para a cabra (羊 – *yáng*), por motivos de correspondência cultural, não escapam das dificuldades na expressão «caminho de cabras», que encontra a sua equivalência na expressão chinesa «um trilho enviesado e custoso de percorrer» (羊肠小道 – *yángcháng xiǎodào*).

O macaco (猴 – *hóu*) e o porco (猪 – *zhū*) possuem as características linguísticas que tivemos oportunidade de apresentar no capítulo que lhes é dedicado na simbologia animal, onde são analisados do ponto de vista da sabedoria proverbial[144]. Já o mesmo não se pode dizer do galo que, na sua versão feminina (雞 – *jī*), se identifica com as prostitutas.

Por fim, o cão (狗 – *gǒu*) pode fazer um medo dos diabos, pois, numa tradução direta do dito chinês, «chega a abarcar o céu com a sua audácia» (狗膽包天 – *gǒudǎn-bāotiān*), podendo ser, portanto, monstruosamente corajoso.

4.2.1. Os Bois

Aos portugueses em Macau, além de serem conhecidos como «velhos fantasmas» (鬼佬[145] – *Guǐ Lǎo*), como no capítulo correspondente se verá, também cabe o epíteto de n*iú lǎo* (牛佬) que quer dizer «boieiros». Talvez a razão para a alcunha se fique a dever, segundo fontes chinesas, ao facto de que quando chegámos a Macau no século XVI, cheirávamos mal, o que se compreende se pensarmos nas viagens marítimas, no escorbuto e noutras doenças que se adquiriam numa longa permanência no mar. Contudo, ainda hoje há diferença de cheiros, o que é explicável pelos diversos tipos de alimentação, nunca cheiraremos ao mesmo que

[144] Ver no presente trabalho subcapítulo Macaco ou Porco: Modelos Existenciais ou Tipos a Evitar.

[145] O caractere 佬 (*lǎo*), que ostenta como radical o componente de «pessoa» (亻), significa «homem maduro».

os chineses, a menos que comamos como eles, o que nem sempre sucede, embora estejamos cada vez mais globalizados, gastronomia incluída.

Os boieiros ou vaqueiros, ao jeito americano, lidam diretamente com os bois, tendo os últimos características muito interessantes a realçar do ponto de vista da análise linguística. Antes de mais, o feitio dos bovinos: direto, colérico e teimoso. Os chineses têm mesmo uma expressão para caracterizar os «persistentes», teimosos que nem burros, que é «feitio de boi» (牛脾氣 – *niú píqi*)[146], e significa ser-se teimoso até à incongruência, por isso «feitio de boi» é, simultaneamente, equivalente a temperamento arrogante. Embora os ruminantes primem pela capacidade de trabalho, já que os «bois e cavalos» (牛馬 – *niúmǎ*) são considerados animais de fardo, nem sempre se distinguem pela sensibilidade e inteligência. Ainda que os cavalos possuam um nível e uma dignidade mais elevados na cultura chinesa, tendo sido muitas vezes transformados em modelos artísticos ou, até filosóficos, como adiante se referirá. Quanto ao gado bovino, a situação complica-se do ponto de vista linguístico, onde apenas se lhes reconhece capacidade de trabalho, mas não sensibilidade artística, daí a famosa expressão «tocar para vacas» (對牛彈琴 – *duìniú-tánqín*)[147], que encontra uma boa tradução cultural em «dar pérolas a porcos», significando dirigir um discurso a uma audiência completamente desqualificada para o entender. O pior é como as vacas e os bois nem sempre compreendem as suas limitações e se gabam desavergonhadamente do que não possuem, «dando-se ares» ou, numa tradução literal, «gabam-se da sua pele» (吹牛皮 – *chuī niú pí*).

Chegou a altura de mencionar a mais redentora das características do boi. Ele é, do ponto de vista sobrenatural, o que proporciona o encontro com o amor, talvez por causa da sua teimosia, que o leva a reagir a um mundo implacável votado ao trabalho e ao movimento incessantes. Recorde-se então o papel do boi na bela história de amor «Boieiro e Tecedeira» (牛郎織女 – *Niúláng Zhīnǚ*)[148]. Se não fosse o boi, a Tecedeira celestial não teria tido a possibilidade de escapar aos imensos afazeres do

[146] O órgão físico que em chinês representa o temperamento é o baço (脾 – *pí*).

[147] Nas imagens que costumam ilustrar esta história proverbial, aparece como representante do gado bovino, não um boi, mas uma vaca.

[148] Cf. Wang Suoying, Ana Cristina Alves. *Mitos e Lendas da Terra do Dragão*. Lisboa: Caminho, pp. 115-117.

Céu; foi ele quem avisou o Boieiro que o aguardava uma bela história de amor. Sermos então conhecidos por *Niúlǎo* (牛佬) talvez possa ser considerado um elogio, se pensarmos no papel dos ruminantes, que no mundo simbolizam o trabalho, tão venerado pelos chineses, e fora dele, numa outra dimensão misteriosa, a de elo imprescindível ao amor. Concentremo-nos na capacidade de trabalho do gado bovino, segundo a perspetiva linguística. Os bois (牛 – *niú*) e os búfalos (水牛 – *shuǐniú*), mas também os cavalos (馬 – *mǎ*), são muito respeitados enquanto poderosos animais de carga. Em Portugal, existe a mesma ideia, pelo que falamos em «trabalhar como uma besta», expressão que tem a seguinte correspondência no País do Meio: «fazer de boi e de cavalo» (做牛做馬 – *zuò niú zuò mǎ*). Os bois aguentam tudo e mais o que vier, são formidáveis. Assim, há uma expressão na gíria chinesa equivalente ao nosso «é bestial!», que em chinês se diz «é muito boi» (很牛 – *hěn niú*). Como o boi é um dos animais de carga de que há memória, a sua capacidade é imensa, servindo de ponto de comparação para os que bebem em goles grandes (por exemplo, os bêbados), dizendo-se que «bebem como bois» (牛飲 – *niú yǐn*). O mundo inteiro herdou dos famosos *westerns* americanos toda uma cultura, que vai da ação ao vestuário. Por isso, espanhóis e chineses chamam às calças de ganga, usadas pelos vaqueiros (牛仔 – *niúzǎi*), as calças do vaqueiro (牛仔褲 – *niúzǎikù*). O valor artístico do boi é também mundialmente reconhecido na arquitetura e, especificamente, nas «janelas de olhos do boi» (牛眼窗 – *niúyǎnchuāng*), sendo estas belas e ovais, mas não de grandes dimensões, pelo que costumam ser rasgadas nos andares superiores ou águas-furtadas dos edifícios.

4.2.2. A Serpente

O reconhecimento da força natural da serpente parece ser um ponto de encontro das civilizações asiática e ocidental. Esta é o símbolo sexual mais forte e, por isso, nas filosofias yógicas indianas da linha tântrica, que se estendem por toda a Ásia e, em particular pelo sudeste asiático, ela é *kundalini*, como bem chamou a atenção C.G. Jung em *The Psychology of Kundalini Yoga. Notes to a Seminar Given in 1932*[149]. As filosofias orientais,

[149] O *Yoga* tântrico partilha os pressupostos do *yoga* indiano contemplativo clássico: 1) a preocupação com a reencarnação; 2) a emancipação do ciclo de nascimento e morte. No tantra

sobretudo as mais telúricas e sexualizadas, colocam a questão com toda a exatidão: ou se desperta a serpente adormecida em cada um de nós, domesticando-se o bicho por via da meditação sexual, mas também ascética[150], ou se é irremediavelmente atacado por uma força natural, estranha, que não se controla, porque foi recalcada, sendo desconhecida por aquele que a sofre. Se pensarmos em termos de tradição chinesa, eles eram bastante mais respeitadores da força natural do que os ocidentais. Os chineses eram de início bastante espontâneos, tinham uma filosofia animista que evoluiu para o Taoismo religioso pelo século II d.C., mas é preciso não esquecer que também desde muito cedo, a partir de Confúcio e do estabelecimento do Confucionismo nos tempos da dinastia Hàn do Oeste (西漢 - *Xī Hàn*) (206 a.C. - 25 d.C.), e de uma maneira sistemática a partir de então, tem havido na cultura chinesa um grande esforço para se dominar as forças naturais. Esse impulso redobrou em energia com a aceitação e vivências budistas que não seguiam a linha tântrica.

Durante os tempos da última dinastia Qing, as experiências religiosas ligadas ao Budismo tradicional intensificaram-se e, como tal, o conflito entre as forças naturais e espirituais tornou-se manifesto, abrindo uma guerra semelhante à que assistimos ao longo da tradição cristã, com Eva e Adão a serem expulsos do Paraíso, tentados por uma serpente. A guerra aberta entre as forças que permitiam a libertação da natureza e as religiosas, convencionalmente organizadas, seria registada na literatura chinesa, numa das histórias de amor mais pungentes, intitulada *A Serpente Branca*

de Purnananda Svami (1526), *Sat-Cakra Nirūpana,* intitulado em português, *Descrição da Experiência,* apresentado por Sonu Shamdasani em *The Psychology of Kundalini Yoga. Notes of The Seminar Given in 1932 By C.G. Jung,* pode ler-se no penúltimo dos seus 55 versos, 1996, p. 120, (indicações entre parêntesis retos nossas): «O *Yogī* que pratica *Yama* [autocontrolo face ao ambiente externo], *Nyama* [autocontrolo do ambiente interno], entre outras práticas, aprendeu este excelente método aos dois pés de lótus de *Dikṣā-guru* [Guru iniciador], sendo fonte de ininterrupta alegria. Ele tem a mente (*Manas*) controlada, e nunca mais nascerá neste mundo (*Samsāra*). Não conhecerá a dissolução, mesmo no tempo da Dissolução Final. Alegrado pela constante realização da fonte da Bênção Eterna, repleto de paz, destaca-se entre todos os *Yogīs*.»

150 Nas filosofias tântricas, indiana e budista tibetana, a mulher é parceira sexual essencial para a libertação do mundo fenomenal e para a obtenção do Nirvana, que em termos existenciais se define como o vazio.

(白蛇传 – *Bái Shé Zhuàn*)[151], também conhecida pelo nome dos seus protagonistas Xǔ Xiān (许仙) e Bái Niángzi (白娘子), que obteve grande popularidade durante a dinastia Qing. Nela os amantes são irremediavelmente perseguidos por um bonzo budista, que lhes destrói a felicidade ao insistir para que Xǔ Xiān se afaste da Bái Niángzi, já que ela era uma serpente encantada. Omitido pelo bonzo foi o esforço de meditação que levou a serpente a transfigurar-se na forma humana. O que o bonzo budista não via então, como ainda muitos religiosos cristãos não conseguem alcançar, é que na face exterior do que parece ser transgressão se esconde uma força natural e espontânea estreitamente ligada à mente de quem lida com ela. Para uma mente sã, a força natural nada tem de doentio, enquanto para uma mente turva, a força é, na versão ocidental, pecado, e na oriental poder negativo e demoníaco. Qualquer força natural e espontânea sem meditação pode ser perigosa. Veja-se o que sucede nas guerras, com a quebra das regras de conduta: saques, mortes, violações. Eis algumas das consequências da força natural em ação.

A energia da serpente é completa em si própria. Nada há a acrescentar-lhe. A atestar a sua perfeita completude, há uma história proverbial muito conhecida, «Desenhar Pés à Serpente» (畫蛇添足 – *Huàshétiānzú*), frequentemente encurtada na expressão «Os Pés da Serpente» (蛇足 – *Shé Zú*). De forma resumida, esta história passou-se na altura dos Estados Combatentes, no Reino de Chu, nos domínios de um senhor feudal, que resolveu recompensar os seus empregados com um jarro de vinho. Como o vinho não chegava para todas as bocas, organizou-se uma competição: desenhar uma serpente. O vencedor ficaria com o vinho só para si. Aquele que acabou primeiro, porque era muito rápido, entreteve-se a desenhar pés à serpente. Posto que foi vencido pela argumentação irrefutável do que terminou em segundo lugar: as serpentes não têm pés, logo o jarro é meu. Pode-se concluir com uma expressão figurativa em português, «o vencedor tinha borrado a pintura». Numa leitura hermenêutica possível, nada há a acrescentar a uma força completa em si mesma. E, por isso, este dito é usado para mostrar alguém a fazer algo de

[151] C. Wang Suoying, Ana Cristina Alves. *Mitos e Lendas da Terra do Dragão*. Lisboa: Caminho, 2009, pp. 121-128; e, ainda, a obra de趙清閣 (Zhao Qīnggé) 《白蛇传》 (*A Serpente Branca*). Beijing: New World Press, 1998.

supérfluo. Quando a serpente pretende ser outra, tem aberto o caminho da metamorfose, semelhante ao do bicho-da-seda e da borboleta.

Há ainda a sublinhar a interessante relação entre a serpente e o dragão, que é mitológico, mas cuja criação se baseia na serpente (蛇 – *shé*). Os chineses rebatizaram a serpente de «dragão pequeno» (小龍 – *Xiăo Lóng*), que caligraficamente se define como o «verme» (虫 – *chóng*) radicalmente «outro» (它 – *tā*), o bicho, a força antitética da civilizada, para dar espaço a esta força natural de se cultivar e exercitar na via espiritual, num percurso interior do corpo à mente sem, contudo, perder as raízes telúricas. A serpente rasteja na terra, e se conseguir voar como um dragão, realiza a união das duas forças primordiais do universo, a do Céu e a da Terra (地 – *Dì*), no interior do corpo humano e no exterior no corpo cósmico.

4.2.3. Porco ou Macaco?

A *Peregrinação ao Oeste* (西游遊 – *Xīyóujì*) foi redigida por Wú Chéng'ēn (吴承恩) em 1570. A novela desenrola-se em dois mundos, o sagrado e o profano, narrando-nos a demanda das escrituras sagradas à Índia por parte dos chineses, durante a grande dinastia Táng. A missão, a nível telúrico, é encomendada pelo imperador Tàizōng (太宗) ao grande monge e tradutor budista Xuánzàng (玄奘) (m. 664), também denominado Sānzāng (三藏), o Monge dos Três Tesouros[152]. Contudo, a inspiração desta peregrinação é de origem divina. O Buda Histórico notou na sua esfera celestial, a Oeste, no Pico do Abutre, no Mosteiro do Trovão, que «há muitas criaturas gananciosas e malvadas no Leste, que se comprazem em provocar sofrimento aos outros, matando e lutando sem parar»[153]. Por isso, Buda quis distribuir as escrituras pelo mundo chinês.

A *Bodhisattva* Guanyin foi incumbida por Buda da missão de encontrar companheiros para o monge Xuánzàng. Ela, sempre atenta à salvação da humanidade e à libertação do sofrimento e do mal, aceitou feliz a missão. Disse a *Bodhisattva* a Buda: «a sua pouco talentosa discípula quer ir ao

[152] Sānzāng (三藏) refere-se ao termo em sânscrito *tripitaka*, o qual nos recorda as raízes indianas do Budismo.

[153] Wu Cheng'en. *Journey to the West.* 《西遊記》. Trad. W.J.F Jenner. Hong Kong: The Commercial Press, 1994, p. 58.

Leste procurar o homem que virá buscar as escrituras»[154]. Guānyīn subjugará quatro monstros no caminho, que vão ser os companheiros de peregrinação e discípulos do Monge Xuánzàng. A *Bodhisattva* leva consigo uma sotaina bordada e um anel de nove voltas para entregar ao Monge. Este, se cumprir eficazmente a sua missão de catorze anos, escapa à roda da reincarnação[155] e os seus discípulos, forças divinas desobedientes em queda no mundo humano, poderão regressar ao Céu, onde voltarão a ocupar cargos divinos. Guanyin leva ainda consigo uma banda, que provoca terríveis dores de cabeça ao desobediente Rei Macaco[156], cujo nome budista Sūn Wùkòng (孫悟空) significa «Desperto para o vazio». A *Bodhisattva* Guanyin, ou da Compaixão como recorde-se é conhecida no Ocidente, terá ainda a companhia do Príncipe Moksa na conversão dos monstros. O primeiro ser celestial em queda a ser liberto é um ogre, escondido nas águas do Rio das Areias Flutuantes. Foi castigado por ter sido um general celestial distraído, pagando essa distração com o castigo de 800 chicotadas e sendo exilado para a terra, onde passou a devorar viajantes. Guanyin liberta-o, batizando-o com o apelido «Areia» (沙 – *Shā*), e o nome budista de Wùjìng (悟净) que significa «Desperto para a Pureza». Deverá ficar a aguardar nesse mesmo rio a passagem do monge Sānzāng, em direção à Índia, para incorporar o séquito dos peregrinos. O segundo monstro a ser dominado pela *Bodhisattva* da Compaixão e pelo príncipe Moksa é o Marechal Tiān Péng (天篷) da Via Láctea. Este, por ter procurado seduzir a Divindade da Lua, foi punido pelo Imperador de Jade com duzentas machadadas e exilado para a terra. A *Bodhisattva* batizou-o com o apelido de *Zhū* (猪) que significa «porco»[157] e deu-lhe o nome budista de Zhū Wùnéng (猪悟能), ou seja, «Porco Desperto para o Poder»[158]. Obrigou-o a largar as práticas carnívoras de comer ganso selvagem, cão, peixe e os cinco vegetais picantes, ficando limitado a uma dieta vegetariana, a fim de travar os seus instintos carnais.

[154] Wu Cheng'en. Op. cit., p. 59.

[155] Wu Cheng'en. Op. cit., p. 60.

[156] *Ibidem.*

[157] Recebeu o apelido de «porco» porque, quando veio do céu à terra, enganou-se na reencarnação, entrando no útero de uma porca grávida e nascendo porco.

[158] Wu Cheng'en. Op. cit., p. 63.

A *Bodhisattva* e o seu discípulo continuam à procura de reunir o grupo certo até encontrarem um Dragão de Jade, filho do Rei-Dragão do Mar do Oeste que, por ter queimado as pérolas brilhantes do palácio, foi denunciado como rebelde pelo pai à corte celestial. O Imperador de Jade castigou-o, suspendendo-o no ar e deu-lhe 300 chicotadas para que depois fosse executado. O Dragão é liberto e transforma-se no Cavalo Branco do monge Xuánzàng (玄奘) ou, como é conhecido em chinês, no Dragão-Cavalo Branco, (白龍馬 – *Bái Lóngmă*). Guanyin também libertará o Rei Macaco, prisioneiro na Montanha dos Cinco Elementos, estando preso porque as suas desobediências não tinham conta. Ele é movimento e transformação, a inteligência viva, incapaz de suportar protocolos ou hierarquias, sem quaisquer preocupações com a sua conduta ético-moral. Por isso, se lhe apetece roubar, rouba; se quer matar, mata; enfim, age o mais espontaneamente possível, sem qualquer respeito pelo mundo humano ou divino. Foi ele quem roubou os pêssegos imortais do pomar celestial que guardava, além de ter surripiado as pílulas da imortalidade a Lăozĭ (老子); lutou com os deuses e quando lhe foi dado o título de Protetor dos Cavalos Celestiais, considerando-o pequeno, escolheu um outro: «Grande Sábio que Equivale ao Céu» (齊天大聖 – *Qí Tiān Dà Shèng*), com o sentido de indivíduo com grandes poderes sobrenaturais ou rei.

O macaco e o porco são as duas grandes figuras opostas na novela, são ainda animais complementares do ponto de vista das suas características físicas. O porco é o representante do reino material, o macaco da esfera intelectual. Esta última, quando devidamente cultivada, poderá conduzir o macaco à sabedoria espiritual máxima, que é vazia. O porco é cheio e telúrico; o macaco poderá tornar-se "desperto para o vazio", como o seu nome budista indica. Há vários ditos proverbiais ligados a este par complementar, que ilustram bem as características de ambos. Relativos ao macaco, encontramos as seguintes expressões: «as Setenta e Duas transformações» do Rei Macaco (七十二變 – *qī shí èr bian*) ou, ainda, «Infindáveis Mutações» (千變萬化 – *qiānbiàn-wànhuà*), ditos aplicados a situações que requerem inteligência, métodos diversificados e grande flexibilidade. As confusões e furtos provocados pela inteligência ativa do Rei Macaco são apresentados em provérbios como *dànào-tiāngōng* (大鬧天宮), traduzido à letra por «Grande Confusão no Palácio Celestial», e não restam dúvidas de quem a provocou. O Rei Macaco é ainda o grande espanta-demónios e monstros de todas as espécies e categorias, conquistando mais espaço espiritual para o mundo, através dos seus «Infinitos Poderes Mágicos» (神通廣大 – *shéntōng-guǎngdà*). É-nos ainda dito que, como o Rei Macaco é mágico «aparece e desaparece misteriosamente» (神出鬼沒 – *shénchū-guǐmo*). Só nesta qualidade consegue vencer as forças demoníacas, já que lhes conhece todos os truques.

Zhū Bājiè (豬八戒), que significa «porco das oito abstinências», é a antítese proverbial do Rei Macaco. Até atingir a iluminação final e ser transformado novamente em ser celestial, faz figuras muito tristes ao longo da novela. Não é bom companheiro e morre de ciúmes de Sūn Wùkòng (孫悟空). O dito «Zhū Bājiè falha e nunca assume as suas responsabilidades» (豬八戒上陳 – *Zhū Bājiè Shàng Chén*) aplica-se aos que gostam de sacudir a água do capote. Julga-se bonito, quando é imensamente feio, e por isso se aperalta. Dizem os chineses para casos onde se retoca o impossível que «Zhū Bājiè enfeita-se com flores» (豬八戒戴花 – *Zhū Bājiè dài huā*). Afirma-se de alguém egocêntrico ou dando mostras de falta de compostura: « Zhū Bājiè vê-se ao Espelho» (豬八戒看鏡子 – *Zhū Bājiè kàn Jìngzi*). Também aos que deixam o mundo de uma forma feia, se declara que « Zhū Bājiè partiu de Avião» (豬八戒坐飛機 – *Zhū Bājiè zuò fēijī*)[159].

4.2.4. Dragão e Cavalo

O cavalo e o dragão formam um dos pares ideais da mitologia chinesa. Comece-se pelo cavalo, que está mais próximo da humanidade, já que é incomparavelmente mais fácil ver cavalos do que dragões. O cavalo é o sétimo signo do zodíaco chinês. É um ponto estelar que orienta o temperamento de todos aqueles nascidos sob a sua proteção. É belo, enérgico e muito ativo, tal como os cavalos naturais que vemos a correr nas paisagens e nas pinturas chinesas. A língua chinesa está cheia de alusões ao feitio do cavalo nos seus ditos e expressões. Quando se quer solicitar rapidez e pressa diz-se, numa tradução à letra da expressão chinesa, «em

[159] Estas expressões são compostas por duas partes, sendo que a segunda metade é que explica a verdadeira ideia da expressão.

cima do cavalo» (馬上 – *mǎshàng*). Se algo foi realizado com facilidade e eficiência recorre-se ao dito «o cavalo chegou e venceu» (馬到成功 – *Mǎdào-chénggōng*). Recorde-se que a combinação do cavalo e do tigre é desastrada, mas a ligação do cavalo com o dragão é perfeita, simbolizando a sua união a vitalidade e o espírito artístico.

O cavalo é frequentemente associado ao destino humano. O dito proverbial «O Velho da Fronteira Perdeu o cavalo, significa há males que vêm por bem» (塞翁失馬, 安知非福 – *Sàiwēng shī mǎ, ān zhī fēi fú*) poderá ainda encontrar uma correspondência cultural em «as voltas e reviravoltas do destino». O Velho encontra e perde um cavalo, recupera-o mais tarde e traz um par. O filho parte uma perna ao montar a companheira bravia do seu cavalo, mas escapa à guerra por ter partido a perna, e assim sucessivamente. Em todas as voltas do destino, umas positivas e outras negativas, os vizinhos surgem ora a cumprimentar ora a lastimar o idoso, que se mostra sempre neutro perante a fortuna e a adversidade, pois sabe que «não há mal que sempre dure, nem bem que não se acabe». Existe um outro dito que vem apoiar este sentido das voltas e reviravoltas do destino na sabedoria chinesa, que é o seguinte: «o cavalo engorda e emagrece três vezes tal como as pessoas se levantam e caem três vezes» (馬有三肥三瘦, 人有三起三落 – *Mǎ yǒu sān féi sān shòu, rén yǒu sān qǐ sān luò*). Assim nos mostram os cavalos o nosso destino, nem sempre bom, nem sempre mau e, ainda, o que nos espera ao envelhecer. À primeira vista, o envelhecimento implica a perda de qualidades, porque o cavalo se torna mais lento e a língua do velho também (馬老腿慢, 人老嘴慢 – *Mǎ lǎo tuǐmàn, rén lǎo zuǐ màn*). Porém, o que se perde por um lado adquire-se por outro em memória e vivências, como vemos no ditado chinês com correspondência em português 'cavalo velho à casa sabe tornar' (馬老識途, 人老識理 – *Mǎ lǎo shí tú, rén lǎo shí lǐ*). A tradução literal chinesa é «o cavalo velho conhece o caminho tal como o idoso tem experiência de vida», numa adaptação jocosa para português, ambos são «burros velhos que não esquecem línguas». Isto é, a rapidez cognitiva transforma-se ao longo do tempo em saber de experiência feito. As faculdades alternam, de modo que cada um vá cumprindo a sua sina o melhor que pode e sabe. O cavalo ao envelhecer perde a imensa vitalidade, a característica que o colocou no pódio dos mais virtuosos. Fica a recordação fixada em palavras tão significativas como «maratona», cuja tradução fonética[160] conta com o caractere de cavalo *mǎ* (馬) em *mǎlāsōng* (馬拉松), bem como «estrada» (馬路 – *mǎlù*), e ainda «avenida«, que é «o grande caminho dos cavalos» (大馬路 – *dàmǎlù*), a necessitar de fôlego para ser percorrido.

O dragão é a figura mitológica mais densa. Tem influência e infinitas repercussões no mundo humano. Os chineses são os Descendentes do Dragão, o primeiro imperador mítico Fú Xī, que supostamente viveu no terceiro milénio a.C., era o Dragão Azul ou Verde, *Qīnglóng* (青龍) porque o caractere *qīng* (青) tanto representa a cor azul como a verde: eis uma especificidade interessante da língua chinesa, que também possui caracteres distintos, de acordo com o dicionário, para «azul» (藍色 – *lánsè*) do tipo azul-celeste em dia límpido, e «verde» (綠色 – *lǜse*), sendo este último a cor das plantas e das ervas. Pode defender-se que o dragão é a energia espiritual máxima, assim como o cavalo é a energia telúrica mais forte. Embora existam dragões do Céu, da Terra, da Água e do Mundo Subterrâneo, o dragão que a humanidade consegue ver a descer do Céu parece transformar-se em cavalo. Por isso, é um cavalo-dragão (龍馬 – *lóngmǎ*) que vai surgir a Fú Xī com o segredo dos mistérios da Terra e de todo o cosmo, incorporado nos oito trigramas (八卦 – *bā guà*), transmitidos pelo *Clássico das Mutações*. Este dará aos chineses e à humanidade a possibilidade de se orientarem no mundo. Muito mais tarde, já sabemos que também um dragão-cavalo fará parte da comitiva que acompanha o monge Xuánzàng, o Cavalo-Dragão Branco. Este dragão de Jade, recorde-se foi resgatado por Guanyin para acompanhar a peregrinação, assume na Terra a forma equídea, a que mais se assemelha à energia e vitalidade do dragão. A mesma que vemos a correr, por exemplo, na forma competitiva das corridas dos Barcos-Dragão (龍舟 – Lóngzhōu), como tivemos oportunidade de notar no capítulo dedicado à Simbologia Caligráfica e, especificamente, à Festividade dos Barcos-Dragão (端午節 – *Duān Wǔ*

[160] Maratona, *mǎlāsōng* (馬拉松) em chinês, é tradução fonética. A sílaba «ma», em topónimos ou antropónimos de homens, costuma ser traduzida por 馬. Para nomes de senhoras, é 瑪, que faz parte da palavra ágada em chinês. E, relativamente à origem da palavra, 馬路, significa caminho para cavalos (o transporte mais vulgar na antiguidade). Há, ainda, a referir o caminho de *makadan* (馬卡丹).

Jié), pois só a energia de muitos dragões poderá salvar o corpo de Qū Yuán (屈原) de ser devorado pelos peixes do mar.

O ideal do ponto de vista humano encontra-se na ligação entre o espírito do dragão e a energia e a vitalidade do cavalo, por isso um dos votos recorrentes entre os chineses e, sobretudo entre artistas e intelectuais, que já referimos, é agora numa tradução literal: «o Espírito do dragão e do cavalo juntos» (龍馬精神 – *Lóngmǎ jīngshén*).

O melhor destino para alguém será a possibilidade de começar cavalo e terminar dragão. Se o fizer, segue os passos do Criativo (乾 – *Qián*), o primeiro hexagrama do *Clássico das Mutações*, também conhecido por Céu, simbolizado pela figura mitológica do dragão, na qual a pessoa superior aspira a transformar-se. Numa imagem possível, a verdadeira pessoa começará por correr na terra, ganha velocidade e ascende aos céus, já como dragão. Passa da corrida física, viabilizada pela energia do equídeo, à espiritual, alcançável quando a capacidade de transformação do dragão entra em ação. Assim se transforma o dragão escondido, ainda ao nível do solo, e se desenvolve plenamente nas linhas do Céu com a ajuda dos seus pares para não sucumbir à falta mortal do orgulho. Pelo que podemos ler na quinta linha[161] do primeiro hexagrama[162]: «Quinta Linha. O dragão está no Céu: é benéfico ver uma grande pessoa.» Ou seja, um sábio que possa conduzir a metamorfose física até ao domínio do espírito. Procurar alcançar a energia conjugada do cavalo e dragão é a opção certa, a estrada a seguir por aqueles que quiserem viajar entre o Céu e a Terra em busca da criatividade máxima.

[161] O primeiro imperador mítico foi elevado a Imperador Celestial do Leste, sendo o responsável pela primavera. Entre as suas inúmeras criações conta-se a dos oito trigramas. Fú Xī (伏羲) ao enfrentar o cavalo-dragão, que provocava inundações assustadoras, conseguiu domesticá-lo, tendo tido oportunidade de reparar nos redemoinhos que os pêlos do animal formavam na crina. Da sua pesquisa resultaram os oito trigramas, constituídos a partir de um traço contínuo (______), que representa a força *Yáng* (陽) masculina, o positivo e o movimento, e um traço descontínuo (__ __), que simboliza a força feminina *Yīn* (陰), o negativo e o repouso. O primeiro trigrama, o Criativo é apenas constituído por traços *Yáng* (陽), representando a possibilidade de ascensão espiritual máxima.

[162] Cf. 張中鐸 (Zhāng Zhōngduó) 《易經提要白話解》 (Versão Sinóptica do Clássico das Mutações com explicações em vernáculo). 台南市，大孚書有限公司, p. 13 na versão original: «乾，"九五，飛龍在天，利見大人».

4.2.4.1. Histórias do Dragão

O dragão é um bicho estranho, composto pelo melhor de todos os animais. Ele é uma amálgama imaginária. A sua imagem não simboliza a beleza a olhos ocidentais. Tem cabeça de cavalo e cauda de serpente, cornos de veado, orelhas de bovino. Há também quem afirme que possui cabeça de camelo, olhos de coelho, pescoço de cobra, barriga de molusco, escamas de peixe, palmas de tigre e garras de águia ou de falcão[163]. Na Enciclopédia Chinesa Online *Baidu* (百度百科)[164], criada por Robin Li em 2006, os dragões são classificados em vários tipos.

Do ponto de vista tradicional, o dragão é o totem (圖騰 – *túténg*) do povo chinês. Possui uma existência mental inultrapassável. No mundo das ideias não há animal mais real do que ele. Ao nível do nosso mundo fenoménico ocidental e, apelando à tradição kantiana, há que estabelecer uma distinção entre a existência ideal, por um lado, e a empírica, por outro. Os conceitos sem as intuições são vazios e estas são cegas sem a organização concetual. Quem queira compreender o mundo ideal chinês, pode inspirar-se em Fernando Pessoa, recordando o verso a Ulisses: «o mito é o nada que é tudo», logo na abertura dos Castelos da *Mensagem*[165]. Os chineses são os descendentes do dragão, ou seja, são os seus filhos. O imperador tinha «vestes de dragão» (龍袍 – *lóngpáo*), «leito de dragão» (龍牀 – *lóngchuáng*) e a imperatriz transportava no ventre o «bebé dragão» (龍胎 – *lóngtāi*), que é o «filho do Céu». Esta divindade «comanda os céus e os mares, as chuvas, as nuvens, os rios e os ventos» (治水, 風調雨順 – *zhì shuǐ fēng tiáo yǔ shùn*), ligando-se estreitamente ao imperador que, parcialmente humano, representa a maior das potências celestiais. Os primeiros imperadores eram dragões e tiveram a ajuda de outros da mesma espécie. Fú Xī, o Imperador Azul ou Verde, tem o corpo

[163] Em questões colocadas à enciclopédia *Baidu* 《龙是什么组成的》 (Como é o dragão constituído) faz-se referência a uma obra composta por Wang Chong (王充), em 80 d.C., intitulada 《論衡》 (*Discursos Medidos*) sobre mitologia, filosofia, ciência e literatura, donde se retirou a tradução no corpo do texto, aqui apresentada no original: «龍之象，馬首蛇尾。還有的說龍的形狀是鹿的角、牛的耳朵、駝的頭、兔的眼、蛇的頸、蜃的腹、魚的鱗、虎的掌、應的爪子。»https://zhidao.baidu.com/question/401700313.html?seed=0.

[164] 《龍種類》(Tipos de Dragão)Baidu, http://baike.baidu.com/view/6392htm.

[165] Fernando Pessoa. *Mensagem* 《使命.启示》. Org e tradução de金國平 (Jīn Guó Píng). Macau: Instituto Cultural de Macau, 1986, p. 24.

meio-humano, meio-dragão, ao passo que Yu, o Grande, que tinha o seu corpo dividido numa parte superior humana e noutra posterior de dragão, «dominou as cheias» (大禹治水 – *Dà Yǔ zhì shuǐ*), nas versões mais esotéricas, dançando com o seu corpo serpenteado[166].

Não se imagine que o dragão, esta criatura divina, é apenas completude celestial, pois também sofre e tem as suas imperfeições. Teve de lutar para chegar a governar. Entrou em competição com o tigre e roubou um galo. Teve de amadurecer e evoluir, passando pelas mesmíssimas dores de crescimento do comum dos mortais. Nem ao rei celestial dos animais a vida se ofereceu de bandeja. A sua primazia seria constantemente disputada. Teve de fugir do mundo para não ser assassinado. Aguardou longos anos, quinhentos de cada vez, a fim de realizar a passagem de pequeno dragão a grande e depois a portentoso. Só após mil anos lhe seria permitido voar purificado no Céu, prestando então o auxílio decretado pelo Imperador de Jade ao mundo humano, para o tornar mais próspero, auspicioso e feliz. Por isso, prosseguiu na busca da pérola perfeita da sabedoria, que lhe conferiria a capacidade de governar o mundo chinês em equilíbrio, harmonia e paz, e não só. Vejamos uma das histórias que se conta às crianças chinesas[167]. Esta explica a ascensão do dragão a rei celestial. Ele era um animal telúrico. A certa altura soube pela sua amiga centopeia (蜈蚣 – *wúgōng*) que o Imperador de Jade (玉皇大帝 – *Yùhuáng Dàdì*) queria escolher o rei dos animais. Como é óbvio, o dragão desejava ser rei. Distinguia-se a nadar e até a voar, mas tinha pela frente um temível adversário, o tigre, cujos dentes afiados, garras e força lhe garantiam o domínio da terra. Então, a centopeia e o dragão arquitetaram um plano para nivelar os dois adversários. Havia que pedir os cornos emprestados ao galo, com a promessa de serem devolvidos mal a nomeação celestial fosse realizada. Se assim não sucedesse, como castigo, o dragão não voltaria a pisar a terra e a centopeia receberia a sua paga ao ser devorada pelo galo. Quando o tigre e o dragão se apresentaram ao Imperador Celestial, este gostou tanto de ambos, que nomeou o tigre rei

166 Cf. Wang Suoying e Ana Cristina Alves. Dayu Domina o Dilúvio, in *Lendas e Mitos da Terra do Dragão*. Caminho: Lisboa, 2009, pp. 84-88.

167 Cf. 魏亞西 (Wèi Yàxī) 《龍——水族之王》 (*Dragão o Rei das Águas*), Hong Kong: Sunya Publications (HK) Ltd., 2013.

da terra e o dragão, dos céus e das águas. Os reis ocuparam os respetivos reinos, mas o dragão não quis devolver os cornos ao galo, porque eram sinal de distinção e maturidade. Perdeu então a possibilidade de habitar na terra. Quanto à centopeia, não teve outro remédio senão passar a viver escondida debaixo das pedras com medo de ser devorada pelo galo. Resumindo, o dragão está longe de ser um animal completo e também precisa de crescer, ganhar cornos e até voar. Por isso, corre atrás da pérola da sabedoria, representada pela lanterna nas danças do dragão.

Uma outra história relacionada com a Dança do Dragão é ainda retirada da Enciclopédia Chinesa Online *Baidu*[168]. Esta situa a génese da Dança do Dragão em Sháoxī (苕溪) na Aldeia de Lótus (荷花村 – *Héhuācūn*), onde havia um lago repleto de flores de lótus, que floresciam abundantemente todos os verões. Na margem do Lago dos Lótus vivia um jovem casal. Ele chamava-se Cem folhas (百葉 – *Bǎi Yè*) e ela, Flor de Lótus (荷花 – *Héhuā*). Do amor entre eles nasceu um belo menino, após 999 dias de gestação. Vinha perfeito, apenas tinha um sinal invulgar: o peito coberto de escamas luminosas. Contadas eram 999. Tratava-se de uma divindade dragão, cuja presença desafiava abertamente o governo da descendência do geronte da aldeia. Por isso, o governante e o seu neto planearam ver-se livres da criança. A mãe ainda conseguiu esconder o berço por baixo das folhas de lótus do lago, após o que foi raptada pelos governantes. Os raptores, com o passar do tempo, descobriram que ela ia ao lago alimentar o menino, cujo berço era transportado até si por uma brisa suave, pois numa das vezes em que Flor de Lótus tinha ido dar arroz ao filho, seguiram-na e o neto do chefe precipitou-se de faca em punho para a criança, que, transformando-se em dragão, se elevou nos ares, mas ainda foi atingido na cauda. A parte cortada metamorfoseou-se numa borboleta, que voou até à restante cauda permitindo-lhe ascender. Entretanto, o pequeno dragão emitiu um som e logo se levantou um grande vento que arrastou o agressor e acabou por matar o avô, já que ele ao tentar agarrar o neto, caiu dentro do lago, afogando-se. Depois, Flor de Lótus viu o seu filho dragão desaparecer nos céus. A partir de

[168] Cf. 《舞龍(民俗文化)》 (Dança do Dragão – Cultura Popular), Baidu https://baike.baidu.com/item/%E8%88%9E%E9%BE%99/1851464.

então o episódio passou a ser recordado e comemorado pelos habitantes de Shaoxi com uma dança, na qual recorrem a um dragão construído com flores e folhas de lótus em atenção ao jovem casal e seu bebé dragão.

Indo um pouco mais além nesta história, vemos o destino real de todos os bebés dragão. Estes nascem na China para reinar ou desaparecem nos céus, a fim de voltar e auxiliar com a sua força divina sempre que os governantes necessitem deles. Porém, nem todos os chineses apreciam realmente os dragões. Na verdade, há alguns que até os receiam, como prova a história proverbial: «Yè Teme o Dragão» (葉公好龍 – *Yègōnghàolóng*)[169]. Yè (葉) proclamava aos sete ventos a sua devoção ao rei celestial, governante dos ventos e das chuvas, bem como das águas dos mares e dos rios. Por isso, a sua casa era um hino decorativo ao dragão. Todas as peças de mobiliário ou de roupa tinham dragões. O dragão celestial sentiu-se lisonjeado e pensou que seria delicado visitar um crente tão fervoroso. Mal o viu, o adorador lançou-se porta fora em pânico. Para certos de nós, por vezes, existe uma enorme distância entre as intenções e os atos. Quando somos confrontados com um mundo previamente idealizado, fugimos desesperados. Só aí percebemos que nos estivemos a enganar a nós próprios. Quanto às danças do dragão (舞龍 – *wŭlóng*), começaram por ter cariz religioso, de uma religiosidade feita da relação íntima com a natureza. Segundo consta no *Luxuriante Orvalho dos Anais da Primavera e do Outono* (春秋繁露 – *Chūnqiū Fánlù*), registados pelo grande teórico do Confucionismo, Dǒng Zhòngshū (董仲舒), que viveu possivelmente entre 179 e 104 a.C., na dinastia Hàn do Oeste (西漢 – Xī Hàn) (206 a.C. - 25 d.C.). Na primavera, dança o dragão verde (青龍 – *qīnglóng*), do Leste e dos novos ritmos naturais; no verão, o dragão vermelho e amarelo do fogo (紅龍 – *hónglóng*), do Sul e do amadurecimento das culturas; no outono, o dragão branco (白龍 – *báilóng*) do Oeste e das colheitas; e no inverno o dragão preto (黑龍 – *hēilóng*) do Norte e do descanso da natureza.

Primeiro, o dragão dança para controlar a natureza, depois os seus descendentes bailam em ação de graças à terra-mãe e aos bons frutos que ela nos dá, solicitando a chuva e o vento ou o fim das secas para benefício

[169] Wang Suoying, Ana Cristina Alves. *Contos da Terra do Dragão*. Lisboa: Caminho, 2000, p. 106.

das colheitas. Vai-se também ao Templo do Rei Dragão (龍王廟 – *Lóngwáng Miào*) queimar incenso pela manutenção da melhor das ordens meteorológicas. Dançam os Descendentes do Dragão, numa fase mais «adiantada» da civilização, com um dragão que busca a pérola da sabedoria. Aqui trata-se de um ser intelectual e alquimicamente mais polido. Ele busca o fogo, a fim de realizar completude. O dragão corre atrás da luz para alcançar a união originária e a perfeição. Ele próprio pode ser de fogo, *huŏlóng*, numa das suas múltiplas metamorfoses. Dança-se ainda a pedir felicidade e muita prosperidade, nas festividades chinesas do Ano Novo, passando pela das Lanternas (燈節 – *Dēng Jié*) até à da Dança do Dragão Embriagado (舞醉龍 – *Wŭzuì Lóng*). Esta coincide com a festa do nascimento de Buda e, na versão budista, é uma comemoração do banho celestial com que o bebé Buda foi agraciado pelos dragões do Céu, no oitavo dia do quarto mês lunar. Vem a propósito recordar, ainda, a divisão dos dragões em quatro tipos: os dragões celestiais (天龍 – *tiānlóng*), que nunca abandonam a zona do palácio celestial; os dragões divinos (神龍 – *shénlóng*), que auxiliam sempre que necessário na Terra, tendo sido muito úteis a Yu, o Grande e ao Imperador Amarelo; os dragões terrestres (地龍 – *dìlóng*), que vivem nas águas dos rios; e os dragões subterrâneos (伏藏龍 – *fúcánglóng*), que guardam os tesouros da terra, mais especificamente os metais como o ouro, a prata, o cobre e o ferro[170].

Buda foi abençoado pelos dragões celestiais chineses com um belíssimo banho, que os budistas ritualizam molhando a sua estátua. Os chineses da província de Cantão, embora possuam outras explicações para a origem da Festividade do Dragão Embriagado, permitem a coexistência pacífica de versões entre as várias religiões. Existem duas histórias muito interessantes para a génese da Festividade do Dragão Embriagado[171]. A primeira conta, ligando a Festividade do Dragão Embriagado à província de Cantão, que um monge em dia do banho à estátua de Buda, estando a sofrer de muito calor, se foi refrescar ao rio. Nisto, surgiu-lhe uma serpente enorme, que o faz temer pela sua própria vida. Então desembai-

[170] Ver para um estudo mais aprofundado sobre o dragão chinês a obra de Francis Huxley *The Dragon. Nature of spirit, spirit of nature*. Singapura: Thames and Hudson, 1979.

[171] Cf. 《舞龍（民俗文化)》 (Dança do Dragão – Cultura Popular), Baidu https://baike.baidu.com/item/%E8%88%9E%E9%BE%99/1851464.

nhou a espada, cortando o animal ao meio. Entretanto, aproximou-se um pescador embriagado, que iniciou uma estranha e ébria dança com o corpo mutilado da serpente. Ele tanto rodopiou, que uniu a serpente e ela ressuscitou como dragão. Na segunda história relata-se que, em dia de rezas a Buda, a pedir a salvação de uma população pressionada por epidemias, saltou do rio uma enorme serpente, que os aldeões se apressaram a cortar. Os ferimentos fizeram com que a água se tingisse de sangue, inviabilizando o seu consumo. Os camponeses consideraram que o sucedido era obra do dragão, que desta forma impediu o consumo de água imprópria e a proliferação da epidemia. Assim terá nascido a Festa do Dragão Embriagado para homenagear o gesto do sábio animal mitológico. Seja qual for a versão, é de notar a relação desta festividade com a água dos rios, onde na China se crê habitarem dragões. Estes albergam um poder extraordinário, normalmente muito positivo. Possuem uma capacidade de metamorfose inexcedível, passando de pequenos a grandes e daí a enormes. O movimento de dança e de alegria, como acontece na Dança do Dragão Embriagado, favorece as mutações afortunadas e auspiciosas da serpente em dragão.

4.2.5. A Fénix

A fénix (鳳 – *fèng*) representa na tradição social chinesa, como sabemos, a imperatriz. O seu par é o dragão, o símbolo do imperador. Além de Fú Xī, há um outro dragão que emparelha com a fénix: o Imperador Amarelo, já que a sua mulher Léizǔ (嫘祖) também se associa à figura da fénix[172], como a bem dizer qualquer outro imperador. Se o dragão simboliza a vida, e o tigre, o seu par geomântico, a morte, a fénix representa o renascimento e a paz, bem como a tartaruga, a longevidade. Concentremo-nos agora na simbologia da fénix. Já vimos que esta ave mitológica e o dragão formam na cultura chinesa o par ideal, por isso o imperador é representado por um dragão e a imperatriz, sua consorte, por uma fénix, simbolizando juntos a união amorosa primordial. A fénix então representa, por um lado, a figura feminina para o amor matrimonial, e por outro o renascimento para a paz. Qual é o caractere para paz em chinês? É *ān*

[172] Wang Suoying, Ana Cristina Alves. Os méritos do Imperador Amarelo (黄帝的功绩 – *Huángdì de gōngjì*), in *Mitos e Lendas da Terra do Dragão*. Lisboa: Caminho, pp. 35-36.

(安), que significa etimologicamente uma «mulher» (女 – *nǚ*) debaixo do «teto» (宀 – *mián*)[173] ou, numa tradução pelo sentido, dentro de casa. A paz fica assim intimamente ligada à figura feminina e, por maioria de razão, à essência da mesma: reinará a suprema paz no mundo sempre que a fénix nos vier visitar. Na descrição de fénix por Ong Heantatt em *Chinese Animal Symbolisms*[174] lemos:

> Cabeça de faisão, coroa de pato mandarim, bico de andorinha, costado de tartaruga e cauda de peixe. Sendo com frequência um composto de pavão e faisão com a adição de muitas cores (...). A cauda tem doze penas e cada uma das cinco cores da plumagem do pássaro é típica de cada uma das suas virtudes cardiais. A fêmea fénix chamada *Huang* e o seu nome combinado com o macho *Feng* forma a palavra composta *Feng Huang*.

Há cinco tipos de Fénix, correspondendo a cinco cores[175]: a vermelha, a verde, a branca, a amarela e a lilás, cujas cores estão em estreita conexão com os Cinco Elementos, as cinco direções e, ainda, as cinco principais virtudes confucionistas, que já conhecemos: a Benevolência, a Justiça, os Ritos, a Sabedoria e a Confiança. Relativamente ao Confucionismo, destaca-se a fénix verde, o chamado pássaro *Luán* (鸞), que simboliza a Benevolência, tendo aparecido a Confúcio para lhe indicar a via da pedagogia e do verdadeiro crescimento espiritual, quando este regressava à sua terra natal desiludido com o mundo e os governantes.

A fénix, na expressão chinesa «rainha dos cem pássaros» (百鳥朝鳳 – *bǎi niǎo cháo fèng*), é a divindade que controla o vento, por isso o seu caractere é muito semelhante ao do «vento», sendo mesmo homograficamente idêntico na caligrafia simplificada. Esta relação etimológica entre a fénix e o vento advém de uma antiga crença chinesa. Acreditava-se que o vento

[173] Ver nesta obra o subcapítulo: Leituras Etimológicas de Conceitos Estruturantes da Mentalidade Chinesa.

[174] Ong Hean-Tatt. *Chinese Animal Symbolisms*. Malaysia: Pelanduk Publications, 1997, pp. 41-42.

[175] A divisão mais antiga de 5 tipos de fénix encontra-se no livro 小学绀珠, datado de 1301: 《小學紺珠》卷十五鳳謂：赤者鳳、黄者鵷鶵、青者鸞、紫者鸑鷟，白者鵠。” Os cinco tipos de fénix são: a vermelha (鳳 – *fèng*), a amarela (鵷鶵 – *yuānchú*), a verde (鸞 – *luán*), a lilás (鸑鷟 – *yuèzhuó*) e a branca (鵠 – *hú*).

era produzido pelas asas dos pássaros quando voavam. Quando o vento assobiava forte era porque as asas batiam mais velozes. Entretanto, e porque as relações são sempre muito intrincadas e densas do ponto de vista mitológico, o vento também surge associado a uma divindade masculina chamada Patriarca Vento (風神爺 – *Fēng Shén Yé*), ainda conhecido por Conde Vento (風伯 – *Fēng Bó*). Ele era uma divindade estelar, a estrela Jī (箕星), cuja missão era refinar o sopro vital do vento. O Patriarca Vento acabaria por se ligar ainda à chuva na crença popular.

Voltando à fénix, há uma outra divindade feminina que lhe está ligada, já que a sua cabeça é a de uma fénix: a Matriarca Misteriosa do Nono Céu (九天玄母 – *Jiǔ Tiān Xuán Mǔ*). Fêmea ou matriarca, depende do aspeto que o tradutor deseje enfatizar... Na verdade, é uma verdadeira força da natureza feminina. É a divindade do incenso, do amor, da poesia e das canções. Tem corpo humano e, como se referiu, cabeça de pássaro misterioso ou de fénix. É a matriarca totem da dinastia Shāng (商), tendo auxiliado o Imperador Amarelo[176] a dominar o mundo, na qualidade de grande guerreira e cocheira da Rainha-Mãe do Oeste. Além disso, ensinou-lhe as artes do amor e do sexo. É também a rainha dos pássaros e foi por causa da sua intervenção junto do Imperador Amarelo que a China pôde conhecer um longo período de paz e prosperidade, marca simbólica deste animal mitológico. É então por meio de uma fénix, parcialmente antropomorfizada, que a paz entra na China, estendendo-se progressivamente ao mundo inteiro. Uma paz que é eterna, mas não constante, já que renasce da sua própria destruição, o que acaba por ser uma boa notícia: a paz enquanto possibilidade de reativação, embora sempre instável. Porque em cada batalha perdida, em cada momento de caos e aniquilamento, mais do que a esperança, há a certeza traçada pela fénix que cumpre o seu destino: renascer das cinzas.

[176] Cf. Wang Suoying, Ana Cristina Alves. Huangdi, o Imperador Celestial do Centro (中央天帝黄帝 – *Zhōngyāng Tiāndì Huángdì*), in *Mitos e Lendas da Terra do Dragão*. Lisboa: Caminho, pp. 33-34. Do ponto de vista da sabedoria tradicional chinesa, houve dois imperadores míticos, cujos corpos pela mistura entre o humano e o animal não podiam ser considerados humanos. Eles organizaram o mundo chinês, o primeiro Imperador Celestial do Leste, Fú Xī, azul ou verde, e o Imperador Amarelo (黄帝 – *Huángdì*), o Imperador Celestial do Centro. O primeiro possuía o grau máximo de sabedoria, o saber intuitivo, e o segundo, um tipo de sabedoria mais discursiva, pragmática e racional, com a qual pôde organizar a humanidade.

4.2.6. Kuíxīng e a Tartaruga

Kuíxīng (魁星) é muito venerado, particularmente nos meios académicos[177]. Ele é uma das Cinco Divindades Estelares da Cultura, de facto a primeira, estando intimamente relacionado com a Suprema Divindade da Cultura Florescente (文昌帝君 – *Wén Chāng Dìjūn*), só que são a antítese um do outro, o Patriarca Estrela Proeminente representa o pensamento genial, ao passo que a Suprema Divindade da Cultura Florescente é o brilhante defensor da ordem estabelecida, sempre aprumado e bem aperaltado. Kuíxīng é uma divindade estelar da 28ª constelação, sendo a primeira da Ursa Maior. Ele é facilmente reconhecível pelo seu aspeto indomável. Em termos de figura, não se assemelha nem um pouco com a sofisticada Divindade da Cultura Florescente. O Indomável Primeiro Lugar traz o cabelo em desalinho, tem o rosto sardento e suspeita-se que é coxo da perna esquerda. O pé direito surge sobre a cabeça de uma tartaruga do mar que, a mando do Imperador celestial, salvou a sua alma de ser devorada pelos peixes do oceano. Na mão direita apresenta ainda um pincel e na esquerda a tinta. Suicidou-se depois de ter reprovado nos exames imperiais, por causa do seu aspeto literalmente antissocial. Os examinadores, impressionados com tamanha fealdade, apressaram-se a reprová-lo, mas de facto ele era o melhor aluno que alguma vez se apresentou a exame. Por isso se ressentiu, apressando-se a pôr termo à vida. Quis o destino que o Imperador celestial o salvasse com o apoio de uma tartaruga com corpo de dragão e depois o promovesse a divindade protetora de todos aqueles que intelectualmente se distinguiam na terra: os primeiros lugares. Na China tradicional, sempre se lhe prestou culto, especialmente os estudantes que atingiam o primeiro lugar na lista dos classificados nos exames imperiais. O primeiro lugar era denominado 'o proeminente cabeça de lista', em homenagem a Kuíxīng, já que *kuí* (魁) significa «primeiro» e «proeminente». Entre nomes e alcunhas, passou à história mitológica como Intelectual Proeminente (大魁夫子 – *Dà Kuíxīng Fúzǐ*) e Intelectual Proeminente da Cultura (文魁夫子 – *Wénkuí Fúzǐ*). Os taoistas chamam-lhe o Senhor Imortal Proeminente (大魁仙

[177] A existência do Patriarca Estrela Proeminente (魁星爺 – *Kuíxīng Yè*) veio ao meu encontro numa pesquisa, realizada sobre as religiões chinesas em Taiwan em 2011, na Academia Sinica, que intitulei *Histórias das Religiões Chinesas.* 《中華宗教的故事》 *Stories of Chinese Religions.*

帝 – *Dà kuī Xiāndì*) e o Supremo Senhor das Vestes do Destino (緣衣帝君 – *Yuányī Dìjūn*), que ostenta uma túnica semelhante àquela que é usada pelos letrados. Para o vulgo é apenas o Patriarca Estrela Proeminente (魁星爺 – *Kuíxīng Yé*).

O destino e o nome da divindade estelar Kui encontram-se intimamente ligados ao da tartaruga, por um lado, foi salvo por ela, ascendendo como divindade ao Céu, por outro, essa estranha afinidade parece que ficou registada na língua através de uma homofonia imperfeita com o nome do animal *guī* (龜), por isso os que atingiam a primeira classificação nos exames tinham que pisar uma tartaruga, animal que não possui apenas ligação ao Patriarca Estrela Proeminente, já que é um símbolo multifacetado como todos os verdadeiros símbolos. Segundo a filosofia taoista, o seu nome aproxima-a, mais uma vez por homofonia imperfeita, da esfera dos fantasmas, dos *guǐ*, mas quando as questões de nomenclatura são devidamente contornadas pelas práticas mágicas taoistas[178], a sua faceta de carapaça bloqueadora do sopro vital é removida para dar lugar à livre circulação do sopro, permitindo lentamente alcançar a longevidade e até a imortalidade. A grande longevidade da tartaruga e a possibilidade de atingir a imortalidade está inscrita no seu próprio corpo. Este reúne fisicamente o Céu redondo na carapaça e a Terra quadrada nas patas, garantindo a sua perpetuação, pela sábia conjugação entre as forças telú-

[178] Cf. *Lièzǐ* (《列子》) é a terceira maior obra taoista, a seguir ao *Clássico da Via e da Virtude* (《道德經》 *Dáo Dé Jīng*) e a *Zhuāngzǐ* (《莊子》). Fēng Yǒulán (馮友蘭) declara que o livro pertence por tradição a Liè Yù Kòu (列御寇), um filósofo dos últimos tempos da dinastia Zhōu (周), pois contém materiais do *Clássico da Via e da Virtude* e de *Zhuāngzi* (《莊子》). Hoje acredita-se que talvez tenha sido redigida por um pensador do século III d.C., das dinastias Wèi [魏 (220-265)] ou Jìn [晋 (265-420)], de acordo com a perspetiva do sinólogo A.C. Graham, que nos apresenta a obra *Lièzǐ* (《列子》), integrando-se no Neotaoismo. Este preserva muito do Taoismo primitivo, mas já assimilando teses confucionistas. Sabe-se que a magia mencionada por *Lièzǐ* (列子), a magia filosófica, implica uma ligação diferente à existência com longos exercícios físicos e espirituais, assentes no trabalho sobre a respiração, que conecta o nosso sopro, o *qì* (氣) humano, ao sopro primordial, o *yuánqi* (元氣). Porém, esse labor, sobre a energia vital individual de modo a colocá-la de acordo com a energia vital universal, não deve ser realizado sem a clarificação dos pressupostos filosóficos que guiam a atitude existencial do filósofo. Este tem de aceitar algumas teses essenciais antes de partir para a prática da magia filosófica, que funcionarão como princípios-guia, ou melhor, valores essenciais diretivos da sua conduta.

ricas e celestiais, por transportar as duas forças primordiais da filosofia chinesa, a *Yīn* feminina, na terra das patas, e a *Yáng* masculina na carapaça celestial. Além disso, move-se com calma, o que lhe permite preservar a energia que carrega. Por fim, as forças complementares inscritas no corpo da tartaruga relacionam-se num tempo lento e só este poderá permitir alcançar um primeiro lugar, aquele que garante a realização de uma obra perfeita e duradoira.

4.2.7. O Tigre e a Divindade da Riqueza

Se o Patriarca Estrela Proeminente uniu o seu destino com a tartaruga da longevidade, a divindade da riqueza optou por fazer uma aliança com o tigre. Este terceiro ramo terrestre do zodíaco chinês é *lǎohǔ* (老虎), com *lǎo* (老) de «meu velho» a ser utilizado, numa possível leitura psicanalítica, que remonta ao inconsciente coletivo dos chineses, talvez para atenuar e cativar aquela que foi uma das feras mais temidas por eles. Dos tempos das cavernas aos nossos dias, ligeiramente mais civilizados, pouca coisa mudou na forma como as gentes do País do Meio se relacionam com o tigre. Numa fábula infantil chinesa sobre o rei dos felinos[179], que terá aprendido a arte de governar com o gato, é fornecida às crianças a explicação de como o mais corajoso dos animais chegou ao céu zodiacal. Ele é o rei da Terra, o poderoso par terrestre do rei celestial que é o dragão. O Imperador de Jade (玉皇大帝 – *Yùhuáng Dàdì*) considerou os reis da Terra e do Céu ao mesmo nível, já que atribuiu a ambos a jurisdição dos reinos. No entanto, sabemos que o dragão será sempre o primeiro animal para os chineses, que se consideram seus descendentes.

Na linha patriarcal, Fú Xī é o progenitor, com cabeça humana e corpo de dragão, mas este não assume a progenitura mitológica de todo um povo sozinho, pelo que precisou do apoio de uma figura matriarcal que, numas versões foi Nǚ Wā (女娲), a mãe dos seres humanos[180], mas, sobretudo a partir da dinastia Míng (明) (1368-1644) passa a ser outra

[179] 魏亚西 (Wèi Yàxī)《虎——做亚王者》 (*Tigre: o Rei da Ásia*) Hong Kong, Sun Ya Publications (HK) Ltd, 2013.

[180] Cf. Wang Suoying, Ana Cristina Alves «Nǖwa cria os seres humanos» (女娲造人 – *Nǚwā zào rén*), 2009, p. 16.

a divindade da linha matriarcal, a Rainha-Mãe do Oeste[181], que é meio-humana, meio-tigre[182]. Do ponto de vista geomântico, o patriarca dragão e a matriarca tigre em conjunto representam a complementaridade de forças. Recorde-se que o dragão simboliza a energia *Yáng*, o Leste, o nascimento, a criatividade e a vida. O tigre, a energia *Yīn*, o Oeste, a morte e a destruição e o poder terreno, pelo menos na leitura geomântica.

Voltando à história que se conta às crianças, o tigre subjugou os outros animais, a mando do Imperador de Jade, por isso recebeu a inscrição do caractere de «rei» na testa na condição de pugnar pela paz na Terra. Ora, se numa leitura caligráfica, o «rei» (王 – *Wáng*) é o que manifesta os traços de Terra, humanidade e Céu, unidos por um soberano terrestre, que é filho do Céu. Já na leitura espiritual, o tigre tem inscrito no corpo o caractere de «rei» por recompensa divina. Recebeu-o após ter subjugado o leão, o cavalo e o urso, advindo-lhe o quarto traço de realeza da vitória sobre um espírito demoníaco de tartaruga, que é, como se viu, o representante do reino dos fantasmas por homofonia imperfeita, antes da sua libertação por artes mágicas taoistas. Após a vitória do tigre sobre os restantes animais, o leão foi banido da China[183] e também do zodíaco, o cavalo foi forçado a trabalhar em prol da humanidade, o urso condenado a hibernar e os fantasmas votados à eterna e incessante perseguição por parte dos tigres. Depois do poderoso tigre ter sido devidamente reconhecido e agraciado pelo Imperador de Jade, as famílias transformaram-no no protetor das crianças, especialmente de tenra idade. Estas são enfei-

[181] A Rainha-Mãe do Oeste teve uma série de parceiros ao longo dos séculos, entre os quais se encontram Huangdi (黄帝), Zhoumuwáng (周穆王), Dongwanggong (东王公), Hanwudi (汉武帝) e Yùhuáng dàdì (玉皇大帝).

[182] Rainha Mãe do Oeste é a representante da sociedade matriarcal que vigorou e ainda encontra expressão na zona Oeste da China. Habita na montanha Kūnlún (昆崙山), sendo uma deusa com face humana e corpo de tigre. Mas ela é sobretudo, e ainda hoje, uma divindade de referência para o comportamento sexual das nacionalidades das áreas da fronteira Oeste, aonde o estatuto das mulheres é muito superior ao das congéneres da nacionalidade Han, em termos sociais e de liberdade sexual. É de notar que a força *Yīn* da Rainha Mãe do Oeste surge em estrita conexão com os atributos do Tigre, sendo por isso este arquétipo feminino muito mais feroz do que a pacífica deusa Nǚ Wā. A respeito da Rainha Mãe do Oeste, consulte-se Wolfram Eberhard, *A Dictionary of Chinese Symbols: hidden symbols in Chinese Life and Thought*. London e New York: Routledge, 1996, p. 320.

[183] De facto, não existem leões na China.

tadas com chapéus, sapatinhos e outros adereços em forma de tigre para que possam crescer pujantes e ao abrigo das forças demoníacas.

Sabemos que o tigre simboliza a coragem, mas, claro, que na gíria linguística existem «tigres de papel» (紙老虎 – *zhǐlǎohǔ),* ou seja, os que se dão ares de grande bravura, embora de facto sejam uns cobardes. A expressão «tigres de papel» (紙虎 – *zhǐ hǔ*) foi utilizada pela primeira vez na novela do século XIV *À Beira da Água* (水滸傳 – *Shuǐhǔ zhuàn*) de Shī Nài'ān (施耐庵). As zonas que se distinguiram na Ásia com grande desenvolvimento e riqueza foram chamadas «os quatro tigres asiáticos» (亞洲四虎 – *Yàzhōu sì hǔ*), expressão utilizada na década de 1990 para referir a Indonésia, a Tailândia, a Malásia e as Filipinas. A par da expressão linguística «quatro tigres asiáticos», há uma outra: «os quatro pequenos dragões asiáticos» (亞洲四小龍 – *Yàzhōu sì xiǎolóng*), que são a Coreia do Sul, Taiwan, Singapura e Hong Kong. Estes ditos são bons exemplos da capacidade linguística também para manifestar as imagens de poder aceites pela mentalidade coletiva.

Em estreita conexão com o tigre surgem uma figura humana que viria a ser divinizada, Zhāng Tàolíng (張道陵)[184], e a divindade da Riqueza (財神 – *Cáishén*). À divindade da Riqueza estão ligadas duas importantes biografias. Aqui resume-se não a de Bǐgàn (比干), o membro da família real Shāng (商) condenado à morte pelo tirano Zhòuxīn (紂辛) [185], mas a que se refere a Zhào Gōngmíng (趙公明), que monta o tigre preto, uma vez que se dá relevo ao simbolismo do tigre em estreita relação com a Divindade da Riqueza. Este também conhecido por Xuán Lǎng (玄朗), terá sido um dos nove sóis que Hòuyì (後羿) abateu[186], ao tempo em que dez corriam pelos céus em grandes brincadeiras, provocando

[184] O nome Zhāng Tàolíng (張道陵) segue a pronúncia da sinologia tradicional portuguesa, que por sua vez em relação a *Tao* manteve o registo Wade-Giles e não adotou o *Pīnyīn Dào,* que é posterior.

[185] O nome dele é Zǐ Shòu (子受). Tinha outro nome próprio Xīn (辛). Teve dois títulos póstumos, sendo o oficial por ser monarca Dì Xīn (帝辛), o qual aparece em documentos oficiais, tais como lista de monarcas chineses. O outro título é Zhòu (紂), por ser tirano, motivo pelo qual é vulgarmente tratado por Zhòuwáng纣王 (rei zhou) ou Shang Zhòuwáng 商纣王 (rei Zhòu da dinastia Shāng).

[186] Cf. Wang Suoying, Ana Cristina Alves. Yi Abate Nove Sóis (羿射九日 – *Yì shè jiǔr*`), in *Mitos e Lendas da Terra do Dragão*. Caminho: Lisboa, p. 69.

penosos incêndios na Terra com enormes custos para a humanidade. Quando Hòuyì disparou as suas flechas contra os nove sóis, eles transformaram-se em nove pássaros fantasmagóricos, que passaram a andar à solta pela Terra espalhando o mal entre as pessoas, mas um, o nono, vivia sozinho e nunca praticava qualquer ação que pudesse ferir alguém. Dado o seu comportamento irrepreensível, foi transformado em homem e mais tarde em divindade da Riqueza, em certas versões, por intervenção direta de Zhāng Tàolíng. Este deu-lhe a experimentar a pílula da imortalidade quando se encontraram na Montanha Qīngchéng (青城). Por isso, a Divindade da Riqueza é muito venerada nos templos taoistas e não só, já que, como vimos, todos os chineses, independentemente das preferências religiosas, sobretudo pela altura do Ano Novo Chinês, lhe prestam culto.

Zhāng Tàolíng[187] viveu entre 34 e 156 nos tempos da dinastia Hàn de Leste (東漢 – *Dōng Han*) (25-220). É o fundador da escola taoista dos Mestres Celestiais (天師 – *Tiānshī*), assim denominada durante o Período das Dinastias do Norte e do Sul (南北朝 – *Nánběi cháo*) (420-589) e, mais tarde, já na dinastia Yuán (元) (1206-1368), passaria a receber o nome de Escola *Zhèng Yī Méng Wēi* (正一盟威) ou da Realidade Completa. Ao tempo a escola era conhecida como as Cinco Medidas de Arroz (五斗米道 – *Wǔ Dóu Mǐ Dào*), porque quem lhe quisesse pertencer tinha de obedecer a determinadas regras, tais como oferecer cinco medidas de arroz, seda crua e lenha para ser aceite nesta comunidade religiosa. O grande mestre taoista trocou o saber livresco pela busca da imortalidade. Conseguiu obter o segredo da produção da pílula diretamente de Laozi quando este, prestes ou já divinizado com o título de «Senhor Lao» (老君*Lǎo Jūn*), lhe apareceu estando ele recolhido na montanha Qīngchéng (青城) em meditação. Foi aí que terá tomado conhecimento do segredo do fabrico da pílula da imortalidade. Também Zhāng Tàolíng, à semelhança da Divindade da Riqueza (財神 – *Cáishén*), monta um tigre, talvez por ter sido o iniciador de uma escola taoista que possuiu verdadeiro poder na Terra Amarela: recebeu discípulos, protegendo-os nos tempos agitados dos finais da dinastia Hàn de Leste. Muitos foram os que se refugiaram

[187] Ana Cristina Alves «Zhang Taoling (張道陵)», in *Histórias da Religiões Chinesas* 《中華宗教的故事》 *Stories of Chinese Religions*, 2011, p. 80 (texto policopiado).

nesta escola para escapar à insegurança dos tempos. Trabalhavam com afinco para a comunidade, realizando tarefas de relevo social, como a construção de estradas, pontes e escolas. Em troca os seguidores eram alimentados e recompensados com vinho ritual terapêutico, sendo curados das suas maleitas por Zhāng Tàolíng que foi, além de fundador da escola, um grande médico, capaz de realizar curas milagrosas.

Numa leitura possível, quem governa a terra, tem a proteção da Divindade da Riqueza, porque é tão corajoso e brilhante como ela. Esta surge associada ao tigre, montando-o, tendo por vezes nas mãos, sobretudo nas alturas festivas, lingotes ou outros objetos de ouro, como moedas. Fora do tempo de festa, é uma divindade guerreira, imensamente poderosa e capaz de submeter todos aqueles que se oponham ao seu governo, com o auxílio do tigre. Por último, este felino montado pela Divindade da Riqueza, enquanto força natural guerreira, é celebrado em muitos dos movimentos das artes marciais, particularmente no *Tàijíquán* (太極拳), que os chineses tanto apreciam.

4.2.8. Qilin

O *Qílín* (麒麟), o unicórnio chinês, é um dos principais símbolos do Confucionismo, a filosofia que fez da Benevolência o seu primeiro princípio, sendo que esta também pode ser definida como uma atenção profunda à humanidade. O *Qílín* é o animal mitológico do «amor benevolente» (仁愛 – *Rén'ài*). Só raramente aparece na Terra, apenas em tempos extraordinariamente pacíficos ou quando nasce e morre um grande sábio, como sucedeu nos tempos dos Imperadores Míticos e Reis Sábios[188]: Fú Xī, Táng Yáo (唐堯) ou Yú Shùn (虞舜), este último o imperador sumamente benevolente que demonstrou uma piedade filial inigualável; ou pela altura do nascimento e morte de Confúcio. Quando o grande sábio nasceu, o *Qílín* foi visto no jardim com um livro de jade na boca (口吐玉書 – *kǒu tǔ yù shū*). Por associação ao nascimento de Confúcio, o *Qílín* passou também a simbolizar a «concessão de descendência masculina» (麒麟送子 – *Qílín sòng zǐ*).

[188] Ver subcapítulo Reis Sábios e Soberanos Míticos da Antiguidade Chinesa na presente obra.

Este animal maximamente auspicioso, símbolo da sabedoria, longevidade e paz, encarna ainda a completa vitória do mundo espiritual. Pode viver cerca de dois mil anos e tem um temperamento muito moderado e manso. Pela Enciclopédia Chinesa Online Baidu[189], fica-se a saber que o macho se chama *Qí* (麒) e a fêmea *Lín* (麟). O *Qílín* é descrito como possuindo «cabeça de dragão, corpo de cavalo e escamas de peixe (...) Tem aparência de veado, na cabeça um único corno, o corpo coberto por escamas e cauda de bovino.» Noutras descrições há quem lhe acrescente ainda olhos de leão, costas de tigre, barriga de urso, escamas e cascos de cavalo. É senhor da constelação celestial do unicórnio (麒麟星座 – *Qílín xīngzuò*), onde também simboliza a sabedoria. A constelação é de uma beleza inexcedível a olhos telescópicos, mas sobretudo para os chineses, já que é vermelha, cor da sorte e da felicidade, pertencendo-lhe uma das figuras celestiais mais bonitas, denominada a Nebulosa da Rosa (玫瑰星雲 – *Méiguī xīngyún*).

Pitágoras (c. 570 a.C.)[190] foi o pré-socrático que mais se aproximou das filosofias orientais, tendo influenciado Platão (327-347 a.C.)[191] em diálo-

[189] Cf. 《麒麟》 Baidu: «麒麟是龍頭、馬身、魚鱗 (...) (外形像鹿，頭上獨角、全身有鱗甲，尾像牛尾.» Http://baike.baidu.com/view/15837.htm.

[190] Pouco se sabe de Pitágoras. Talvez tenha vivido no século VI a.C., em Samos, uma cidade marítima da Jónia. Diz-se que foi um grande matemático que muito terá contribuído para a astronomia e para a música. Segundo o filósofo Cícero, terá sido o primeiro a atribuir-se o nome de filósofo; o que conhecemos dele, que viveu antes de Sócrates, confunde-se com as ideias centrais da escola pitagórica. Neste atribuía-se maior valor aos números, que eram deificados, do que aos elementos. A quem deseje saber mais sobre Pitágoras e a escola pitagórica, aconselha-se a leitura da obra de Victor Gómez Pin *Pitágoras* – A infância da filosofia. Cofina Media SA, 2015.

[191] Platão é o principal discípulo de Sócrates, tendo sido muito influenciado por este pensador que, por seu turno, foi determinante na viragem antropológica que imprimiu ao pensamento filosófico grego, por isso se dividem os filósofos em pré-socráticos e pós-socráticos. Quanto a Platão, tem várias fases no seu pensamento, podendo, de um modo geral, ser divididas em: a fase da juventude, cujos diálogos refletem grande influência de Sócrates, como por exemplo, *Hípias maior, Apologia de Sócrates, Protágoras,* etc.; diálogos da maturidade, como o *Fédon, Banquete, Fedro, República,* entre outros, e diálogos da velhice: *Parménides, Teeteto, Timeu,* etc., notando-se maior influência do pensamento pitagórico e, portanto oriental, nos diálogos da maturidade, o que não significa que um ou outro diálogo, tanto da juventude como da velhice, não a possam revelar.

gos como o *Fédon*, o *Fedro* e certos livros da *República*, nomeadamente no livro VII, na «Alegoria da Caverna», onde defendeu a transmigração das almas, doutrina que viria a ser exposta no livro X da referida obra. Se a alma é imortal e realiza um processo de metempsicose, transmigrando entre humanos, animais e todas as outras formas de vida, então corre-se o risco de nos andarmos a comer uns aos outros, incluindo, como é óbvio, amigos e familiares. Relativamente aos ensinamentos sobre a reincarnação, Xenófanes regista que certa vez ao passar por um cachorro que estava a ser espancado, Pitágoras pediu que parassem imediatamente com tamanha selvajaria, uma vez que reconhecia no bicho a alma de um amigo[192]. Pitágoras de Samos, o primeiro a chamar-se a si mesmo filósofo, palavra que na etimologia grega significa «amigo da sabedoria» defendeu no século VI a.C. uma filosofia existencial muito rigorosa. Este amigo da sabedoria não foi apenas o estudioso, o grande matemático e defensor da música, mas, antes de mais, alguém que obedeceu a uma disciplina física muitíssimo rigorosa, sobretudo em termos alimentares, com o objetivo de purificar o organismo, pois para ele uma mente equilibrada necessitava de um corpo são. A filosofia pitagórica, que floresceu no Sul da Itália em Samos, não se distanciava dos princípios religiosos que a guiavam, ao contrário da pré-socrática de Mileto, concentrada no estudo da natureza. Pitágoras e os seus discípulos encaravam a filosofia como uma maneira de estar na vida. Nos *acúsmata* (preceitos), em «coisas ouvidas», dos ensinamentos pitagóricos, somos introduzidos a uma série de regras de abstinência e outros preceitos proibitivos, entre os quais consta a expressa proibição de sacrificar animais para adorar as divindades, bem como de comê-los. Logo após Pitágoras ter vivido gerou-se uma enorme discussão sobre se o vegetarianismo que praticava seria total ou parcial. Era com certeza, como bem chamam a atenção Kirk, Raven e Schofield, em *The Presocratic Philosophers,* o corolário natural da sua doutrina da transmigração da alma[193]. Defendia o filósofo que os animais nos entendiam perfeitamente contra muitos dos contemporâneos que encaravam as suas teorias com desconfiança e perplexidade. Além da abstenção da carne

[192] Kirk, Raven e Schofield. *The Presocratic Philosophers*: A Critical History with a Selection of Texts. Cambridge: Cambridge University Press, 1983, fr. 260, 1983, p. 219.
[193] Kirk, Raven e Schofield. Op.Cit. p. 231.

animal, havia ainda outros produtos agrícolas interditos à alimentação humana, como os feijões, por razões religiosas e não só, já que dificultam a digestão e provocam flatulência; mas, segundo a sua opinião, muitas das proibições se estendiam ao reino animal, porque estes também se deviam abster de comer os tais feijões. Certa vez em Tarento aconselhou um pastor a evitar que os seus bovinos comessem feijões-verdes. Ao que o homem lhe respondeu, rindo, não lhe ser possível comunicar com o gado, mas que o desafiava a tentar a proeza. Então Pitágoras aproximou-se do boi e sussurrou-lhe longamente ao ouvido, o certo é que a partir dessa altura o animal nunca mais tocou nos feijões[194].

É indiscutível a importância dos ensinamentos pitagóricos relativa aos preceitos alimentares, que coincidem com ditos chineses, onde se enfatiza o papel fundamental da alimentação para a saúde humana, em vários ditos, como «somos aquilo que comemos» (你是你吃出来的 – *ní shì ní chīchūlái de*), pelo que vamos apresentar mais dois, com a mesma ideia: «o que comemos está-nos na cara e o que vestimos no corpo» (吃在臉上, 穿在身上 – *chīzài liǎnshàng, chuān zài shénshàng*) e «mais vale nutrir-se equilibradamente do que tomar medicamentos» (吃藥不如調理 – *chīyào bù rǔ tiáolǐ*). Quem se abstém de maltratar e matar os animais desenvolve uma natural disposição para a justiça, proporcionando uma vivência pacífica em comunidade, ao contrário dos que manifestam comportamentos agressivos relativamente aos seus semelhantes, esses facilmente entram em guerra provocando o caos social. Os discípulos da escola pitagórica seguiram o modelo existencial do fundador, vivendo de um modo frugal e simples, porque para Pitágoras o mal andava à solta pelo mundo por causa dos excessos e da luxúria a que as pessoas se entregavam. Poucos eram os que poupavam e conservavam. De acordo com a teoria pitagórica da natureza da alma tripartida, que Platão adotou, há três tipos de vidas humanas, em estreita ligação com divisão da alma predominante: os cobiçosos, desejosos de lucro, que podem desenvolver, já segundo a teoria platónica, a virtude da temperança; os ambiciosos, a que corresponde a alma intrépida, suscetíveis de alcançar a virtude platónica da coragem; e os curiosos, nos quais domina a alma racional, que aspiram

[194] Kenneth Sylvan Guthrie (trad. e org.) T*he Pythagoren Sourcebook and Library*. Michigan: Phanes Press 1987, p. 71.

ao conhecimento e desenvolvem a sabedoria. Pitágoras procurou desenvolver a alma racional das pessoas por meio da matemática, da música e da alimentação, com vista a realizar um mundo melhor, mais harmonioso e pacífico, defendendo o apoio terapêutico da música e da gastronomia para o alcançar. Dos ensinamentos de Pitágoras, retenho que não adianta falar de paz se diariamente provocarmos a guerra com as nossas atitudes dissonantes e distanciadas da restante natureza. A paz cultiva-se não na teoria, mas na prática de cada dia que nasce. Mais ainda, nem sequer é preciso acreditar na transmigração de uma alma imortal que gira na roda dos seres naturais, para nos concentrarmos no que andamos a fazer. Pitágoras tinha um preceito que considero muito valioso: para desenvolver a memória do que somos, nada melhor do que realizar exames de consciência ao deitar e ao levantar.

Uma palavra ainda sobre a justiça pitagórica, que se define em termos de reciprocidade e igualdade, e vamos encontrar a mesma ideia na justiça chinesa, já que os caracteres chineses para justiça indicam, tanto o da escrita simplificada (义 – *yì*), no qual podemos ver, numa interpretação possível, o ponto da justiça a ocupar a posição de um centro equidistante, como o tradicional (義 – *yí*), formado pelos componentes «carneiro» (羊 – *yáng*) mais «eu» (我 – *wǒ*), significando que a justiça se realiza quando cada um pode ter o seu carneiro, ou seja, algo de seu[195]. Nas comunidades humanas precisamos de justiça. Ora não pode haver pão para todas as bocas sem acionar o princípio da justiça, que defende a distribuição equitativa dos bens e das funções. A justiça começa em cada um de nós, quando equilibramos sabiamente as nossas faculdades para as colocar ao serviço da comunidade. Depois realiza-se e desenvolve-se com os outros, em humana convivência, à maneira da Benevolência chinesa, esta virtude que, do ponto de vista etimológico, só é possível em relação, e para a qual são precisas pelo menos duas (二 – *èr*) pessoas (亻/人 – *rén*), onde cada uma, devidamente educada, contribui para gerar harmonia no todo, exercendo a função que lhe compete e para a qual está mais bem preparada. A justiça pitagórica, definida em termos de cuidado e atenção aos outros, estende-se da esfera da humanidade a todos os seres vivos, que devemos

[195] Ana Cristina Alves. *A Sabedoria Chinesa*. Cruz Quebrada: Casa das Letras e Editorial Notícias, 2005, p. 91.

tratar como amigos íntimos. Qualquer situação suscetível de gerar injustiça e desatenção, como a falta de dinheiro, deve ser evitada. Daí a importância da economia e da poupança que Pitágoras realizava diariamente, bem como do desenvolvimento da sabedoria e da obediência às leis, a fim de criar a harmonia[196] e desenvolver comportamentos justos.

Talvez Pitágoras tenha sido uma reincarnação do *Qílín*. Não seria de espantar que o primeiro a atribuir-se o nome de filósofo no Ocidente, de origem sagrada para muitos, fosse uma espécie de alma transmigrada ou personificação desta divindade. Mas ainda que tal conclusão possa ser considerada abusiva, é fundamental não esquecer as mensagens do *Qílín* e da Escola Pitagórica. Viver bem não é uma arte, mas uma sageza e só os sábios estão em condições de oferecer modelos existenciais capazes de concretizarem a paz e a harmonia no mundo.

4.3. Reis Sábios e Soberanos Míticos da Antiguidade Chinesa

Os primeiros imperadores eram meio-humanos, meio-animais mitológicos, como os dragões, por isso, se diz que têm uma ascendência mítica. Fú Xī e Nǚ Wā possuíam corpo de serpente e cabeça humana. Fú Xī é cognominado o mítico Imperador Azul (青帝 – *Qīngdì*), de que todos os outros «dragões», os chineses, descendem. Logo, ele pôde descodificar os oito trigramas-bases, trazidos por um dragão-cavalo, como reza a lenda. O dragão é a personificação do princípio masculino *Yáng*. Ele representa, já sabemos, o primeiro hexagrama do *Clássico das Mutações*, é o princípio criativo e, do ponto de vista religioso, comanda o tempo e o Céu, sendo o signo mais importante do zodíaco. Já os Reis Sábios eram governantes humanos, amados por toda a população, servindo como referências modelares nas tradições confucionista e neoconfucionista, como Táng Yáo (唐堯) e Yú Shùn (虞舜), distinguindo-se o primeiro pela imensa sabedoria e bondade e o segundo pela exemplar virtude da piedade filial[197].

[196] Sylvan Guthrie (Trad. e Org.) T*he Pythagoren Sourcebook and Library*. Michigan: Phanes Press 1987, p. 99.

[197] Caso se pretenda desenvolver o estudo tanto sobre os Soberanos Míticos como sobre os Reis Sábios, sugere-se a leitura da obra *Mitos e Lendas da Terra do Dragão*, uma coletânea de

Na história chinesa houve três soberanos[198], que aqui denominamos, de acordo com a mitologia chinesa, «imperadores míticos»[199], aos quais se somam os governantes ou reis sábios distinguidos pela tradição confucionista. Os três soberanos pertencem a um tempo muito recuado, o terceiro milénio antes da nossa era, e não tinham forma totalmente humana, como acima se referiu, eram uma amálgama entre animais fabulosos como o dragão, o tigre, a serpente e a pessoa humana. Estes imperadores, como o nome indica, não eram apenas governantes de um território, já que, conforme a mitologia, administravam uma parte substancial do universo, correspondente a um ponto cardeal. Assim, Fú Xī, o primeiro imperador, tinha a seu cargo todo o Leste, por isso o seu título era Imperador Celestial do Leste. Era filho de uma divindade, o Deus do Trovão. Já o Imperador Amarelo, administrava todo o Centro, logo o seu título era Imperador Celestial do Centro. Estes dois imperadores, note-se que havia ainda outro, Shén Nóng, o Imperador Celestial do Sul, possuíam grandes diferenças entre si, e muito mais dos outros governantes, os reis sábios que, chegando depois, apenas governavam na terra, neste caso na Terra Amarela, como Táng Yào e Yú Shùn. Estes últimos, segundo o *Clássico dos Três Caracteres* (三字经 – *Sānzìjīng*), seriam ainda conhecidos na história chinesa como os dois imperadores, tendo Táng Yào abdicado a favor de Yú Shùn[200], o que permitiu ser inaugurada uma outra forma de transmissão de poder real, não por via hereditária, mas pelo mérito. Só depois destes dois soberanos sábios, viriam os imperadores de facto da primeira dinastia Xià (夏), a saber, Yu, o Grande, e posteriormente um outro Tāng (汤), o fundador da dinastia Shāng (商).

Na mitologia chinesa, o período mais valorizado é, sem dúvida, a antiguidade. De acordo com o *Clássico dos Três Caracteres*, a história chinesa começou expressamente com Fú Xī, Shén Néng e Huáng Dì, conhecidos

mitos relativos à China, adaptada e organizada em coautoria por Wang Suoying e Ana Cristina Alves. *Mitos e Lendas da Terra do Dragão*. Lisboa: Caminho, 2009, pp. 58-80.

198 Cf. Xu Chuiyang (ed.) *Three Character Classic in Pictures* 《图画三字经》. Ilustrações de Sheng Liangxian. Singapore: EPB Publishers PTe Ltd, 1990, p. 90.

199 Ver o apêndice com as datas em que, de acordo com a tradição chinesa, terão vivido estes imperadores.

200 Xu Chuiyang (ed.). Op. cit., p. 92 "唐有虞号二帝，相揖逊称盛世".

como os três soberanos que viveram nos tempos antigos[201]. Entre os soberanos mais enaltecidos, constam Fú Xī e o Imperador Amarelo. Fú Xī é o primeiro soberano chinês, extremamente valorizado pela escola taoista. Ele é modelar e possui a chave de ligação ao sagrado. Com a sua sabedoria mística e intuitiva descobriu os oito trigramas, que sabemos serem as forças naturais basilares do *Clássico das Mutações*. Este filho do Deus do Trovão tinha ascendência materna terrestre. A mãe, Huá Xū Shì (华胥氏) engravidou ao colocar o seu pé na pegada do deus do Trovão. Como resultado deu à luz um ser que lembrava o consorte, pois tinha cabeça humana e corpo de dragão. Fú Xī era a única criança terrestre capaz de trepar pela escada celestial que conduzia ao Céu. Como existiam duas «espécies» de escadas, uma montanha e uma árvore, ele trepava por uma delas, a enorme e frondosa árvore Jiànmù (建木). Além de dar aos chineses a chave de acesso ao mundo sobrenatural através dos trigramas[202], ensinou-os a pescar, a tocar músicas melodiosas e a cozer os alimentos, pelo que recebeu o epíteto de Páo Xī (庖牺), que significa «cozer carne». Ele é o responsável pela primavera e, por isso, também é conhecido por Imperador Celestial do Leste[203].

Para os taoistas, Huáng Dì não foi tão bom governante como Fú Xī, porque interferiu muito com a natureza e foi o construtor da sociedade humana, afastando-se assim da ligação ao sagrado que guiava Fú Xī, como nos é explicado na secção VII do capítulo VI de *Huáinánzǐ* (淮南子)[204]:

> Regulou o Qi do Yin e do Yang, proporcionou o tamanho das estações e rectificou os números do calendário, separou os homens das mulheres e distinguiu os machos das fêmeas, deixou claro quem estava acima e abaixo e classificou os graus de nobreza distinguindo-os dos populares.

[201] Xu Chuiyang (ed.). Op. cit., p. 90: "自羲农之黄帝，号三皇居上世".

[202] Cf. Nota introdutória à Filosofia Chinesa na presente obra para a apresentação dos trigramas.

[203] Wang Suoying e Ana Cristina Alves. Fuxi, o Imperador Celestial do Leste (东方天帝伏羲 Dōngfāng Tiāndì Fúxī) *Mitos e Lendas da Terra do Dragão*. Lisboa: Caminho, 2009, p. 24.

[204] Blanc, Charles Le (trad.). 1985. *Huainanzi* 《淮南子》. *Philosophical Synthesis in Early Han Thought*. Hong Kong: Hong Kong University Press, pp. 155-156.

Esta ideia de que a verdadeira sabedoria se pode encontrar no passado é sustentada por uma conceção regressiva e cíclica do tempo. Hoje os chineses estão e não estão diferentes: em termos científicos, deixaram-se encantar pelo progresso, que implica uma conceção linear do tempo; mas no que respeita à filosofia, por exemplo, os programas televisivos com mais êxito são aqueles vinculadores dos eternos ideais confucionistas e, também, taoistas, seguindo o princípio diretriz da conjugação das filosofias, já que nenhuma possui o saber absoluto sobre a realidade. Relativamente aos reis sábios modelares da tradição confucionista, ainda adotados noutras tradições filosóficas como a moísta[205], comece-se por Táng Yào. Este terá existido no terceiro milénio a.C., foi um governante lendário e moralmente perfeito. Vivia frugalmente e quando algo corria mal nos seus domínios culpabilizava-se a si mesmo. Organizava e administrava de sol a sol, tendo ficado conhecido pela solicitude, aplicação e benevolência. Além disso, exerceu um governo tão perfeito, que escolheu um homem muito virtuoso a quem ofereceu as duas filhas em casamento, daí que Yào tenha sido o inaugurador de um sistema de governação baseado no mérito. Escolheu Yú Shùn, outro dos governantes modelares da antiguidade chinesa, para lhe suceder. Shun ganhou o trono chinês pela distinção do seu carácter, depois de ter sido submetido a uma série de provas no interior da sua família, que não gostava nada dele. Havia o pai, a madrasta e os irmãos, e todos lhe queriam mal. Apesar de ser desprezado, tratou sempre a família com grande consideração, revelando o maior respeito pelos familiares, o que levou Táng Yào a reconhecê-lo como seu legítimo sucessor por se manifestar um modelo nas virtudes da modéstia e da piedade filial. Táng foi outro dos imperadores da antiguidade, que se destacou pela sua imensa sabedoria e bravura. Foi um grande justiceiro. Inaugurou a dinastia Shāng em cerca de 1766 a.C. por deposição do tirano Jie da dinastia Xià. Recorde-se que esta última tinha sido fundada por Yú, o Grande, o domador dos dilúvios na China. Jie era o protótipo do anti-herói, um governante malévolo, tendo sido muito justamente castigado por Táng, que lhe retirou a vida e a linhagem política.

[205] Ver nesta obra para uma introdução à filosofia de Mòzǐ (墨子) «O Amor universal», Capítulo Filosofia Chinesa.

O rei Wén (文王 – Wén Wáng) figura entre os reis sábios por causa das suas enormes capacidades culturais, como o caractere do seu nome indica, já que *wén* (文) significa cultura. Foi ele quem no século XII a.C., procedeu à segunda grande organização do *Clássico da Mutações*. Por fim, também o segundo filho de Wén, o rei Wǔ (武) consta entre os reis sábios da antiguidade, como lemos no *Clássico dos Três Caracteres*[206] sendo o nome um título póstumo em homenagem às suas virtudes marciais, como o caractere manifesta. Wǔ, em obediência ao desejo do seu pai, derrubou o tirano Zhòu (纣) da dinastia Shāng, fundando a dinastia Zhōu (周), em 1115 a.C.

Os soberanos ou imperadores míticos possuíam manifestas virtudes sobrenaturais ou divinas, como Fú Xī e Huáng Dì. Vieram depois outros governantes como Tang Yao e Yú Shùn, que se distinguiram pelas virtudes morais da benevolência e piedade filial ou pela devoção ao trabalho e capacidades organizativas, como no caso de por Yú, o Grande; bem como pelas façanhas justiceiras e no domínio da guerra, os reis Táng e Wǔ, este último seguiu as bravas pisadas do primeiro; ou notabilizaram-se, ainda, pelas magníficas capacidades intelectuais, no caso do rei Wén, que continuou a obra iniciada por Fú Xī no *Clássico das Mutações* ao organizar os 8 trigramas num conjunto de 64 hexagramas.

[206] Cf. Xu Chuiyang (ed) *Three Character Classic in Pictures* 《图画三字经》. Ilustrações de Sheng Liangxian. Singapore: EPB Publishers PT e Ltd, 1990, p. 94: «周文武稱三王».

5.
Simbologia Caligráfica

5.1. A Escrita

Os Descendentes do Dragão têm entre as suas interessantes características o facto de serem capazes de levantar voo sem sair do lugar. Já na antiguidade mais recuada eles voavam quando escreviam, porque a palavra «escrever» (寫 - *xiě*) é composta por dois caracteres, cujos componentes são: o radical de «casa», que é um telhado (宀 - *mián*) e o componente de «pássaro» (鳥 - *niǎo*), sendo a ave que coloca os caracteres a dançar sem que eles se escapem do telhado ou talvez da folha de papel. Há, ainda, a acrescentar que este pássaro, segundo algumas leituras etimológicas, tão fidedignas quanto a arte o permite, é uma pega. Porquê uma pega? Porque ela tem como principal característica armazenar coisas preciosas, nada sendo considerado mais precioso do que a sabedoria transmitida entre os homens como o auxílio do bambu e do papel. Se calhar há mesmo algo de muito mais valioso, porque melhor do que esta escrita humana, é uma outra de origem divina, comunicada por intermédio de um ser especial, o *medium* (靈媒 - *língméi*). Ele ou ela, seguindo a letra chinesa, é o intermediário do espírito, numa leitura não muito diferente da portuguesa. Ora os médiuns definem-se em chinês por terem o corpo anexado (附體 - *fùtǐ*), nós dizemos possuído, mas o que escrevem vem--lhes através de um outro pássaro, o marido da fénix (鳳). É altura de lembrar que na leitura caligráfica, a fénix é um nome bissilábico, constituído por um elemento masculino *fēng* (鳳) e outro feminino *huáng* (凰). Não obstante possuir esta completude caligráfica no seu próprio interior, numa espécie de composição hermafrodita, na realidade, e já fora do domínio da escrita, portanto em termos do mundo cultural chinês, esta ave mitológica é sempre identificada com o feminino, formando o casal primordial quando associada ao dragão. Para complicar um pouco a situação, entre as fénix, existe uma verde, que se chama *luán* (鸞). Este pássaro, em certas leituras ligadas à escola confucionista, ajuda à transmissão da escrita pelos espíritos (扶鸞 – *fúluán*) e, por isso, a escrita mediúnica recebe o seu nome. Ainda relativamente ao Confucionismo, é de notar que a escolha da Fénix Verde (鸞 – *Luán*) para mensageira espiritual se deve ao facto de ter aparecido a Confúcio, a fim de lhe indicar a via da pedagogia e do verdadeiro crescimento espiritual, quando ele regressava desiludido com o mundo à sua terra natal, daí o lugar de destaque que lhe é conferido pela escola confucionista na transmissão de mensagens do mundo espiritual.

Voltando à escrita acessível a todos os chineses, que ainda não descobriram as suas capacidades mediúnicas, estes redigem com o auxílio das pegas, mas é natural que os seres especialmente dotados e escolhidos para revelar mensagens sobrenaturais, escrevam com o apoio de um pássaro imortal, que renasce das suas próprias cinzas, tal como a sua cara-metade feminina. Concluindo, fénix ou pegas, só as aves têm por missão e vocação a constante ligação entre o Céu e a Terra. Pelo que, numa interpretação possível, todos aqueles que deixam obra escrita imortal são seres inspirados e diretamente relacionados com uma outra dimensão, essa que os pássaros conhecem muito bem e de que nos vêm trazendo notícias.

5.2. As Ideias Estruturantes da Cultura

5.2.1. A Cultura Alimentar

No País do Meio consideram que somos o que comemos (你是你吃出來的 – *ní shì ní chīchūlái de*). Costumam cumprimentar-se perguntando uns aos outros: «já comeste?» (吃飯了沒有? – *chīfàn le, méiyǒu?*). A pessoa que comeu, está bem com certeza. Há muitas expressões curiosas formadas a partir do verbo «comer» (吃 – *chī*). Assim, um ciumento é nesta língua aquele que «come vinagre» (吃醋 – *chī cù*); uma pessoa malcriada, «come pólvora» (吃槍葯 – *chī qiāngyáo*), já alguém de trato fácil «come vegetais» (吃素的 – *chī sù de*). Quem se torna hipersensível ou muito desconfiado, «come o coração» (吃心 – *chī xīn*); os muito populares entre os amigos «comem perfume» (吃香 – *chī xiāng*), e os homens que gostam de tocar indevidamente em qualquer parte do corpo de uma mulher «comem *dòufu*» (吃豆腐 – *chī dòufu*). No início da primavera, quando o tempo está muito húmido, às vezes as pessoas têm comportamentos difíceis de explicar, estranhos mesmo. Os macaenses costumam dizer que estão com humidade, mas os chineses dizem que «comeram o medicamento errado» (吃錯葯了 – *chī cuò yào le*).

5.2.2. A Atração pelo Concreto

Os chineses têm na raiz um pensamento muito mais concreto do que o ocidental, que mantiveram ao longo dos séculos, na escrita, especialmente num dos tipos dos seus caracteres – os pictogramas. Mas também nos ideogramas complexos encontramos a associação de caracteres extremamente concretos para traduzir ideias abstratas. Quando queremos experimentar sapatos ou roupa, perguntamos pelo tamanho ou pelo número, palavras que expressam conceitos abstratos; já os chineses ao falarem de «tamanho» (大小 – *dàxiǎo*) juntam duas palavras muito concretas: «grande» (大 – *dà*) e «pequeno» (小 – *xiǎo*). E repetem o mesmo processo de concretização, ou descida do geral ao particular, para traduzir os conceitos de altura e comprimento. Então se juntarmos «alto» (高 – *gāo*) a «baixo» (低 – *dī*), obtemos a palavra «altura» (高低 – *gāo dī*); bem como se ligarmos «comprido» (長 – *cháng*) a «curto» (短 – *duǎn*) teremos a palavra «comprimento» (長短 – *chángduǎn*). Imaginemos a pedir num centro comercial pelo grande e pequeno de uns sapatos, pelo comprido e curto de umas calças ou pelo alto e o baixo de um vestido... divertido, mas pouco prático e em desacordo com o nosso modo ocidental de ver o mundo.

O rol de particularismos não se fica por aqui. Na maioria das expressões chinesas encontramos esta atração pelo concreto. Vejamos, por exemplo, a palavra «mão» (手 – *shǒu*). Estamos perante um pictograma, que é uma representação estilizada de uma «mão», onde as várias linhas figuram os dedos, sustentados por um tronco, que é a palma da mão. A palma tem uma denominação engraçada em chinês, ela é o «coração da mão» (手心 – *shǒu xīn*). Palavras ou expressões ligadas à mão são, por exemplo, algo que se usa com a mão, o «papel higiénico» (手紙 – *shǒuzhǐ*). Não há nada mais apropriado para expressar o que possa ser uma operação cirúrgica, do que falar da «arte da mão» (手術 – *shǒushù*). Atendendo ainda à dimensão prática que todas as técnicas comportam, os chineses acharam por bem chamar à técnica o «método da mão» (手法 – *shǒufǎ*). E aquele que mostra compaixão pelos seus adversários, ou até mesmo pelos inimigos, deixa «escorregar o sentimento pelas mãos» (手下留情 – *shǒuxià-liúqíng*).

Nós também temos algumas expressões bem concretas em português, mas não tantas; recorde-se nota-de-rodapé, que tem correspondência em chinês, onde se retém a mesma ideia de «nota do pé» (腳註 – *jiǎozhù*). Vejamos alguns exemplos com «coração» (心 – *xīn*)[207]. Ao nosso conceito de 'ansiedade' corresponde a expressão chinesa «doença do coração» (心病 – *xīnbìng*). Já uma onda de emoção, ideia bastante concreta em português, encontra um eco muito semelhante em chinês: «maré do coração» (心潮 – *xīncháo*); mas, à medida que caminhamos para o mundo abstrato, sucedem-se os exemplos. Assim o que nós chamamos mente e perspetiva mental, classificam eles de uma forma bem mais particularizante como «olho do coração» (心目 – *xīnmù*). O coração é a sede das operações mentais, pelo que uma pessoa limitada, pensa pouco e/ou mal, ideia que se traduz figurativamente por ter «olhos do coração pequenos» (小心眼兒 – *xiǎo xīnyǎnr*). Afinal falamos do mesmo quando dizemos que «alguém tem vistas curtas», só que não exploramos tão alargadamente o campo das analogias com o mundo natural. A China continua até ao presente, do ponto de vista das etimologias linguísticas, apegada ao seu mundo concreto, mas note-se que também a etimologia pertence à história, e hoje já encontramos a adoção de muitas das nossas práticas e teorias científicas entre os chineses. Estes têm-se vindo progressivamente a desligar do mundo natural e da atenção aos elementos figurativos da sua língua, optando muitas vezes por se concentrarem numa perspetiva funcional e utilitarista, com exceção dos artistas e, sobretudo, dos calígrafos que se costumam reger por uma outra lógica, mais atenta à natureza e ao mundo de ideias que esta suscita.

5.3. Os Cinco Elementos

Recordemos os 5 elementos constitutivos do universo chinês: a «Madeira» (木 – *Mù*), o «Fogo» (火 – *Huǒ*), o «Metal» (金 – *Jīn*), a «Água» (水 –

207 Ver a importância na filosofia chinesa da noção de «Coração» no capítulo intitulado «Caracteres Filosóficos» neste trabalho.

Shuǐ) e a «Terra» (土 – *Tǔ*). Eles formam uma filosofia, a dos Cinco Elementos, que organiza a vida dos chineses aos mais diversos níveis existenciais, do astrológico ao gastronómico. Os elementos devem estar em equilíbrio, tanto nos macrocosmos como nos vários microcosmos, incluindo o humano. Quando um elemento se sobrepõe aos outros, há guerra. Eles próprios têm conflitos entre si, pelo que é preciso ter atenção às relações que estabelecem, sobretudo às que lhes são favoráveis ou que os podem destruir. Como bem mostraram Cecília Jorge e Beltrão Coelho em *Medicina Chinesa*, seguir as leis da natureza implica obedecer aos princípios orientadores dos Cinco Elementos[208]. O ciclo de relações positivas e negativas que guiam a título de princípios filosóficos a existência, parafraseando os referidos autores numa cadeia que não deve ser ignorada. Assim, é preciso saber que os elos de criação e destruição são os seguintes:

> A *madeira* cria o *fogo* (porque, por exemplo friccionando dois pedaços de madeira obtemos uma chama); o *fogo* gera a *terra* (o fogo transforma a matéria em cinza, que se transforma em terra); a *terra* dá origem ao *metal* (explica-se pela origem do minério); o *metal* cria a *água* (o metal derretido é líquido); e a *água* produz de novo a *madeira* (regando a árvore ela cresce)[209].

Quanto à cadeia de destruição, a Madeira destrói a Terra, porque lhe retira a força para, no caso das plantas e das árvores, crescer; a Terra elimina a Água, travando-a nas margens dos rios ou tapando-a nos aterros; a Água apaga o Fogo, pelo que dela nos socorremos quando há incêndios; o Fogo derrete o Metal, sendo aproveitado para o moldar nas mais diversificadas formas, e o Metal destrói a Madeira, quando por exemplo corta a árvore. Os Cinco Elementos cumprem uma função de orientação axiológica insubstituível. Definem todo um programa existencial e encontram ecos na filosofia popular, transmitida através da língua. Assim, pensando na «Água» do «mar» (海 – *hǎi*), o «grande mar» (大海 – *dàhǎi*) invoca a ideia de excesso, o abismo dos oceanos, mas também a profundidade das

[208] Cf. Cecília Jorge, Beltrão Coelho. Princípios Filosóficos, in *Medicina Chinesa*. Macau: Instituto Cultural de Macau/ Círculo dos Leitores, 1988, p. 17.

[209] Cecília Jorge, Beltrão Coelho. Op. cit., p. 18.

grandes promessas. Um voto de amor eterno expressa-se pela conjunção do mar e da montanha: «jurar mares e fazer uma aliança de montanhas» (海誓山盟 – *hǎishì-shānméng*) é a promessa que todos os apaixonados chineses devem realizar. Mas o mar não se esgota na ideia de excesso; tem sentidos menos positivos. Assim, «boca de mar» significa literalmente «desembocadura» (海口 – *hǎikǒu*). A expressão 夸海口 (*Kuā hǎikǒu*) refere-se a um fala barato que gosta de dizer gabarolices, e um «ladrão dos mares» (海盜 – *hǎidào*) é um pirata. Uma pessoa que consiga ingerir grandes quantidades de bebidas alcoólicas possui uma «capacidade de ingestão tão vasta quanto a do mar» (海量 – *hǎiliang*). É ainda dentro desta ordem de ideias que a vasta medida surge com o filósofo confucionista Mâncio, associada à magnanimidade. Percebe-se: um ser amplamente generoso só pode ter como referente o próprio oceano. Também a gaivota, a ave que simboliza a liberdade para nós, é o «pássaro de mar» (海鷗 – *hǎi'ōu*). O mar, o grande espelho do Céu na expressão poética de Fernando Pessoa[210], é ainda o fazedor de miragens, por isso os chineses vêm «cidades e edifícios no mar» (海市蜃樓 – *hǎishi-shènlóu*), hoje bem mais reais, se pensarmos nas construções no Mar do Sul da China.

Se passarmos do mar à «água», as coisas complicam-se grandemente, porque este elemento, associado ao princípio feminino *Yīn*, na gíria, é utilizado para representar a fraca qualidade, a falsificação e a falta de dinheiro. Assim diz-se, por exemplo, de umas salsichas de fraca qualidade que metem cada vez mais água (香腸越來越水 – *xiāngcháng yuè lái yuè shuǐ*), o que não é muito diferente do sentido em português de «meter água», expressão que empregamos quando alguém está a dizer coisas erradas ou de fraca qualidade. Seguindo a mesma ordem de ideias, os produtos de contrabando chamam-se «produtos de água» (水貨 – *shuǐhuò*). Um espetáculo que dá pouco dinheiro é literalmente uma «caverna de água» (水穴 – *shuǐxué*)[211]. A junção de dois elementos vulgarmente opostos, como a «Água e o Fogo« (水火 – *Shuǐhuǒ*), significa pobreza extrema, o que se explica pela conflitualidade em que os elementos podem entrar,

[210] Ver último verso do poema «Mar Português» da *Mensagem* de Fernando Pessoa.

[211] A expressão surge no trabalho de 李淑娟、顏力鋼 (编), 《漢英中國新俚話》 (Li Shujuan & Yan Ligang). *Chinese-English Dictionary of Modern Slang of China*. 香港:和平圖書/海峰出版社, 1998, p. 185).

sem o necessário trabalho alquímico e meditativo que concilia opostos, como sucede nas tradições religiosas taoista e budista.

O Fogo é o elemento da prosperidade e do florescimento. Um negócio pujante, «de vento em popa diríamos nós», está então «cada vez mais fogoso» (生意越來越火 – *shēngyì yuèlái yuèhuǒ*). Também o belíssimo fogo-de-artifício é constituído por «flores de fogo» (火花 – *huǒhuā*), mas nem tudo pode ser bom na gíria do fogo. Um mau temperamento, quer dizer, exaltado, pode definir-se, tal como em português, por possuir uma «natureza fogosa» (火性 – *huǒxìng*) e, logo, aqueles que se zangam «fazem crescer o fogo em si» (發火 – *fāhuǒ*). O que para nós é escapar a um abismo do sofrimento, ou ao inferno, encontra a sua correspondência na China em «fugir de um buraco de fogo» (跳出火亢 – *tiàochū huǒkàng*); e se nós deitamos achas na fogueira, os chineses «vertem óleo no fogo» (火上加油 – *huǒshàng jia yóu*).

Já a Madeira, o elemento equivalente ao ar na tradição ocidental, mas mais encorpado, que desponta, cresce e se desenvolve no ar, tem, como todos os outros elementos, aspetos positivos e negativos. Pelo lado positivo, surge associado ao mundo das flores e à sensibilidade artística. Na sua versão negativa, traduz as ideias de insensibilidade, inflexibilidade e lentidão, já para não falar da estupidez. Na gíria chinesa, uma pessoa muito lenta é composta de «essencialmente de madeira» (他真的夠木的 – *tā zhēnde gòu mùde*).

Passando agora ao elemento Terra, encontramos-lhes muitas conotações depreciativas, os nossos «pés na terra», são na gíria chinesa ignorantes, pouco experientes e muito rústicos. Se em chinês se diz a alguém que «é mesmo terra» (你真的土 – *ní zhēnde tǔ*), estamos a passar-lhe um atestado de simploriedade ou falta de sofisticação, o que, convenhamos, não é simpático.

Para concluir num tom positivo, o «Metal» na gíria possui um excelente sentido, ele é esplêndido e surge associado ao ouro, porque este em chinês é o «metal amarelo» (黄金 – *huángjīn*), e nem é preciso mencionar a cor em «moeda de ouro» (金币 – *jīnbì*) ou, ainda, numa luz de metal, que já se sabe ser «luz dourada» (金光 – *jīnguāng*). E se à portuguesa se dão conselhos de ouro às pessoas, à chinesa oferecem-se «conselhos de ouro e jade» (金玉良言 – *jīnyù liángyán*).

Os Cinco Elementos ditam todo um conjunto de cinco relações que os cinco órgãos, os cinco sabores, as cinco virtudes confucionistas, bem como as cinco cores, estabelecem entre si[212]. Na cosmovisão chinesa há uma interligação profunda entre a humanidade e a natureza, o que pode ser visto na relação que os Cinco Elementos[213] estabelecem com as direções, estações do ano, partes do dia, condições climatéricas, fluidos, tecidos, orifícios, cinco órgãos, cinco virtudes e cinco cores. Assim, o elemento Madeira liga-se à primavera, à manhã, ao vento, aos olhos, ao fígado, ao sabor amargo, à virtude da Benevolência e ao verde. Do Fogo dependem o verão, o princípio da tarde, o calor, os ouvidos, o coração e o sabor ácido, os Ritos e o vermelho. Ao Metal associam-se o fim da tarde, o outono, a secura, a boca, os pulmões e o picante, a Justiça e o branco. Ligam-se à Água, a noite, o inverno, o frio, os genitais, os rins e o salgado, a virtude da Sabedoria e a cor preta. Por último, à Terra, o fim do verão, a humidade, o nariz, o baço e o sabor doce, a Confiança e o amarelo.

É sugestiva a correspondência que os Descendentes do Dragão estabelecem entre os órgãos internos, a nossa maneira de ser e as emoções. Esta relação manifesta-se não apenas no corpo como ainda através da linguagem. O baço (脾 – *pí*) liga-se ao carácter, logo o sopro vindo deste órgão indica o temperamento, pelo que uma energia do baço muito boa significa «um excelente feitio» (脾氣很好 – *píqi hěn hǎo*), já o mau génio se manifesta quando «atiramos para fora o sopro do baço» (发脾氣 – *fā piqi*). Porém, em português o feitio anda associado ao fígado, porque de quem tem muito temperamento se diz possuir «maus fígados». Os pulmões (肺 – *fèi*) relacionam-se na medicina tradicional chinesa e na língua chinesa com a capacidade vital (肺活量 – *fèihuóliàng*). Já do ponto de vista das emoções, como a dor e a tristeza: quem sofre muito acaba por passar mal dos pulmões e vice-versa. O «fundo dos pulmões» (肺腑 – *fèifǔ*) em chinês corresponde culturalmente ao nosso «fundo do cora-

212 Para conhecimentos mais desenvolvidos sobre a Filosofia dos Cinco Elementos (五行 – *Wǔ Xíng*) e a sua importância na Medicina Tradicional Chinesa, pode ser consultada, por exemplo, a obra de Cecília Jorge e Beltrão Coelho, intitulada *Medicina Chinesa* publicada em Macau em 1988.

213 Cecília Jorge e Beltrão Coelho. *Medicina Chinesa*. Macau: Instituto Cultural de Macau/ Círculo dos Leitores, 1988, p. 24.

ção», pelo que algo difícil, que custa a sair, mas que finalmente vem cá para fora, «vem-nos do fundo dos pulmões» (肺腑出自 – *fèifŭ chū zì*), tal como para os chineses as «palavras emergem do fundo dos pulmões» (肺腑之言 – *fèifŭ-zhīyán*). Os rins (肾 – *shèn*) estão associados na medicina tradicional chinesa ao «orifício» dos testículos. Destes depende a ação e, ainda, a conexão à força feminina *Yīn*, tradicionalmente passiva e pacífica, o que talvez se venha a refletir, do ponto de vista linguístico, tal como em português, na ligação negativa entre os testículos e o medo se verifica quando dizemos que «alguém não tem tomates»: «tomates» na gíria chinesa diz-se *zhŏng* (種), e tê-los *yŏu zhŏng* (有種). Porém, a ação corajosa positiva e o seu reverso, a cobardia, dependem ainda mais estreitamente de outros órgãos que andam perto: o fígado (肝 – *gān*) e a vesícula (膽 – *dăn*) ou vesícula biliar (苦膽 – *kŭdăn*). O fígado é o órgão da fúria. Quanto «pior fígado se tem», mais corajoso se é na terra do Dragão. Alguém que mostra o fígado e a vesícula biliar, é «muito corajoso» (很肝膽 – *hĕn gāndăn*). Aliás, basta até só ter uma «grande vesícula» (膽大 – *dăndà*) para se ter grande bravura. Extrema é aquela «coragem que abarca o Céu» (膽大包天 – *dăndà-baotiān*). O cobarde tem uma vesícula pequena (膽小 – *dănxiăo*); numa outra versão, «está em guerra com a sua própria vesícula e tem o coração assustado» (膽战心驚 – *dănzhàn-xīnjīng*). E aquele que está realmente aterrorizado tem «o fígado a tremer» (膽兒顫 – *gānr chàn*).

Falta-nos falar do coração, que se liga ao sentimento de alegria. Logo, estar alegre é para os chineses «abrir o coração» (開心 – *kāixīn*); ter o «coração bêbedo» (醉心 – *zuìxīn*) é sentir-se encantado ou fascinado e estar descansado é «libertar o coração» (放心 – *fàngxīn*). Também a nossa natureza moral depende do «chão (terra) do coração» (心地 – *xīndì*). E não está malvisto, se pensarmos que o coração é o órgão relacionado com a virtude da Benevolência, porque, como adiante se verá, quando for analisado o caractere do coração do ponto de vista filosófico, os seres capazes de estabelecer laços sociais benevolentes e, por conseguinte, morais, precisam de uma forte base emotiva, que só pode ser dada e transmitida através deste órgão, já que as nossas «ondas emotivas» (心潮 – *xīncháo*) saem dele. Hoje, também nós, ocidentais, defendemos o mesmo tipo de postura mental, quando afirmamos que um líder capaz deve possuir uma inteligência emotiva desenvolvida. Uma pessoa cheia de contentamento tem «o coração cheio de flores, livre de fúria» (心花怒放 – *xīnhuā-nùfàng*). Já alguém com o «coração vazio» (心虚 – *xīnxū*) atravessa uma crise de autoconfiança ou sente-se culpado. Por fim, um coração relaxado e alegre é «vasto e conjuga-se com o espírito descontraído» (心曠神怡 – *xīnkuàng-shényí*).

Os cinco sabores (五味 – *wǔ wèi*), o ácido, o doce, o amargo, o picante e o salgado são muito importantes para os chineses. Assim, na gastronomia, na medicina e na existência, podem refletir toda a nossa experiência de vida, na expressão que, traduzida por adaptação cultural, significa «alegrias e tristezas da vida», mas numa tradução à letra nos fala de os quatro sabores, «ácido, doce, amargo e picante» (酸甜苦辣 – *suān tián kǔ là*). Note-se que o salgado (咸 – *xián*) está ausente deste dito e parece que a gíria linguística pouco tem a dizer sobre ele, a não ser que possui no chinês antigo o significado de «todos»[214], sendo um elemento benéfico e nivelador que confere um tom positivo à vida na expressão chinesa «todos beneficiaram disso» (咸受其益 – *xián shòu qīyì*), quem sabe se a aludir a um tempo em que os salários eram pagos em géneros, neste caso com sal, como prova a etimologia da palavra «salário». Também em Portugal o sal tem uma conotação muito positiva, registada quer em contos populares[215], quer na expressão bíblica relativa a Jesus «ser o sal da terra e a luz do mundo», ou seja, aquele elemento que confere um gosto bom e um sentido especial à vida.

[214] De acordo com esclarecimentos por parte da coordenadora do presente trabalho, Professora Carmen Mendes e sua equipa de aconselhamento científico, aos quais muito agradeço, o sabor salgado foi excluído porque este tipo de provérbios ou expressões idiomáticas costumam assumir a forma de quatro caracteres. Segundo, porque o sabor salgado é básico e o sal aparece em quase todos os pratos, sem provocar grandes sensações e choques paladares nos outros sabores. O caractere 咸 (*xián*) é simplificado, ou seja, até à década de 1950 escrevia-se 鹹. 咸 que significa «todos» desde a antiguidade, paralelamente com 鹹, salgado. Só nos últimos 60 anos, depois do movimento de simplificação dos carateres, é que passou a ser escrito 咸. Nos dicionários chineses, vê-se claramente que são duas entradas diferentes. Se consultarmos os dicionários publicados em Taiwan, onde são mantidos carateres tradicionais, ninguém vai definir 鹹 (salgado) no sentido de todos.

[215] Teófilo Braga «O Sal e a Água», *Contos Tradicionais do Povo Português,* Frankfurt and Main, Texto Editora Lda/TFM 2000, pp. 53-54.

Passemos, agora, à análise dos quatros restantes sabores, os que coloram a nossa vida com tonalidades suaves, vivas, agrestes e sombrias. Tal como em português, o doce (甜 – *tián*), o amargo (苦 – *kŭ*), o ácido (酸 – *suān*) e o picante (辣 – *là*) servem para traduzir estados psicológicos distintos ou situações concretas. O sabor doce significa tudo aquilo com que nos sentimos bem ou nos sabe bem, por isso se diz em chinês «este negócio está muito doce» (這買賣挺甜的 – *zhè mǎimài tīng tián de*). Também para expressar uma vida fácil e confortável se refere «existência muito doce» (甜美的生活 – *tiánměi de shēnghuó*). As palavras agradáveis são «doces como o mel» (甜言蜜話 – *tiányán-mìhuà*), mas atenção que podem ser «palavras de mel, coração de fel», como se adverte no nosso dito popular. Uma rapariga, em chinês ou em português, pode ser «doce» (甜姐 – *tiánjiě*) e ter uma «face doce e sorridente» (甜蜜的笑容 – *tiánmì de xiǎoróng*). Há, ainda, uma outra palavra na língua chinesa para doce, que é *gān* (甘) com um sentido praticamente idêntico a *tián* (甜) na expressão «doçuras e amarguras» ou, por adaptação cultural, «alegrias e tristezas» (甘苦 – *gānkŭ*). «Um coração satisfeito», na versão chinesa, é «doce» (甘心 – *gānxīn*). Nós dizemos «água doce e refrescante», os chineses «doce e deliciosa» (甘美 – *gānměi*).

Veja-se agora o sabor amargo e o estado de amargura que lhe anda associado, semelhante ao sentido que lhe conferimos em português. Nós referimo-nos a «um esforço duro» ou mesmo «em vão», eles «um esforço duro» ou «amargo» (苦功 – *kŭgōng*), sendo, concretamente, uma tarefa dura e pouco produtiva «trabalho muito amargo» (苦干, 苦工 – *kŭgàn, kŭgōng*). Quando sofremos muito, «mergulhamos num mar de amargura» (苦海 – *kŭhǎi*), mas a dor não dura sempre e, por isso, nos advertem «há que saltar para fora do mar de amargura» (脫離苦海 – *tuōlí kŭhǎi*). Oferecem-se ainda a bons e honestos amigos «conselhos amargos» (苦口 – *kŭkǒu*), com o sentido de dar bons conselhos para mudar comportamentos inadequados. E podem ser «as preocupações amargas» (苦惱 – *kŭnǎo*); os pensamentos difíceis também «amargam» (苦思 – *kŭsī*). Os nossos risos forçados são para os chineses «riso amargo» (苦笑 – *kŭxiào*) e quem faz um esforço imenso ou sofre muito tem «um coração amargo» (苦心 – *kŭxīn*).

O ácido tem na língua chinesa uma gíria psicológica desenvolvida. Um «coração ácido» (酸心 – *suān xīn*) está doente e magoado. «Deixar o ácido correr» (酸溜溜 – *suān liūliū*) significa sentir-se triste e envergonhado. E um mal-estar que se espalha por todo o corpo é «uma dor ácida» (酸痛 – *suāntòng*).

O sabor picante é empregue para traduzir estados de excitação, incluindo a sexual, o seu sentido conotativo aproxima-se do que lhe damos em português, por exemplo quando utilizamos a expressão «histórias picantes». Uma rapariga corajosa, quente e temperamental é «picante» (辣妹子 – *làmèizí*), com a característica suplementar de poder ter a língua afiada. O picante é, além disso, o representante dos atos viciosos e cruéis. Então um «coração de veneno com mãos picantes» (心毒手辣 – *xīndú-shǒulá*) representa na língua chinesa alguém mau e implacável; já ter apenas as «mãos picantes» (辣手 – *là shǒu*) traduz a ideia de método cruel ou então de «uma questão espinhosa» (這件事真辣手 – *zhè jiàn shì zhēn là shǒu*).

É grande a importância das cores no mundo chinês, que constroem associações, ou melhor, laços simbólicos, em torno de cada uma delas. Como já foi referido, as cores ligam-se aos elementos, ao corpo, seus órgãos e orifícios, bem como às cinco virtudes confucionistas. O verde da Madeira simboliza a Benevolência; o vermelho do Fogo, os Ritos, entre os quais o do casamento; o branco da espada do Metal associa-se à Justiça; o amarelo da Terra ao poder e à Confiança que se estabelece entre soberanos e súbditos e o preto da Água à Sabedoria que os sábios manifestam na vida, fluindo e misturando em lugar de estagnarem e criarem divisões.

Vejamos o que nos diz a língua chinesa sobre as cores. O vermelho (紅色 – *hóngsè*) é então a cor naturalmente auspiciosa ligada ao Sul, ao Fogo, à inteligência, à paixão e à beleza. O vestido de noiva na tradição chinesa não é branco. As noivas cobrem-se de vermelho literalmente dos pés à cabeça para que a sorte as abençoe com um casamento feliz e os caracteres que invocam um destino propício são traçados sobre papel vermelho. Também os envelopes que se dão às crianças, empregados e toda a espécie de subalternos, se chamam «envelopes vermelhos» (紅包 – *hóngbāo*) e o que nos vem sem estarmos à espera e de extra são «lucros vermelhos» (紅利 – *hónglì*), podendo ainda referirem-se a lucros de ações e quotas. O vermelho aparece com grande frequência associado à beleza e à mulher, por isso o vermelho pouco dura, tal como a beleza feminina em «formosura pouco dura» (紅顏易逝 – *hóngyán-yìshì*). Mas o vermelho representa ainda todos os acontecimentos e festividades felizes em contraposição ao branco, a cor dos funerais, na expressão «eventos vermelhos e brancos» (紅白喜事 – *hóngbái xǐshì*), que pode ser traduzida por adaptação cultural como «casamentos e funerais». O vermelho da felicidade é também o da paixão, e quando esta se intensifica pode assumir facetas negativas, como as do ciúme e da inveja, figuradas pelos «olhos vermelhos» (紅眼 – *hóngyǎn*), logo é preciso ter cuidado se as pessoas têm os olhos vermelhos, pois segundo os chineses nem sempre possuem uma simples conjuntivite. Por fim, o vermelho simboliza a saúde num «rosto muito rosado» (紅光滿面 – *hóngguǎng mǎnmiàn*) ou esconde uma pessoa hipertensa, segundo os diagnósticos mais ocidentais.

Os Descendentes do Dragão possuem caracteres específicos para o azul e o verde, além de *qīng* (青), que tanto significa azul como verde. Assim, o azul-celeste *lánsè* (藍色) aparece associado à maturidade, e o verde *lǜsê* (綠) à natureza e às plantas. Este na língua chinesa figura o oásis (綠洲 – *lǜzhōu*), um espaço único onde a alma humana se pode encontrar a si própria na natureza, talvez porque o verde esteja intimamente ligado à Benevolência e ao belo jade com que os chineses, sejam homens ou mulheres, gostam de se enfeitar, por ser considerado que traz muita sorte. Quanto ao *qīng*, surge associado à juventude, no seguinte provérbio, que traduzido à letra é «o verde ultrapassa o azul» (青出於藍而勝於藍 – *qīng chū yú lán ér shèng yú lán*)[216], cujo sentido conotativo é «o estudante ultrapassa o mestre».

Há que distinguir entre 青天 (*qīngtiān*), céu azul, e 晴天 (*qíngtiān*), céu limpo de nuvens ou com poucas nuvens, portanto dia com sol. No entanto, note-se que o azul, mais escuro ou mais claro, é sempre a cor do Céu, por isso um Céu azul se diz *qíngtiān* (晴天), quando ao azul se associa o radical de sol (日 – *rì*); mas também se emprega o mesmo caractere para um sapo verde (青蛙 – *qīngwā*). Creio que este casamento entre o azul e o verde, incompreensível para muitos ocidentais, é uma das especificidades mais interessantes do cromatismo chinês. O azul é vasto, profundo e inteligente como o Céu; é criativo e representa o Leste, bem como o primeiro Imperador mítico chinês, Fú Xī, cognominado *Qīng Dì* (青帝).

[216] O sentido literal desta expressão chinesa é «o azul anil é extraído da planta anil, mas é mais azul do que ela.»

O amarelo (黃色 – *huángsè*), que simboliza o poder e a confiança, é a cor mais importante a par do vermelho, já que os chineses tiveram um Imperador Amarelo, grande figura patriarcal da China, e vivem na Terra Amarela. O amarelo surge também associado na gíria linguística a algumas expressões menos favoráveis. Comecemos pelas mais positivas. O amarelo simboliza a China e o imperador Amarelo, o organizador da terra, que domina o Centro e exala confiança. Um dia auspicioso é figurado por esta cor em «um dia com uma elíptica amarela» (黃道吉日 – *huángdào jírì*), o que possui o sentido de uma jornada de boa sorte. Também é a «cor amarela dos celibatários» (黃花後生 – *huánghuā hòushēng*) e das «donzelas amarelas» (黃花閨女 – *huánghuā guīnǚ*), ou seja, das virgens[217], há ainda a recordar o que se disse no subcapítulo dos Reis Sábios e Soberanos Míticos da Antiguidade Chinesa a propósito de no Taoismo ser costume opor o conhecimento superficial e discursivo do Imperador Amarelo (黃帝 – *Huáng Dì*) ao saber intuitivo e profundo do Imperador Azul (青帝 – *Qīng Dì*). O amarelo é ainda a cor usada para referir: um plano que «amarelou» (黃了 – *huáng le*), diríamos nós que «ficou em águas de bacalhau»; a morte em «fonte amarela» (黃泉 – *huángquán*)[218], que é a fonte da morte, e ficamos a saber que esta, tal como no Ocidente, «não escolhe idades» (黃泉路上無老少 – *Huángquán lùshàng wú lǎo shào*). O amarelo é associado ainda ao dinheiro e ao materialismo puro e duro, em «quando o ouro fala, tudo cala» (黃金鋪地, 老少彎腰 – *huángjīn pūdì, lǎo shào wānyāo*)[219] e ao conhecimento científico mais superficial, aqui representado pela medicina, na expressão de «médico amarelo e verde» (黃綠醫生 – *huánglǜ yīshēng*), ou apenas «verde» se fosse na expressão portuguesa.

O preto (黑色 – *hēisè*) está relacionado na filosofia popular com tudo o que é misterioso e secreto, inclusive as seitas e outras manifestações de

[217] Flores amarelas referem-se a crisântemos, de cor predominantemente amarela. Trata-se de uma flor considerada possuidora de pureza, pelo que funciona como adjetivo para referir rapazes e raparigas virgens. A conotação pejorativa da cor amarela surgiu em épocas modernas, em princípio por influência ocidental.

[218] 黃泉 (*huángquán*) significa «fonte debaixo da terra», sinónimo de «o outro mundo» e «o império das trevas».

[219] 黃金鋪地, 老少彎腰 (*Huángjīn pūdì, lǎoshào wānyāo*) significa literalmente «quando o ouro é espalhado pelo chão, velhos e jovens curvam-se».

submundos. O preto quando surge em união com o branco serve para clarificar e distinguir o certo do errado, na expressão «a preto e branco» (黑白 – *hēibái*), que se aproxima do sentido português, ainda que nós lhe emprestemos um tom mais superficial quando dizemos que alguém «vê o mundo a preto e branco». A aliança do preto e branco aparece também no provérbio «pincel preto sobre papel branco é o melhor veredito» (黑筆寫白紙-字定生死 – *hēibǐ xiě báizhǐ-zìdìng shēngsǐ*). O preto simboliza um brilho intenso e misterioso, por exemplo, quando se aplica ao cabelo dos chineses (黑油油的頭髮 – *hēi yóuyóu de tóufà*). Talvez esse lado misterioso da cor na cultura chinesa, tenha provocado o receio, por exemplo, dos africanos que os portugueses transportavam para Macau nas suas naus, considerando que possuíam uma força praticamente indomável nos físicos com que a natureza prodigiosamente os dotara.

O branco (白色 – *báisè*) possui no seu simbolismo cargas positivas e negativas muito visíveis. Esta é a cor da pureza relacionada com a Divindade da Compaixão na sua metamorfose de Guānyīn de Branco (白觀音 – *Bái Guānyīn*) que, pelo comportamento imaculado, tanto tem ajudado as mulheres religiosas de todos os tempos. Esta cor é tão apreciada pelas mulheres, que hoje, fruto de um sentir profundo aliado à influência ocidental, já optam por um vestido de noiva branco em conjugação com o vermelho tradicional, havendo mesmo quem consiga a proeza de conjugar os dois ao longo das celebrações. A ideia positiva que a cor transmite, do ponto de vista linguístico, é a da inteligência que clarifica, expressão a que também recorremos em português em «ver muito claro», com correspondência direta em *Míngbái* (明白), que traz para a língua a ação conjugada do sol (日 – *rì*), da lua (月 – *yuè*) e da cor branca (白 – *bái*). O branco é ainda muito apreciado enquanto cor de pele, muitas chinesas têm o costume de lutar literalmente por se manterem brancas: fogem da praia, usam chapéus e sombrinhas que as possam afastar para bem longe do magnífico Astro-Rei, ao contrário do que sucede, por exemplo, na tradição latina. Está igualmente associado ao branco na tradição linguística chinesa uma manifesta carga negativa, quando se recorre a esta cor para expressar sentimentos, situações ou ações negativas, como em «conversa vazia» (白話 – *báihuà*). As pessoas ingratas e ferozes são aquelas que, numa tradução literal, possuem «os olhos brancos como os lobos» (白眼狼 – *báiyǎnláng*). A cor refere ainda situações infantilizadoras, como «brincadeiras brancas» (白玩兒 – *báiwánr*) ou ridicularizantes, neste caso pode dizer-se «não brinques branco comigo» (别白相我! – *bié bái xiāng wǒ!*). 白相 é uma expressão do dialeto Wu, que inclui o dialeto de Xangai, e significa «brincar», «divertir-se»[220].

5.4. Brincando com os Caracteres

A expressão «meu tesouro» (我的寶貝 – *wǒde bǎobèi*) é uma expressão amorosa para crianças e adultos em Portugal e na China. Além disso, também as pessoas com ideias fantásticas ou geniais podem ser «tesouros» (寶貝 – *bǎobèi*) ou o seu contrário por recurso à ironia, por exemplo, quando se diz, aqui na tradução literal para melhor revelar a mentalidade, «ele é mesmo um tesouro» (這人是個寶貝 – *zhè rén shì gè bǎobèi*). Nesta frase, bǎobèi exprime uma ironia, dizendo que alguém é incompetente ou extravagante. Para dizer que alguém com ideias fantásticas ou geniais, é preciso tirar o último caractere: «ele é mesmo um tesouro» (這人真是個寶 - *zhè rén shì gè bǎo*). Tesouro era, ainda, o antigo «trono dos imperadores» (寶座 – *bǎozuò*) – tesouro, quanto entra na formação da palavra (寶座 – *bǎozuò*), que significa literalmente «assento de tesouro», refere-se ao antigo «trono dos imperadores» ou «assento de buda».

Abraçar diz-se em chinês *yōngbào* (擁抱). Mas não deixa de ser interessante notar que, tal como em Portugal[221], o abraço não se refere apenas a sentimentos ou circunstâncias positivas, pois uma das formas de referir que se está mal é «abraçar a doença» (抱病 – *bàobìng*). Não é então de estranhar que se utilize para aludir a uma doença de longa data, a seguinte expressão: «um longo abraço à doença» (長期抱病 – *chángqī bàobìng*). Quem sente remorsos para toda a vida, «abraça um remorso» ou «rancor toda a vida» (抱恨终天 – *bàohèn zhōngtiān*). E o nosso «chorar nos braços um do outro» tem um correspondente cultural em chinês em

[220] Cf. 李淑娟、顏力鋼 (Li Shujuan, Yan Ligang) (ed.). 《漢英中國新俚話》 *Chinese--English Dictionary of Modern Slang of China*. 香港:和平圖書/海峰出版社, 1998, donde muitas das expressões relativas à gíria linguística foram retiradas por se acreditar que revelam bem a mentalidade chinesa.

[221] No que se refere às várias facetas do abraçar, note-se que em Portugal «abraçamos a tristeza».

»abraçar cabeças, partilhando a dor e as lágrimas» (抱頭痛哭 – *bào tóu tòng kŭ*).

Sabemos como a idade é importante na tradição chinesa, por isso ao caractere de «velho» (老 – *lăo*) andam associados vários sentidos relevantes. «Senhor Idoso» (老人家 – *lăorénjiā*) é um tratamento respeitoso para qualquer idoso, podendo um chinês ser tratado por (老人家 – *lăorénjiā*), incluindo em países estrangeiros como em Portugal[222]. Nós exclamamos «Meu Deus!», os chineses «Meu Velho Céu!» (我的老天! – *wŏde Lăotiān*). O tratamento de elite dado a Máo Zédōng (毛泽东), nos primeiros tempos da China comunista, era simplesmente «o Velho» (老人家 – *lăo rénjiā*). Também se emprega «O Velho» (老子 – Lăozĭ) para denominar o primeiro filósofo taoista e um outro modo de chamar pai é «velhote» (老爺子 – *lăoyézi*), o mesmo se passa em Portugal quando tratamos os nossos pais por «velhotes». «Quem chega à idade» (老到 – *lăodào*) é com certeza alguém sofisticado e experiente, e de quem é muito esperto, diz-se «velho e escorregadio» (老油條 – *lăoyóutiáo*)[223]. O caractere *lăo* (老) consta em várias expressões carinhosas aplicadas a certas nacionalidades e raças. Por exemplo: «velho japonês» (老日 – *lăorì*), «velho americano» (老美 – *lăomĕi*), «velho preto» (老黑 – *lăohēi*)[224], «velho estrangeiro» (老外 – *lăowài*) ou «velho fantasma» (鬼佬 – *guĭlăo*)[225], este último, na terminologia de Macau, no sentido carinhoso de «velho português»[226]. Entre os animais, com direito a tratamento de velho, figuram: o tigre (老虎 – *lăohŭ*), a raposa (老狐狸 – *lăohúlĭ*)[227], o rato (老鼠 – *lăoshŭ*), a águia e o

[222] Note-se que no caso do caractere *Lăo*(佬) que, como se sabe, significa homem adulto, pode inclusive ter uma conotação algo depressiva. Na formação deste caractere, a parte direita, velho/lao, contribui apenas para a pronúncia do caractere.

[223] 油條 (*yóutiáo*) é uma massa em forma comprida frita, parecida com a fartura em Portugal, mas mais fina e é salgada.

[224] «Velho preto» (老黑 – *lăohēi*) não tem sentido pejorativo nem qualquer laivo de racismo, antes pelo contrário, é uma expressão carinhosa, que se aplica, por exemplo, a um amigo africano de longa data.

[225] Note-se que neste caractere «佬», «老» surge acompanhado por radical de pessoa «亻» para que não restem dúvidas que se refere a seres humanos e, concretamente, a homens adultos.

[226] Ver subcapítulo dedicado aos fantasmas.

[227] Em chinês, a raposa, como animal, nunca é tratada por *lăohulĭ*. A expressão refere-se apenas às pessoas astutas.

falcão (老鷹 – *lǎoyīng*), animais que é necessário suavizar por representarem perigo, quer por causa da sua ferocidade, quer devido à astúcia. Um tratamento carinhoso pode neutralizar potenciais cargas negativas. Mas *lǎo* integra algumas expressões depreciativas, a saber: «um velho nariz» (老鼻子 – *lǎo bízi*), empregue para mencionar um fumador inveterado; e, ainda, a um assunto que de tão antigo diríamos nós que «já tem barbas», falam eles «é coisa de nariz velho» (那都是老鼻子的事情了 – *nà dōu shì lǎo bízi de shìqing le*). Uma outra expressão nada simpática para pessoas de idade é «velho que não morre» (老不死 – *lǎo bù sǐ*). Quanto àquelas pessoas já de uma certa idade que se vestem como jovens utilizam os chineses a seguinte frase: «o velho torna-se bonito» (老來俏 – *lǎo lái qiào*).

Eis algumas nomenclaturas recentes, que entraram no chinês por via do desenvolvimento científico e tecnológico, ou até através dos acontecimentos da atualidade. Os grandes edifícios portugueses e chineses «arranham os céus» (摩天樓 – *mótiānlóu*). Há imensas expressões interessantes construídas a partir do caractere da eletricidade (電 – *diàn*), que nos mostra, na sua versão clássica, um «relâmpago» (电 – *diàn*) por entre a «chuva» (雨 – *yǔ*). Assim, o telefone é constituído por «palavras» (話 – *huà*) «elétricas» (電話 – *diànhuà*); o texto do telegrama é «o texto elétrico» (電文 – *diànwén*); o elevador é «a escada elétrica» (電梯 – *diàntī*); a televisão, «o olhar elétrico» (電視 – *diànshì*); o computador é «o cérebro elétrico» (電腦 – *diànnǎo*); 電網 (*diànwǎng*) é a «rede elétrica», uma rede interligada para entrega da eletricidade dos fornecedores aos consumidores. Uma das expressões que tem vindo a ser muito utilizada para encorajamento entre os chineses é «lubrifiquemos a máquina» (加油 – *jiāyóu*), o que corresponde, por adaptação cultural, à nossa exclamação «força!» para incentivar um esforço, pelo que, numa tradução literal, eles «acrescentam» (加 – *jiā*) «o óleo» (油 – *yóu*) às «máquinas humanas».

A língua chinesa oferece-nos as conjunções mais felizes em torno de «um só»/ «o mesmo» (同 – *tóng*) que expressa a ideia de unidade. Duas ou mais pessoas que fazem algo «com o mesmo coração» (同心 – *tóngxīn*) unem-se, diríamos nós, «de alma e coração». Já simpatizar com alguém é, na língua do País do Meio, «partilhar o mesmo sentimento» (同情 – *tóngqíng*). Mas a união de sentimentos não se limita aos fáceis e positivos, uma vez que também abrange as emoções mais difíceis de experienciar em conjunto, como sejam as que implicam sofrimento e dor, por isso dizem os nossos irmãos do Oriente que «os que sofrem do mesmo mal simpatizam uns com os outros» (同病相怜 – *tóngbìng-xiānglián*) e os que são verdadeiramente unidos «partilham o amargo e o doce» (同甘共苦 – *tónggān- gòngkǔ*). Aqueles que concordam «participam da mesma ideia» (同意 – *tóngyì*). Todos os que «remam na mesma direção», como sucede nas ocasiões desportivas, também na língua chinesa andam na água «todos unidos a atravessar o rio no mesmo barco» (同舟共济 – *tóngzhōu-gòngjì*), ajudando-se uns aos outros o melhor que podem. Recorde-se para terminar o lema dos jogos olímpicos de Pequim de 2008, revelando o melhor dos espíritos cosmopolitas: «Um mesmo mundo, um mesmo sonho» (同一个世界, 同一个夢想 – *tóngyī gè shìjiè, tóngyī gè mèngxiǎng*).

Temos visto muitas expressões ligadas à gíria chinesa, mas com sentidos relativamente inofensivos. No entanto, há insultos mínimos que devem ser compreendidos, porque correm pelo quotidiano sem a carga negativa do calão mais pesado. Os chineses quando querem chamar «estúpido» empregam *bèn* (笨)[228] ou *bèndàn* (笨蛋), esta última palavra numa tradução literal significa «ovo estúpido», mas quando a expressão é traduzida pelo sentido apenas retemos «estúpido», ou simplesmente «idiota» numa tradução à letra de «grande ovo idiota» (大笨蛋 – *dàbèndàn*). Se um «ovo está estragado» (壞蛋 – *huàidàn*), então estamos perante uma má pessoa. Entre os pequenos insultos, um dos mais engraçados talvez seja «saco de palha» (草包 – *cǎo bāo*), que também traduz a ideia de idiota equivalente à expressão portuguesa «cabeça de alho chocho», ou seja, nada se aproveita dentro daquela cabeça. Uma pessoa que tem um saco de palha na cabeça, não presta; outro pequeno insulto muito frequente é «tonto» (傻子/傻瓜 – *shǎzi/shǎguā*). O «tonto» é ainda empregue no sentido de pensar ou agir mecanicamente: são os «simplórios» deste mundo (傻呵呵 – *shǎhēhē*), ou aqueles que possuem um «olhar confuso», perplexo e atrapalhado (傻眼 – *shǎyǎn*) sobre a existência. Dentro desta categoria cabem todos os «ingénuos e verdinhos» (傻青兒 – *shǎ qīng ér*) ou, melhor, inexperientes.

[228] Num olhar mais atento à etimologia de *bèn* (笨), descobre-se que o caractere possui dois componentes, o de «raiz» (本 – *běn*) e o radical de «bambu» (竹 – *zhú*), que é vazio, numa versão positiva, mas oco numa mais negativa, pelo que talvez daí tenha surgido a associação a estúpido.

Caso se atenda à etimologia do caractere *chŭn* (蠢) em *yúchŭn* (愚蠢), vê-se que «estúpido» é também aquele que se comporta como os vermes (蟲 – *chóng*) na primavera (春 – *chūn*), quando acaba o inverno e eles começam a sair da terra à procura do sol, expondo-se a inúmeros riscos, nomeadamente de serem comidos por outros animais. Estúpido poderá corresponder culturalmente em português a «parvo» na expressão «fazer os outros de estúpidos» (愚弄 – *yúnòng*) enquanto nós «os fazemos de parvos».

Dāizi (呆子) é uma outra maneira de se chamar a alguém idiota em chinês. Se olharmos analiticamente para o primeiro caractere da expressão, verificamos que é composto por o radical de «boca» (口 – *kǒu*) e o componente de «madeira» (木 – *mù*). Logo, o idiota é numa tradução concentrada na etimologia, «uma boca de madeira», o que nos leva a concluir que a «madeira» na gíria chinesa pode assumir um sentido negativo, andando frequentemente associada à rigidez e idiotice. Assim, *dāibăn* é uma «placa idiota» (呆板), que tem correspondência na expressão portuguesa «idiota chapado». Mas nem só as pessoas são idiotas e rígidas, já que as regras também o podem ser, por exemplo no dizer: «estas regras são placas de madeira» (這些規定也太呆板 – *zhè xiē guīdìng yĕ tài dāibăn*). Por último, um «idiota» pode ser, ainda do ponto de vista etimológico, aquele que «tem um conhecimento branco e idiota» (白痴 – *báichī*), pelo que encontramos aqui mais uma característica atribuída pela gíria ao branco (白 – *bái*), que não é apenas a cor do luto e da pureza, ou da claridade inteligente, já também representa o lado negativo de um certo vazio figurado pela idiotice com correspondente na expressão portuguesa muito utilizada em provas orais «deu-me uma branca», quando se esquece tudo, perdendo o «fio à meada».

Há muitos caracteres que podem ser facilmente confundidos[229], porque o chinês é uma língua artística e cheia de pormenores. É fácil baralhar um dos caracteres para «homem» (丁 – *dīng*) com «descer» (下 – *xià*) e este com «negativo» (不 – *bù*). Não é nada difícil confundir os caracteres de «pessoa», «entrada» (入 – *rù*) e «oito» (八 – *bā*), número que

[229] Na universidade de Yale, em 1953, foram registados 276 caracteres suscetíveis de gerar confusões. Cf. Henry C Fenn. *Chinese Characters Easily confused*. New Haven: Connecticut, Yale University, the Institute of East Asian Languages, 1953.

simboliza para os chineses a riqueza. Há ainda quem misture «pêlo comprido» (毫 – *háo*) com «bravo» (豪 – *háo*), ou «descanso» (休 – *xiū*) com «corpo» (体 – *tǐ*). É possível também trocar os caracteres de «bênção» (佑 – *yòu*) e de «usurpação» (佔 – *zhàn*), ou baralhar «insulto» (侮 – *wǔ*) e «desgosto» (悔 – *huǐ*), ou ainda trocar «semelhante» (仿 – *fàng*) por «fazer» (做 – *zuò*). Verifica-se com frequência a mistura entre «primeiro» (先 – *xiān*) e «luz» (光 – *guāng*). É ainda possível confundir os caracteres de «faca» (刀 – *dāo*), «artificioso» (刁 – *diāo*) e «força» (力 – *lì*), ou os de «evitar» (免 – *miǎn*) e de «coelho» (兔 – *tù*), bem como os de «lealdade» (忠 – *zhōng*) e «calamidade» (患 – *huàn*), ou de «pensamento» (思 – *sī*) e de «misericórdia» (恩 – *ēn*). Nestes e noutros casos, tal sucede quando os caracteres não são convenientemente estudados.

5.5. As Festividades

5.5.1. A Preparação do Ano Novo

Não encontramos na tradição chinesa grandes e rasgados autoelogios. Pelo contrário, a modéstia é virtude cultivada desde a mais remota antiguidade. Porém, é preciso ter em atenção que o excesso de modéstia pode não beneficiar a imagem dos que praticam esta virtude. Quem viu admiravelmente esta questão foi Moraes Palha (1912), no estudo intitulado *Esboço Crítico da Civilização Chinesa*. A obra em si está eivada de preconceitos, sendo o fruto de uma visão pessimista e decadentista da sociedade chinesa. Contudo, o autor tem o mérito de relatar de uma forma vívida a maneira como os chineses se amesquinhavam, e por vezes ainda o fazem, diante terceiros[230]. Tal comportamento poderá resultar de uma educação fortemente repressora da individualidade e personalidade, por

[230] Ainda no início do século XX, alguns diálogos entre os descendentes do Dragão decorriam do seguinte modo, de acordo com o registo de Moraes de Palha em *Esboço Crítico da Civilização Chinesa*, Macau: Tipografia Mercantil Fernandes e Filhos, 1912, p. 50:
– Qual é o seu nobre apelido?
– O desgraçado irmão mais novo de V... tem o insignificante apelido de Wang.
– Onde fica o seu nobre palácio?
– O covil em que me oculto fica em...
– Quantos preciosos filhos tem?
– Cinco estúpidos porquitos.

causa da sobrevalorização do todo e dos superiores na ordem hierárquica, à qual ninguém escapava, com exceção de algumas grandes famílias da alta nobreza, da família imperial e, naturalmente, do imperador, o filho do Céu. Vemos que o interlocutor profere com toda a facilidade o enaltecimento do outro, mas ficaria de certeza infinitamente surpreendido se aquele aceitasse os elogios. Esta era e é, sem dúvida, uma das características mais marcantes da psicologia intersubjetiva chinesa, hoje não tão exacerbada[231]. Atualmente, as coisas estão um pouco diferentes na China. Embora sem se fazer o louvor de autoelogios, nem tão-pouco de elogios em causa própria, o excesso de modéstia, que toca as raias do absurdo, é um dos melhores indicadores de uma tradição repressora, onde as pessoas se sentem na necessidade de se apequenarem perante um poder imenso, que lhes escapa de controlo, e que vai encarnando nos vários atores sociais com os quais se cruzam. Além disso, o excesso de modéstia e o abafamento da personalidade tem efeitos altamente perversores, que se traduzem na dissimulação e em estranhos comportamentos ocultos. Atualmente, não encontramos este tipo de situações dialogadas entre os chineses, a não ser a título de exceção. Quando lhes dirigimos um elogio, dizem-nos, quando muito, e num rasgo de modéstia perfeitamente aceitável, que «se sentem envergonhados» (不好意思 – *bù hǎoyìsi*), que «não são merecedores de palavras tão elogiosas» (不敢當 – *bù gǎndāng*), ou pura e simplesmente negam o elogio: «não, senhor» (不是, 不是 – *bùshi, bùshi*).

Creio que a recente atitude perante os elogios mostra bem como a China entrou, de facto, na nova era existencial de reforma e abertura, que não pode ficar reduzida à ideologia e à política tão apregoadas pelos dirigentes do país. Se pensarmos na festividade do Ano Novo Chinês[232], vem a propósito referir que há uma zona religiosa, onde os chineses nunca

[231] Um chinês, que entrando numa sala de visitas, tem a infelicidade de espantar um rato e ver entornar-se sobre os seus ricos trajes uma porção de azeite com que o rato se banqueteava, recebe o dono da casa nos seguintes termos: «Queira desculpar o desprezível estado em que me encontro na sua nobre presença. Ao entrar no seu soberbo salão tive a inadvertência de espantar um honrado rato do seu palácio, que na precipitada fuga deixou cair a primorosa jarra e entornou o precioso azeite no meu mesquinho e miserável fato.» Op. cit., p. 51.

[232] Ver na presente obra o subcapítulo dedicado à festividade do Ano Novo Chinês, intitulado Próspero Ano Novo.

pouparam esforços para fazer nascer e crescer os elogios às suas pessoas e famílias. Veja-se a relação amistosa que sempre procuraram cultivar com a Divindade do Fogão (竈君 – *Zàojūn*). Esta reside em todos os lares, na cozinha, e possui a função de mensageira divina. É tão antiga que já aparece referida nos *Analectos* de Confúcio. O Deus segue todos os anos para o Céu na véspera do 23º dia do 12º mês lunar[233]. Na qualidade de Hermes chinês, leva consigo um relatório pormenorizado do comportamento das famílias, que irá apresentar ao Imperador de Jade. Depois, passados sete dias, regressa às casas para distribuir prémios e castigos por entre as famílias. Ele é o controlador dos destinos da cozinha, e como esta é essencial na cultura chinesa, é considerado o «supervisor dos destinos». Assim, para que cada família tenha um ano próspero, pleno de graças e de longevidade, convém que o relatório seja dirigido a sua eminência celestial nos termos mais elogiosos. Cada família, sobretudo se tem a consciência pesada, dá ao Deus do Fogão melaço, doces e vinho para que ele parta satisfeito, e até bêbado e confundido, a fim de as suas palavras saírem tão doces ou tão baralhadas, e as bênçãos sejam distribuídas com fartura, mesmo quando o comportamento das famílias peça severas punições. O doce que lhe faz nascer o elogio, ou o vinho que lhe obnubila o juízo, têm como objetivo contrariar os maus efeitos de relatórios que, se não fosse o álcool, seriam talvez amargos. Em conclusão, o relacionamento dos chineses com a esfera sobrenatural tem-se mantido inalterado: aí eles nunca prescindiram dos elogios. Atualmente, com a descida do elogio à terra, assumem-no com parcimónia, o que não deixa de ser uma conquista em termos de manifestação da individualidade. É caso para pensar que até a assunção da personalidade se está a globalizar.

5.5.2. O Ano Novo

Aqui propõe-se olhar o Ano Novo Chinês do ponto de vista linguístico, mais concretamente, procedendo a uma análise das expressões auspiciosas[234]. Quando chega a primavera, os chineses saúdam-se de várias

[233] António Pedro Pires. «O Deus do Fogão», in *Festividade do Ano Novo Lunar em Macau*. Macau: Instituto Cultural de Macau, pp. 114-122.

[234] Quem deseje aprofundar esta festividade em Macau, poderá consultar de Leonel Barros: *Templos, Lendas e Rituais – Macau*. Macau: Associação Promotora da Instrução dos Macaenses,

maneiras, surgindo em primeiro plano em Macau, terra muito devotada ao comércio e ao Deus da Riqueza, o voto auspicioso, que já conhecemos: «Congratule-se a riqueza» (恭喜發財 – *Gōngxǐ fācái*). A ligação da expressão ao dinheiro e ao mundo material é óbvia, por isso a nossa mente ocidental prefere «Feliz Ano Novo» (新年快樂 – *Xīnnián kuàilè*), pois considera a felicidade ou, pelo menos, a aspiração a ela, um desejo essencial. Por entre as numerosas frases auspiciosas com que se decoram as casas chinesas para invocar as riquezas, as traduções que agora trazemos pretendem, acima de tudo, ser fiéis ao sentido cultural, pelo que desde já se apresentam desculpas caso alguns puristas do mundo das traduções literais se sintam insatisfeitos ou até ofendidos. Além do supracitado voto, encontramos: «Enriquece num abrir e fechar de olhos» (一見發財 – *Yī jiàn fācái*); «Desabrochem as riquezas como flores» (花開富貴 – *Huā kāi fù guì*); «Jorre amplamente a fonte da riqueza» (財源廣進 – *Cáiyuán guǎng jīn*); «Atraíamos a riqueza e deixemos entrar os tesouros» (招財金貴 – *Zhāo cái jīn guì); «*Grande sorte, grande proveito» (大吉大利 – *Dàjí dàlì*); e «Anos consecutivos de abundância» (年年有餘 – *Nián nián yǒu yú*)[235].

A confirmar o lugar de destaque atribuído à riqueza, andam associados uma série de ditos auspiciosos, relativos aos negócios, às profissões e ao estudo. Este último, quando devidamente realizado, também prepara os alunos para futuras e grandes recompensas materiais. Eis algumas das expressões: «Votos de negócios prósperos» (生意興隆 – *Shēngyì xīnglóng*); «Girem as mercadorias como rodas» (貨如輪轉 – *Huò rú lùnzhuǎn*); «Desejos de grande sorte nas iniciativas laborais» (開工大吉 – *Kāi gōng dàjí*); mas ainda, «Que a ascensão seja lenta» (步步高升 – *Bùbù gāo shēng*), subentenda-se segura; e «Votos de estudos prósperos» (學業猛進 – *Xuéyè měng jìn*).

2003 e, ainda, familiarizar-se com a vasta obra de Luís Gonzaga Gomes sobre o tema, nomeadamente *Festividades Chinesas*, bem como conhecer a obra de António Pedro Pires especificamente sobre o tema, intitulada *Festividade do Ano Novo Lunar em Macau*. Macau: Instituto Cultural do Governo da R.A.E de Macau, 2018.

[235] A frase auspiciosa alternativa, também muito ouvida exatamente com o mesmo sentido, onde apenas muda um caractere será: 连年有餘 – *lián nián yǒu yú*. Heidi Ho (Coord.) 《迎新接福—紙萬YangLiuQing. Macau: Instituto Cultural de Macau do Governo da R.A.E de Macau, Museu de Macau, 2007, p. 76.

Claro que no mundo chinês também há lugar para outro tipo de ditos que, embora não ocupem a posição de relevo conferida à riqueza, nem por isso são para desatender, particularmente aqueles que têm a ver com a sorte e o bom coração. Daí que sejam frequentes as seguintes expressões: «Votos de tudo de Bom» (萬事如意 – *Wán shì rúyì*); «Votos de boa sorte» (如意吉祥 – *Rúyì jíxiáng*); «Votos de concretização de todos os desejos» (心想事成 – *Xīnxiǎng shì chéng*); «Saudemos a nova felicidade» (恭賀心想 – *Gōnghè xīnxiǎng*); e «Que coisas corram bem» (得心應手 – *Dé xīn yìng shǒu*) ou, numa versão culturalmente adaptada, «Sente-te como peixe dentro de água». O que nos sucede, seja um sorriso da sorte ou fruto do esforço, é muito valorizado pelos chineses, bem como o bom coração, e porque se acredita que as pessoas são fundamentalmente boas e harmoniosas, expressa-se o voto de que os desejos de cada um se concretizem.

Costumam ainda recorrentemente juntar-se ao grupo das saudações de entrada do ano três frases auspiciosas: uma dedicada à saúde, em «Votos de muita saúde» (身體健康 – *Shēntǐ jiànkāng*); outra dirigida aos espíritos, especialmente aos desordeiros «Entrem e partam em paz» (出入平安 – *Chūrù píng'ān*). E, por fim, há vários ditos dirigidos especificamente à primavera, ou melhor a festa da primavera, entre os quais: «Saúda a primavera e recebe a felicidade» (迎春接福 – *Yíng chūn jiē fú*). Esta primavera tem naturalmente a ver com os ciclos naturais, que muitos filhos da Terra Amarela deixaram hoje de respeitar. Longe vão os tempos em que se prescrevia seguir os ritmos da natureza para uma existência saudável e feliz, como sucedia no Clássico da Medicina Interna do Imperador Amarelo (黃帝內經 – *Huángdì Nèijīng*). Os ditos auspiciosos têm o poder mágico de transformar a realidade, quando exibidos nas casas ou, a título de enfeites, nas próprias pessoas. Seguindo esta linha de pensamento, pode-se optar pelos votos mais éticos, como os ditos auspiciosos que têm implícito tudo correr conforme os nossos desejos, pressupondo que sejam justos. Não se devem deixar de lado as expressões que dizem respeito à felicidade, dando particular atenção à raiz etimológica do termo *fú* (福), indicativa de que a verdadeira felicidade se encontra na ligação entre os mundos sobrenatural e natural, contribuindo o auxílio das forças divinas para que sejam encontrados o equilíbrio e a harmonia.

5.5.3. A Festividade das Lanternas

Neste espaço será privilegiado o simbolismo da Festividade das Lanternas (燈節 – *Dēngjié*)[236], que se realiza no 15º dia do 1º mês lunar, numa belíssima noite de lua cheia. Para que a lua possa ser mais bem apreciada e contemplada, os chineses prestam-lhe homenagem, erguendo na sua direção inúmeras lanternas vermelhas, e muitas com desenhos multicoloridos. As lanternas vermelhas chinesas são um símbolo importante do país. A sua forma redonda, aparentada com a do Céu, manifesta a natureza unitária e completa, enquanto o vermelho invoca a felicidade. Nesta festa, que remata as celebrações do Ano Novo Chinês, as pessoas sentem-se unidas e próximas como se fossem bolinhos de arroz glutinoso num caldo quente (元宵和湯圓 – *yuánxiāo hé tāngyuán*). Há *yuánxiāo* (元宵), doces com recheio de sésamo e amendoim, mas também os há de vegetais e carne. Um dos principais objetivos da festa é a consolidação dos laços harmoniosos entre familiares e amigos. Para os crentes é uma oportunidade de celebrar a ligação entre a natureza e os seres superiores, que são responsáveis pelo regresso da luz todos os anos.

Há várias lendas em torno da Festividade das Lanternas, sendo uma das mais sugestivas a zanga do Imperador de Jade. Parece que numa dada cidade terão matado o ganso preferido do Imperador Celestial, que furioso decidiu reduzir a cidade a cinzas, sendo todos incinerados como castigo. Uma fada teve piedade dos habitantes e sugeriu-lhes que, no dia do castigo, ou seja, no 15º dia do 1º mês lunar, as pessoas saíssem à rua com lanternas, e as erguessem bem alto. É claro que quando o imperador foi espreitar para verificar se a cidade já estava arrasada, ficou satisfeitíssimo ao ver o fogo a erguer-se em direção aos céus, pois aquelas lanternas todas unidas, na mais funda solidariedade, provocavam aos olhos de quem as via muito de cima o efeito de um gigantesco incêndio. Há outras lendas para esta festividade: uma liga-a à introdução do Budismo na China, nos tempos do imperador Míngdì e à venera-

[236] Para uma leitura mais abrangente sobre as festividades chinesas, aconselham-se as seguintes obras de dois grandes autores de Macau: Luís Gonzaga Gomes. *Festividades Chinesas* (1953) e de Leonel Barros *Templos, Lendas* e Rituais – Macau. Macau: Associação Promotora da Instrução dos Macaenses, 2003, nesta última com especial atenção ao capítulo Festival das Lanternas, pp. 67-68.

ção do corpo incinerado de Buda; outra ao Taoismo e à divindade administradora do Céu (天官 – *Tiānguān*) que é, entre as três divindades administradoras do Céu, da Terra e da Água (三官, 天官, 地官 e 水官 – *Sān Guān*, *Tiānguān*, *Dìguān* e *Shuǐguān*), o responsável pela distribuição da boa sorte e Felicidade (天官賜福 – *Tiānguān cì Fú*). O nascimento desta divindade é no 15º dia do 1º mês lunar. A sua maior dádiva é a Felicidade, por isso adora divertir-se com todo o tipo de festas, folias e, sobretudo, entretenimentos.

As pessoas erguem lanternas à divindade do Céu, símbolos vivos de sorte e de esperança, muitas feitas de papel e outras de materiais mais sofisticados, como o vidro ou o jade ou até mais contemporâneos, como o plástico, contendo mecanismos de certa complexidade. A grande maioria reaviva o contacto com a natureza, na forma de borboletas, dragões, pássaros e outros animais. Além disso, muitas contêm enigmas, o que proporciona a sua leitura comprometida em jogos de decifração, conhecidos por «enigmas da lanterna» (燈謎 – *dēngmí*), que se terão desenvolvido durante a dinastia Song. Dantes, quem acertasse nas respostas aos enigmas, recebia sempre um pequeno presente. Estas adivinhas traduzem aquele espírito ecológico que muitos chineses foram perdendo, e referem-se aos tempos antigos e transportam-nos a uma realidade rural, simples e gostosa. As adivinhas a que tive acesso, não são difíceis de resolver, e fazem-nos bem ao espírito, porque remetem para um mundo sem prédios, carros e poluição. Aqui fica uma adivinha sobre o caractere *míng* (明)[237]: «O sol a Ocidente, a lua pendurada a Oriente»? A resposta é o caractere «claridade». Ou ainda esta outra: «Quem são, quem são? Dois irmãos bem aparelhados. Seus corpos são firmes e altos, mas não gostam de sopa, só de comida sólida.» Pois são os pauzinhos, *faitchi* na pronúncia de Cantão ou *kuàizi* (筷子) em mandarim.

237 燈謎 (*Enigmas de Lanterna*) 《关于月亮的谜语或灯谜》Zhidao.baidu.com, 2013-2020,http://zhidao.baidu.com/question/15738003.html. Neste site eram apresentados em 2013 os seguintes enigmas, eis então o enigma de lanterna na versão original: «太阳西边下，月亮东边挂（字） 答案：明».

5.5.4. A Festividade da Pura Claridade

Na festa da Pura Claridade (清明節 – *Qīngmíng jié*)[238], as pessoas aproveitam este tempo para receber a primavera e literalmente «pisarem o verde» (踏青 – *tā qīng*). Passeia-se em família e os que apreciam lançam papagaios. Contudo, *Qīngmíng* (清明) não é apenas um enorme abraço à primavera, ainda que também o seja. Os chineses chamam-lhe o «Dia de Varrer os Túmulos». É o dia propício para recordar e honrar os antepassados. Limpam-se as campas, oferece-se comida, chá, vinho e pauzinhos de incenso, enfim reza-se à chinesa.

Há uma lenda associada a este dia, que adiante se referirá, a propósito da qual se pode ser conduzido às associações mais estranhas. Faz lembrar um conto de Lū Xùn (鲁迅), o grande escritor chinês do século XX, muito aproveitado pela ideologia revolucionária de então[239]. No seu *Diário de um Louco* (狂人日记 – *Kuángrén Rìjì*)[240], apresenta-nos dois irmãos que têm uma relação de amizade com o narrador. Um deles enlouquece, mas tem o bom senso de ir registando a sua paranoia, de modo que acaba curado (talvez por ter escrito o diário), e a batizar o fruto do seu trabalho delirante com o título de *Diário de um Louco*. O certo é que o pobre homem começou a sofrer de mania da perseguição, tendo esta evoluído para uma fobia, a de ser comido, que seria muito estranha de justificar se ele não fizesse apelo constante aos ritos tradicionais chineses e às suas práticas necrofágicas. É Lū Xùn quem o diz, através da boca do louco, como não podia deixar de ser. O doido vai piorando de dia para dia até à salvação final. Os vizinhos, os estranhos, o irmão e até o médico, todos se transformam a seus olhos em canibais. Para os chineses, é uma obra que

[238] *Qīng* (清) significa «pura» e *Míng* (明) quer dizer «claridade», por isso esta é a Festividade da Pura Claridade.

[239] Lū Xùn (鲁迅) é o pseudónimo de Zhōu Shùrén (周树人), um dos maiores escritores da China contemporânea, que viveu entre 1881 e 1936. Diz-nos a seu respeito Márcia Schmaltz no artigo «Lu Xun e a anatomia de um povo», in Cadernos de Literatura em Tradução, n. 14, S. Paulo, Universidade de São Paulo, 2013, p. 213: «Considerado um dos fundadores da literatura moderna chinesa, é um dos escritores do século XX que deixou maior volume de escritos, que gerou um campo literário próprio e exerceu influência sobre as gerações de escritores seguintes.»

[240] Lū Xùn (鲁迅) *Diary of a Madman and Other Stories* (1918). Trad. William A. Lyell. Honolulu: University of Hawaii Press, 1990.

denuncia que a sociedade feudal «come» (no sentido de perseguir) as pessoas.

O louco estava louco, mas a prática da antropofagia é velha de milénios e não pertence em regime de exclusividade à tradição chinesa. Na Península Ibérica, os Iberos, tal como os chineses e outros povos, comiam o coração ou o fígado dos guerreiros inimigos que matavam para lhes assimilarem as virtudes. A evolução da «espécie» tem vindo a pôr termo a estas práticas culturais de extrema violência, que conhecem uma versão complementar no País do Meio, na forma de dar-se espontânea e bondosamente a comer. Assim o fez Guānshìyīn, a «*Bodhisattava* que Contempla todos os sons do Mundo», e assim o fez também o herói da lenda associada ao *Qīngmíng* (清明)[241].

No tempo dos Estados Combatentes, no Reino de Jìn (晉國 – *Jìnguó*), o príncipe herdeiro Zhòng Ěr (重耳) foi habilmente afastado do trono, não por uma concubina má, mas por um grupo de ministros malformados, numa das versões da história. Dirigiu-se então para as montanhas com alguns dos seus fiéis, entre os quais se distinguiu Jiè Zǐ Tuī (介子推). Veio o Inverno e a fome. O oficial, que era muito leal ao seu príncipe, sabendo-o esfaimado, cortou um naco da sua coxa para que Zhòng Ěr pudesse saciar o seu apetite. E como a roda da fortuna nunca está parada, chegou o tempo em que o governante pôde regressar ao reino, onde foi coroado monarca de Jin. Jiè Zǐ Tuī pediu então ao amigo licença para ir viver com a mãe que morava nas montanhas. O soberano assentiu, deixando-o partir. Entretanto, recompensou todos aqueles que lhe foram fiéis, mas esqueceu-se do seu amigo mais abnegado, como alguém lhe fez ver mais tarde. O monarca desesperado por ter incorrido em tão trágico esquecimento, mandou chamar o fiel súbdito, só que como o amigo não queria deixar a mãe, o governante deu ordens para que incendiassem a floresta, precipitando um desenlace fatal, já que tanto a mãe como o amigo morreram queimados. Esta é uma das lendas que acompanha a Festividade da Pura Claridade, sendo narrada entre os chineses para que

[241] Cf. A Origem Popular da Festa da Pura Claridade. Disponível em: https://www.gushi365.com/info/3106.html.

não se olvidem sobretudo os antepassados, quem nos fez bem e nos deu da sua carne para nos trazer ao mundo[242].

Há ainda uma outra lenda interessante a respeito da Festividade da Pura Claridade, que nos conta que nos últimos tempos da dinastia Qin, o Fundador da dinastia Han, Liú Bāng (漢劉邦), após ter vencido o tirano da dinastia Chu do Oeste, Xiàng Yú (西楚項羽 – *Xī Chū Xiàngyú*) em batalha, foi à sua terra natal visitar a campa dos pais que, devido aos anos de guerra desapareceu no meio da confusão das urtigas e dos túmulos destruídos e profanados. Muito incomodado com a situação, solicitou a ajuda dos subalternos, mas em vão. Ninguém conseguiu encontrar o túmulo dos pais do novo imperador. Nesse momento, Liú Bāng teve uma ideia inspirada. Pegando num papel, que rasgou em pedaços, guardados religiosamente na mão, e confiando no Céu, esperou por onde esses papelinhos caíssem, quando soltos ao vento, talvez então encontrasse a campa dos pais. A proteção divina foi ao encontro da piedade filial revelada pelo governante e os pedaços que se deixaram ficar junto a determinado túmulo, contra a aragem que corria, indicaram de facto onde se encontravam os pais do patriarca Han, como o próprio pôde verificar ao ler os nomes deles na lápide para a qual correu. O Imperador ordenou então que limpassem e cuidassem da campa, e desde essa data não houve Festividade da Pura Claridade em que não se marcasse presença no cemitério, onde jaziam os corpos dos seus progenitores. A população seguiu-lhe o exemplo e a cada nova festividade acorreu a visitar os seus mortos, limpando os túmulos e deixando uns papelinhos sobre eles em sinal de que já tinham sido limpos e venerados.

O luto dos filhos chineses de todos os tempos perpetua-se por longos anos, possivelmente até voltarem a reencontrar os seus numa outra esfera, a celestial, onde se situam os paraísos de imortais, das divindades budistas e dos antepassados. O fundador da dinastia Hàn não mais deixou de visitar os seus mortos, inaugurando uma prática modelar entre o povo, que não se esgota em visitas aos cemitérios. Também nas casas a

[242] Cf. 清明节相关传说《百度百科》(*O Conto relativo à Festa da Pura Claridade*). Disponível em: https://baike.baidu.com/item/%E6%B8%85%E6%98%8E%E8%8A%82%E7%9F%A5%E8%AF%86%E5%A4%A7%E5%85%A8, acedido a 19 de setembro de 2021.

presença dos antepassados se mantém constante e atuante, resistindo a todo o tipo de ideologias.

5.5.5. A Festividade dos Barcos-Dragão

Janus era nos romanos o equivalente aos deuses da Porta chineses, só que ele era apenas um e, por isso, foi retratado, não com duas faces (como no dito que passou à história), mas com duas cabeças, que lhe permitiam guardar eficazmente as portas, os portões, e todos os acessos a determinado lugar. As duas cabeças de Janus, olhando em direções opostas, representam a mudança, a transição, o controlo sobre os começos e os fins, pelo que o deus Janus era adorado no início das colheitas e nas festas de casamento e nascimento. Ele é ainda, na expressão «as duas faces de Janus», o espaço para a mais completa ambiguidade, nascida de situações ou leituras equívocas.

A Festa dos Barcos-Dragão (端午節 – *Duān Wŭ Jié*) talvez seja a mais polissémica de todas as festividades chinesas, exibindo uma certa perspetiva maniqueísta da existência, forrada a complementaridade, uma constante pelo menos desde o surgimento do *Clássico das Mutações*, com a apresentação dos dois princípios Feminino *Yīn* e Masculino *Yáng*. A festa da concretização do princípio masculino, celebra-se no quinto dia da quinta lua do Calendário Lunar. Entra-se então no período mais *Yáng* do ano, muito quente, sendo um verdadeiro festival de pragas. Há por isso, segundo os camponeses, que lutar encarniçadamente contra as cinco pragas: os germes, os mosquitos, os insetos, as moscas e a peste. Aqui fica o conselho, aprendido com os chineses. As plantas Acóron e Artemísia (阿克倫和蒿 – *Ākēlún hé hāo*) são muito eficazes contra as cinco pragas, logo há que trazê-las para casa. Mas tal não basta para nos livrarmos delas na rua, particularmente ativas no quinto dia do quinto mês. É necessário arranjar uns saquinhos de incenso com as referidas plantas. Estes devem ser pendurados ao pescoço. Além disso, é aconselhável beber água da fonte, vinho de arroz (黄酒 – *huángjiŭ*) para fortalecer o corpo e proteger a saúde.

A festa desenvolve-se, do ponto de vista simbólico, em torno da figura de Qū Yuán (屈原) (c. 340-278 a.C.), um poeta muito patriótico, fiel ao rei de Chū, que era ministro e conselheiro do rei e não desejava ver o seu reino sucumbir perante o poderoso estado de Qin, aquele que viria a fazer a primeira grande unificação da China. Ele não queria, mas os tempos eram-lhe adversos, tudo indicava o fim dos Reinos Combatentes, portanto bem podia lamentar-se, o que de facto fez, que não havia força no universo capaz de alterar a sua sorte, desde há muito tecida pelas aranhas do destino. O poeta, enquanto não se abandonou ao desespero, teve consciência de que o vento não lhe soprava de feição, como nos diz numa das estrofes de *O Grande Árbitro do Destino*[243]. E, no entanto, Qū Yuán já não se conforma com a sua sorte, como se nota no longo poema, cujo título pode ser traduzido por *Lamento pela Separação* (離騷 – *Lí São*), embora pudesse receber uma outra tradução mais próxima, por exemplo, *Afastando o Desassossego*. O poeta foi banido do reino de Chū e na sua errância vieram-lhe diversas hipóteses ao espírito para o facto de ter caído em desgraça perante o seu soberano, que o conselheiro e artista, apesar de tudo, sempre vai idolatrando ao longo do poema, ora chamando-lhe Sagrado, ora Amado. E é aqui que as coisas se complicam e as leituras se multiplicam. O poema *Lí São* (離騷), foi escrito depois de Qū Yuán ter tomado conhecimento da conquista da capital Ying do reino de Chū, pelas tropas do Estado de Qin em 278 a.C. O poeta escreveu o poema e pouco depois suicidou-se no rio Miluo, na atual província de Húnán (湖南). Daí as Corridas dos Barcos-Dragão serem uma atividade própria das zonas do Sul: são os pescadores do Sul que não desejam ver o corpo do poeta comido pelos peixes e, por isso, lhe levam os bolinhos de arroz glutinoso (粽子 – *zòngzi*) e batem com os remos na água, tocando tambores, para afugentar as bestas marinhas[244]. Voltando ao poeta. Em *Lí São*, ele faz cair sobre o monarca e sua vida licenciosa as culpas da perda do reino. Se o soberano de Chū se tivesse portado como os Reis Sábios da Antiguidade Táng Yào e Yú Shún e, sobretudo, se lhe tivesse dado ouvidos quanto à estratégia de ligação com outros pequenos reinos, para

[243] A minha tristeza é grande, mas nada há a fazer/ desejo que o presente perdure e não se torne pior/ Há de facto um árbitro da vida humana/ Quem poderá fazer o que quer que seja/ em relação à separação e à união? Wu-chi Liu, Irving Yucheng Lo (ed.). *Sunflower Splendor. Three Thousand Years of Chinese Poetry*, Bloomington e Indianopolis: Indiana University Press, 1984, p. 19.

Leonel Barros, Barcos-Dragão, in *Templos, Lendas e Rituais – Macau*. Macau: Associação Promotora da Instrução dos Macaenses, 2003, pp. 71-72. [244]

fazer face ao reino de Qin, a situação teria sido muito diferente; mas o rei preferiu ter um comportamento vulgar[245]. No entanto, há a possibilidade de interpretar as intenções de Qū Yuán de uma outra perspetiva. Dir-se-ia que, numa outra versão, ele estaria menos interessado em salvar o reino e mais no seu amor subjetivo e muitíssimo pessoal pelo monarca[246]. Há então duas leituras possíveis: poeta patriótico ou amante incorrigível? Não é de optar de ânimo leve por nenhuma delas.

5.6. Caracteres Filosóficos

5.6.1. O *Yīn* e o *Yáng*

As interpretações etimológicas, com tudo o que têm de subjetivo, podem ser uma importante fonte de saber. Se é verdade que quem lê apresenta a sua perspetiva, não é menos certo que quem nos introduz ao saber está mergulhado ou imbuído em determinada cultura. Por isso, as leituras etimológicas não podem ser consideradas um exclusivo artístico, se é um facto que contam com a intuição, não poderão ser realizadas por qualquer pessoa. É preciso estudo sério para que uma hermenêutica etimológica seja válida. Esta depende da chancela dos etimologistas chineses e de sinólogos, pelo que nos baseamos sobretudo nas análises de Wáng Hóngyuán (王宏源), Shī Zhèngyǔ (施正宇) e Wieger. Eles são os alicerces que permitirão alguns pensamentos, ou melhor, aproximações teóricas à cultura filosófica chinesa, mais pessoais, mas nunca afastadas da base cultural que as viu nascer. A cultura que nos ocupará não é a chinesa em geral, mas a dos Han. Nunca é demais recordar que a China é constituída por 56 nacionalidades, sendo os Han predominantes do ponto de vista numérico e cultural. Nas estatísticas oficiais chinesas constituem 91% da população, havendo quem aponte para um número maior. O certo é que a mundividência deles marcou toda a tradição chinesa, incluindo a eti-

[245] Eu lamento que o Sagrado seja tão distante e licencioso/ E nunca tenha compreendido o meu coração/ Aquelas mulheres invejavam-me pela minha bela aparência/ E espalharam que eu era dado à luxúria.

[246] Poema no original: «怨灵修之浩荡兮，/终不察夫民心。/众女嫉余之娥眉兮，/谣浊谓余以善»,《繪圖屈原 離騷》(Qu Yuan em Imagens Lí São)，北京：中國和平出版社, 1992, p. 44.

mológica. Numa leitura possível, eles são a gente à beira da água. Sabemos que se estabeleceram em torno da bacia do Rio Amarelo, na China Central na zona muito fértil do *loess*. Interessante é verificar que essa zona foi em tempos remotos abrigo de uma sociedade matriarcal, existente há seis ou sete mil anos, como indicam as descobertas realizadas em 1952 na aldeia de Banpo, perto de Xī'ān (西安半坡), e acrescentam os historiadores: «esta descoberta ajudou-nos a conhecer o desenvolvimento do sistema matriarcal no vale do Rio Huanghe»[247]. Este terá cedido lugar, há cerca de 4 ou 5 mil anos, a um sistema patriarcal, prolongando-se até aos nossos dias: «a comunidade clânica entrou então na etapa patriarcal cujas relações de parentesco foram determinadas pelos laços de sangue por via paterna»[248]. Na civilização patriarcal chinesa, acima da pessoa, encontra-se do ponto de vista etimológico, o Céu, aqui figurado por um traço (一) sobre a pessoa. O Céu é, como bem chama a atenção Leibniz (1646-1716)[249], em *Discurso sobre a Teologia Natural dos Chineses*, um princípio natural e impessoal, mais próximo da ideia de divino que o filósofo tinha. Declara ele na terceira secção da sua carta ao senhor de Rémond de 1715, afirma que os chineses fornecem uma apresentação de Deus personalista para a população em geral: «O Imperador do Alto» (上帝 – *Shàngdì*) e uma outra que implica um estudo filosófico mais profundo para os filósofos, numa tradução possível, o «Supremo Todo» (太极 – *Tàijí*), um todo animado ao qual pertence o Céu, uma materialização do princípio *Yáng*. Diz-nos Leibniz:

[247] China em Contrução (ed.). *História da China*. Vol. I, Pequim: China em Construção, 1986, p. 7.

[248] China em Contrução (ed.). Op. cit., p. 9.

[249] Gottfried Wilhelm Leibniz foi um filósofo alemão que estudou filosofia, direito e matemática. Tinha um espírito muito vivo e interessou-se por todos os ramos do saber, incluindo a biologia e a física. Integra-se dentro da corrente racionalista, mas no seu modo de pensar a realidade sensível está sempre presente, daí talvez sentir tantas afinidades com o pensamento chinês. Procura conjugar a unidade e a diversidade através da noção de «mónada», uma palavra grega que significa «unidade». Acredita ainda que existe, à maneira oriental, uma harmonia preestabelecida e que vivemos no melhor dos mundos possíveis. Entre as suas obras, distinguimos Monadologia (1714) e Lettre de M. G. G de Leibniz sur la philosophie chinoise à M. Rémond (1716), publicada em Portugal sob o título Discurso sobre a Teologia Natural dos Chineses, em 1991.

> Assim, os antigos sábios da China, julgando que o povo precisa no seu culto de objetos que impressionam a imaginação, não quiseram propor ao público a adoração do Li[250], ou do Tai-kie [*tàijí*], mas do Xanti [*Shàngdì*] ou do Espírito do Céu, entendendo sob este nome o Li ou o próprio Tai-Kie, que aí mostra principalmente a sua potência[251].

Tanto na leitura popular como na erudita, o Céu está acima. No entanto, na interpretação popular apresenta-se como o Imperador do Alto que domina a humanidade, na dos letrados, o Céu é um princípio impessoal, que do ponto vista visual e fenoménico está numa dimensão superior, mas na realidade é a raiz do ser humano, abraçando-o e perpassando-o com as suas correntes energéticas. Na visão erudita o Céu e a Terra constituem metades materiais do *Tàijí*. Eles são os representantes visíveis das forças feminina e negativa *Yīn* e positiva e masculina *Yáng*. Embora o princípio feminino *Yīn* e a Terra não se possam confundir com cada mulher concreta, será interessante analisar o que os etimologistas têm para nos dizer sobre o pictograma para mulher (女 – *nǚ*), tal como a Terra que está numa posição inferior relativamente ao Céu. Numa leitura possível, a mais usual, o pictograma retrata uma mulher ajoelhada ou agachada em posição submissa. Porém, na visão de Shī Zhèngyǔ (施正宇) há um alargamento do campo interpretativo, já que a mulher poderia estar «de mãos atadas atrás das costas» na sequência de um rapto e/ou de um casamento forçado, ou numa outra interpretação menos frequente, seria uma mulher sentada «expressando práticas sociais da sociedade matriarcal, na qual a mulher se mantém no mesmo lugar, enquanto os homens vão para outras tribos»[252]. Os tempos de maior liberdade para as mulhe-

[250] Os理 (*Lǐ*) são princípios filósofos que se caracterizam pela racionalidade. Estes princípios racionais, que não podem ser vistos a partir da esfera empírica e mundana, são, entretanto, constitutivos da mesma. Podem ainda ser definidos como essências celestiais, e passaram a ter um papel filosófico fundamental a partir da dinastia Sòng (宋) e do surgimento das escolas neoconfucionistas. Recorde-se que os neoconfucionistas apresentavam influências das três maiores filosofias na China: o Confucionismo, o Taoismo e o Budismo.

[251] Leibniz, G.W. 1991. *Discurso sobre a Teologia Natural dos Chineses*. Introdução, tradução e notas por Adelino Cardoso. Lisboa: Colibri, 1991, p. 60.

[252] Shi Zhengyu (施正宇). *Picture Within a Picture*. (汉字的故事) An Illustrated Guide to the Origins of Chinese Characters. Beijing: New World Press, 1997, p. 44.

res na China foram as épocas de instabilidade social e política, em que a filosofia confucionista se fazia menos sentir, ou pelo contrário, o período de apogeu cultural chinês, a dinastia Tang, no qual uma mulher governou a China por longo tempo[253]. Além dos períodos de instabilidade sociopolítica, ou dos períodos Táng e Zhōu, também se verificou uma melhoria do estatuto das mulheres sempre que dominaram as visões do mundo taoista e/ou budista.

Atualmente, a situação é diferente. As mulheres ocupam uma posição na sociedade distinta dos tempos tradicionais. A ascensão feminina começou nos finais do século XIX, com a comunicação entre potências estrangeiras e os intelectuais da sociedade chinesa, e foi-se consolidando até à tomada do poder pelos comunistas, em 1949, época em que a mulher passou a «ocupar metade do Céu» (婦女能頂半邊天 – *fùnǚnéng dǐng bànbiāntiān*), ainda que ao serviço de uma ideologia de enaltecimento de valores conotados com a mundividência masculina, quer dizer, valia enquanto heroína travestida ao serviço da causa comunista. Só nos tempos reformistas, a partir dos anos 80 do século XX, a mulher passou a ocupar de facto o seu lado do Céu, sem necessitar de se «vestir de homem» para mostrar o seu valor.

Do ponto de vista tradicional, o seu estatuto definia-se e justificava-se no interior da família, porque bom é que um homem possa ter mulher e filhos (子 – *zǐ*), sendo pela combinação destes dois caracteres que surge a ideia adjectivante de «bom» (好 – *hǎo*). A mulher quando casa assume o estatuto de *fù*, passando a empunhar uma «vassoura» (帚 – *zhǒu*), como lhe dita a sua sorte social tão bem refletida nos componentes do caractere de mulher casada. Bom, é ainda que ela se mantenha em casa, dedicada aos seus afazeres domésticos, para que a paz possa reinar no lar e em toda a China, como nos indicam os componentes do caractere de «paz» (安 – *ān*), formado pela junção de um «teto/casa» (宀 – *mián*) e «mulher».

[253] Referimo-nos a Wǔ Zétiān (武則天), que nasceu a 17 de fevereiro de 624 e veio a falecer a 16 de dezembro de 705. Primeiro governou como imperatriz-consorte do Imperador Táng Gāozōng (唐高宗), depois como imperatriz-viúva e, finalmente, a título de imperatriz, tendo interrompido a dinastia Táng (唐) e criado a sua própria, a Zhōu (周), entre 684 e 705. Para uma análise mais pormenorizada do estatuto das mulheres na China ao longo dos tempos, Cf. Ana Cristina Alves. *A Mulher na China*. Lisboa: Tágide, 2007.

O homem (男 – *nán*) na sociedade tradicional é a principal força de trabalho (力 – *lì*) no campo (田 – *tián*), usando os instrumentos agrícolas com as suas próprias mãos para cultivar a terra. Mas este homem não é um nómada, ou seja, um tipo de bárbaro que monta a cavalo e percorre as estepes da Manchúria e da Mongólia. Pelo contrário, ele enraizou-se e tem o seu pedaço de terreno que cultiva com esmero. É pacífico, construiu, inclusive, a «Grande Muralha» (長城 – *Chángchéng*) para se defender dos guerreiros nómadas que constantemente lhe procuram assaltar a terra, privando-o dos seus haveres. Aprecia a vista do campo a florescer, e deseja educar os seus filhos, se surgir a oportunidade, na leitura dos *Quatro Livros* e dos *Cinco Clássicos*. Quando é rico, possui uma mulher legal e várias concubinas, esperando o respeito de todas elas, assim como dos filhos. Ele próprio presta de bom grado vassalagem aos seus superiores hierárquicos, tendo sido educado na obediência a valores éticos bem concretos. Também a sua mulher conhece bem os princípios pelos quais se deve reger. Dentro de casa é soberana relativamente aos assuntos domésticos, não há homem que a ensine a bordar ou a arrumar a casa. Observa com respeito «Os Três Princípios Éticos e as Cinco Virtudes» (三綱五常 – *Sān Gāng Wǔ Cháng*), que são as principais linhas orientadoras da filosofia confucionista. Os Três Princípios relacionais éticos[254] são os que se estabelecem entre Cavalheiro e Soberano (君為臣綱 – *Jūn wèi Chén Gāng*); Pai e Filhos (父為子綱 – *Fǔ wèi Zǐ Gāng*) e Marido e Mulher[255] (夫為妻綱 – *Fū wèi Qī Gāng*). São Três Princípios de respeito, lealdade e obediência, acompanhados por «Cinco Virtudes Constantes» (五常 – *Wǔ Cháng*), que já conhecemos bem: a Benevolência, a Justiça, os Ritos, a Sabedoria e a Confiança. Estes princípios e virtudes garantiram na história chinesa um programa de ação tão pacífico quanto os tempos o permitiam, que beneficiava acima de tudo os homens, aqueles que saíam para trabalhar nos campos, ir à escola e governar as suas cidades e Estados. Hoje as principais linhas de ação da filosofia confucionista procuram ser aplicadas às duas metades humanas do Céu, na forma de Socialismo

[254] Os três princípios éticos não devem ser confundidos com as cinco ou seis relações. Ver subcapítulo relativo aos números na presente obra.

[255] Note-se que mulher adulta e casada tanto se pode dizer *fù* (婦) como *qī* (妻), recebendo em ambos os caracteres a companhia da vassoura, (帚 – zhǒu).

Espiritual, e têm por isso uma abrangência mais universal, ainda que não completamente inibidora de atitudes bélicas, necessárias à defesa de qualquer país.

5.6.2. O Destino

Em chinês, o sentido próprio de 命 (*mìng*) é vida, e no seu sentido figurado, destino. 命在旦夕: a vida pode-se perder a qualquer momento. Os chineses têm uma relação estreita e manifestam boa vontade em relação ao «destino» (命 – *mìng*), adotando uma postura que no Ocidente se costuma classificar de fatalista. Este «fado», diriam os portugueses, é uma força ou uma ordem, que por tradição vem do templo ou do Céu, por exemplo, na expressão muito usada na história chinesa, sobretudo de influência confucionista, que defende a existência de um «Mandato Celestial» (天命 – *Tiāmìng*)[256]. Além disso, a própria ideia se confunde nos seus primórdios etimológicos com a de ordem, significando o mesmo «destino» (命 – *mìng*) e «ordem» (令 – *lìng*). Pelo que se deve lidar com este «mandamento» de uma forma suave e flexível, porque através dele recebemos o melhor, mas também o pior e até a morte. A quem em Portugal se encontra às «portas da morte» eles dizem que «o destino pode chegar entre a alvorada e o anoitecer» (命在旦夕 – *mìng zài dànxī*), ou seja, a qualquer altura. Eles possuem uma expressão que é «a porta do destino» (命門 – *mìngmén*), que corresponde, por um lado, ao nosso «calcanhar de Aquiles», por outro, numa leitura positiva, é um ponto de vital importância, por onde pode entrar a sorte, como já foi indicado no subcapítulo «Dragão e Cavalo» ao explicar a história proverbial «O Velho da Fronteira Perdeu o cavalo, há males que vêm por bem» (塞翁失馬, 安知非福 – *Sàiwēng shī mǎ, ān zhī fēi fú*), em que a moral da história é estarmos todos nas mãos do mais profundo mistério.

5.6.3. Os Números

[256] O Cavalheiro (君子 – *Jūnzǐ*), ou sábio confucionista, tem um destino celestial a cumprir, embora nem sempre chegue a Imperador, pode ficar no nível intermédio de governante de um dos estados chineses. Porém, na versão de mandante mais poderoso, o Filho do Céu, o Imperador da China, é naturalmente virtuoso, como não se cansa de reiterar Mâncio.

Os chineses têm uma numerologia interessante, que transborda para a vida ligada ao domínio religioso, marcando-lhes um ritmo filosófico e existencial muito próprio. Assim, e de uma forma sucinta, vale a pena conhecer a simbologia numérica na versão popular chinesa. O «um» representa o início e a unidade; o «dois» a divisão; o «três» a vida; o «quatro» a criatividade e a destruição ou morte; o «cinco», a organização; o «seis» a alegria[257]; o «sete» o fundamento e a ligação ao mundo dos antepassados; o «oito» a prosperidade; o «nove» a longevidade; e o «dez» a completude pelo movimento que realiza o regresso à unidade. Note-se o que nos diz a gíria linguística chinesa a respeito desta filosofia de vida popular.

O «um» (一 – *yī*) simboliza a unidade, mas também uma «pessoa teimosa e inflexível» (一根筋 – *yī gēn jīn*)[258]. O «um» em conjunção com o «dois» é empregue para mostrar a ideia de continuidade, aqui numa tradução pelo sentido: «o que se começa deve ser concluído, por muito que custe» (一不做, 二不休 – *yī bù zuò, èr bù xiū*). O «um» entra também em expressões para mostrar o que se consegue num repente, talvez quando somos levados pela intuição, em ditos como: «amigos à primeira vista» (一見如故 – *yījiàn-rúgù*) ou «amor à primeira vista» (一見鍾情 – *yījiàn-zhōngqíng*); e para quando nos devotamos inteiramente a algo, de «alma e coração», empregam os chineses a expressão «um coração» (一心 – *yī xīn*).

Já o «dois» (二 – *èr*), que no capítulo 42 do *Clássico da Via e da Virtude* (道德經 – *Dáo Dé Jīng*) representa a dualidade[259], tem um sentido popular mais duvidoso, muito próximo do que em português dizemos ser de «segunda classe» (二等 – *èr děng*); é ainda um termo depreciativo para pessoas idiotas (二重性 – *èr zhòng xìng*).

[257] O seis está relacionado com a facilidade que é transmitida por homofonia imperfeita do caractere (六 – *liù*) com o de fluir (流 – *liú*) e, portanto, numa interpretação possível, a facilidade pode conduzir à ideia de alegria.

[258] 李淑娟、顏力鋼 (Li Shujuan, Yan Ligang) (ed.).《漢英中國新俚話》. *Chinese*-English Dictionary of Modern Slang of China. 香港:和平圖書/海峰出版社, 1998, p. 224.

[259] Graça de Abreu, António (trad.). Laozi Tao te Ching/《道德经》. Lisboa: Vega, 2013, cap. 42, p. 110 "*O Tao* gerou o um/ o um gerou o dois/ o dois gerou o três/ o três gerou as dez mil coisas (道生一/一生二/二生三/三生万物).

O «três», que ainda de acordo com o referido capítulo 42, figura a vida e é utilizado na gíria para classificar «pessoas rudes ou imprevisíveis» (三青子 – *sān qīngzi*); para «lambe-botas» (三孫子 – *sān sūnzi*); para «pequenos ladrões» (三隻手 – *sān zhīshou*) e «promoções rápidas» (三級跳 – *sān jítiào*)[260]. O «três» em aliança com o «dois» traduz «má sorte ou morte anunciada» (三長兩[261]短 – *sāncháng-liǎngduán*) e em junção ao «nove» representa a multiplicidade, como em «as várias seitas religiosas e escolas académicas» (三教九流 – *sānjiào-jiǔliú*), mas também todo o tipo de pessoas. O «três» é, ainda, muito revelador da cautelosa mentalidade chinesa: onde nós pensamos duas vezes, os chineses «pensam três vezes cada duas ações» (三思二行 – *sānsī-èrxíng*), e enquanto nós resumimos os assuntos numa ou duas palavras, eles resumem em «três ou duas» (三言二語 – *sānyán- èryǔ*), sendo, portanto, mais refletidos e palavrosos, pelo menos em termos numéricos. É ainda de salientar que, em termos filosóficos e/ou linguísticos, se parte sempre do mais geral e abrangente para o mais concreto e particular, portanto a lógica a seguir é oposta à nossa, que vai do particular para o geral. Tal nota-se muito bem, por exemplo, nas datas. Eles começam por referir o ano, ao que se segue o mês e por fim o dia, nós percorremos o caminho inverso, sendo hoje para um português, que está a escrever uma carta, dia 28 de setembro de 2020 e para um chinês o ano 2020, mês nove, dia 28.

O «quatro» (四 – *sì*), número que já nos mereceu referência desenvolvida no subcapítulo «Nacionalismo Chinês e Produção», por homofonia imperfeita, significa «morte e criatividade» (死 – *sǐ*), numa leitura simbólica muito diferente da que é feita no Ocidente. Já que para nós, e de acordo com a tradição pitagórica, o quatro simboliza a justiça. Mas a verdade é que os ocidentais não possuem uma língua tonal como a chinesa, onde qualquer diferença no tom pode implicar uma mudança de sentido na palavra que, entretanto, a ouvidos ocidentais soa da mesma maneira[262].

[260] 李淑娟、顏力鋼 (Li Shujuan, Yan Ligang) (ed.).《漢英中國新俚話》. Chinese-English Dictionary of Modern Slang of China. 香港:和平圖書/海峰出版社, 1998, p. 172.

[261] *liǎng* (兩) também significa «dois» em chinês, sendo mais utilizado com classificadores de objetos.

[262] Pelo que dificilmente nos conseguiremos aperceber da diferença tonal entre o quarto tom do sì (四) de quatro e o terceiro tom do sǐ (死) de morte.

Quando o quatro é empregue na linguagem corrente aliado ao cinco traduz a ideia negativa de «desintegrar-se» (四分五裂 – *sìfēn-wǔliè*). Mas o quatro tem ainda sentidos positivos, como os associados à criatividade (四大發明 – *sì dà fāmíng*) e, ainda, em conjugação com o cinco no pensamento filosófico da tradição confucionista relativa ao saber, «os quatro livros e os cinco clássicos» (四書五經 – *Sìshū-wǔ Jīng*), e de completude, assim sucedendo em: «quatro lados/quatro direções» (四方 – *sìfāng*), que representam por sinédoque todos os lados/direções; «quatro mares» (四海 – *sì hǎi*), que simboliza o país inteiro ou, até, o mundo todo. O «quatro» é ainda utilizado em aliança com o «oito» para transmitir a ideia de estabilidade e cautela, por exemplo na expressão «quatro nivelado, oito seguro» (四平八穩 – *sìpíng-bāwěn*).

O «cinco» (五 – *wǔ*), do ponto de vista filosófico, é o número da organização do mundo e das estruturas existenciais. Em termos estruturais, há cinco cores (五彩 – *wǔcǎi*), cinco sentidos (五官 – *wǔguān*), cinco sabores, cinco metais (五金 – *wǔjīn*), cinco órgãos internos (五臟 – *wǔzàng*), cinco relações (五倫 – *wǔlún*), e os cinco elementos. Continuando com a análise linguística, o cinco representa a completa visibilidade, por isso se fala de uma «bofetada em cheio», a que «deixa as marcas (do tamanho de montanhas) dos cinco dedos na cara» (五指山紅 – *wǔ zhǐ shān hóng*)[263].

O «seis» (六 – *liù*) que, por homofonia imperfeita, significa a sorte a «fluir» (流 – *liú*) e, portanto, facilidade e alegria, expressa sobretudo as seis relações tanto familiares como sociais dos chineses (六親 – *liùqīn*) entre: príncipe e ministro; amigos; professor e estudante; pais e filhos; marido e mulher; e irmãos mais velhos e irmãos mais novos[264]. Quem não mantém estas relações sociais com superiores, familiares e amigos não

[263] 五指山 (*wǔzhǐ shān hóng*) é uma montanha famosa na ilha de Hainan e a tradução literal do seu nome é montanha de cinco dedos. É uma gíria nova a significar que a bofetada deixa uma marca vermelha (como uma montanha) de 5 dedos". 李淑娟、顏力鋼 (*Li Shujuan, Yan Ligang*) (ed.).《漢英中國新俚話》. *Chinese*-English Dictionary of Modern Slang of China. 香港:和平圖書/海峰出版社, 1998, p. 207.

[264] Na tradição filosófica confucionista, por vezes são referidas apenas cinco relações fundamentais, como sucede numa das obras essenciais do Confucionismo, um dos quatro livros da tradição confucionista, a *Doutrina do Meio* (《中庸》 *Zhōng Yōng*), in 《大学. 中庸》 (*Da Xue Zhōng Yōng – The Great Learning. The Doctrine of Mean*, p. 47), Cf. Ana Cristina Alves, *A Mulher na China*, 2007, p. 46: «As relações mais importantes do mundo são cinco: entre

atua de acordo com o seis, e, portanto, não cumpre os requisitos mínimos para se integrar na sociedade proposta pela filosofia ideológica confucionista, organizada hierarquicamente numa pirâmide de obediências, cuja base é a família solidamente ancorada na figura patriarcal, sendo o topo o soberano, ou Filho do Céu, ao qual todos devem obediência.

O «sete» (七 – *qī*) é número cabalístico também na China por representar a ligação aos antepassados, que são o fundamento da vida de cada chinês, e pelo jogo homofónico imperfeito com a palavra «base» (基 – *jī*), podendo expressar a ideia oposta de falta de sólido apoio e organização, em conjugação com o «oito» (八 – *bā*) na expressão «sete altos e oito baixos» (七上八下 – *qīshàng-bāxià*).

O «oito» na filosofia representa o crescimento, especialmente da riqueza, por homofonia imperfeita entre *bā* (八) e *fā* (發), ou seja, entre o som produzido pela palavra «oito» e o atribuído ao do caractere para crescimento que significa, também, desenvolvimento. O oito participa em ditos que suscitam as ideias de grande proximidade à correção-completude, sobretudo em aliança com outros números, como em «oito e nove não se afastam do dez» (八九不離十 – *bā jiǔ bù lí shí*), e de totalidade em as «oito direções» (八方 – *bāfāng*), que simbolizam todos os sentidos. Traduz também, pela positiva, a «irradiação de luz por toda a parte» (八面玲瓏 – *bāmiàn-línglóng*)[265] e, pela negativa, a ideia de agradar a todos os gregos e a troianos no relacionamento social.

O «nove» (九 – jiǔ), o grande hino à longevidade, por ser o número que a simboliza, tem na linguagem corrente o sentido de numeroso, por exemplo «nove bois e um pêlo» (九牛一毛 – *jiǔniú-yīmáo*) significa um pêlo perdido numa imensidão de bois, diríamos nós, «uma gota no oceano»; a força conjugada de «nove bois e dois tigres» (九牛二虎之力 – *jiǔ niú èr hǔ zhī lì*) significa um esforço tremendo. O nove figura ainda o Céu, por isso se fala em «nove Céus» (九天 – *jiǔtiān*), sendo o nono o mais alto e em as «noves fontes» (九泉 – *jiǔquán*), representando estas o outro mundo. Já as «nove prefeituras» (九州 – *jiǔzhōu*) é uma expressão metafórica para a China antiga, que era dividida, por exemplo, ao tempo

governantes e súditos, pais e filhos, maridos e mulheres, irmãos mais velhos e irmão mais novos e amigos».

[265] 八面玲瓏 (*bāmiàn-línglóng*) originalmente significa «com janelas grandes e claras».

do primeiro imperador da dinastia Xià, Yú, o Grande, em nove zonas administrativas[266]. Quem entre «nove mortes tem uma vida» (九死一生 – *jiŭsĭ-yīshēng*) escapou à risca.

O «dez» (十 – *shí*) simboliza o retorno à unidade e expressa, pela positiva, a ideia de perfeita completude; pela negativa apenas representa a totalidade ou o pináculo da perfeição, numa tradução à letra em «completo dez, belo dez» (十全十美 – *shíquán-shíměi*), mas também o dito «em dez anos não encontrar nove» (十年九不遇 – *shínián jiŭ bù yù*) significa algo muito raro, porque em muito não se consegue encontrar aquilo que se procura. Assim, também a carga simbólica negativa do dez não podia ser mais completa na expressão «dez crimes sem amnistia» (十惡不赦 – *shí′ è-búshè*), que significa uma ação ou culpa imperdoável; pela afirmativa, uma pessoa completamente feliz tem «felicidade nas dez partes» (十分高興 – *shífēn gāoxìng*) ou depois de uma refeição quem ficou a abarrotar de satisfação, tem o «saco cheio» (十分饱 – *shífēn bǎo*).

Daqui se depreende por análise das expressões linguísticas, advindas do repositório da sabedoria comum do povo chinês, que são fortemente polissémicas, possuindo sempre uma faceta positiva e outra negativa, pelo que também os números da sabedoria popular não escapam a esta regra, e até mesmo o quatro, como pudemos verificar tem conotações muito positivas e risonhas, ligadas à inventividade, realização e completude.

5.6.4. O Coração

Na tradição chinesa, seguindo o já referido *Clássico dos Três Caracteres*[267], compilado por Wáng Yìnglín (王應麟) (1223-1296), na dinastia Sòng do Sul (南宋 – Nán Sòng) (1127-1279) há sete tipos de sentimentos: a «alegria» (喜 – *xǐ*), a «fúria» (怒 – *nù*), a «tristeza» (哀 – *āi*), o «medo» (懼 – *jù*), o «amor» (愛 – *ài*), o «ódio» (惡 – *wù*) e o «desejo» (慾 – *yù*)[268].

[266] Wang Suoying, Ana Cristina Alves. Dayu Divide o Território Chinês" (禹分九州 – *Yǔ fēn jiŭzhōu*), in *Mitos e Lendas da Terra do Dragão*. Lisboa: Caminho, p. 89.

[267] Ver subcapítulo «Reis Sábios e Soberanos Míticos da Antiguidade Chinesa» na presente obra.

[268] Cf. O texto original apresentado por Xu Chuiyang (ed) *Three Character Classic in Pictures.* 《图画三字经》. Ilustrações de Sheng Liangxian. Singapore: EPB Publishers PTe Ltd, 1990, p. 42: «曰喜怒/曰哀懼/愛惡慾/七情具».

Entre estes sete sentimentos, cinco contam com a presença do radical «coração», são eles: a «fúria» (怒 – *nù*); o «medo» (懼 – *jù*), onde o radical de coração está em posição lateral; o «amor»; o «ódio»; e o «desejo». Deixamos assim a alegria e a tristeza de fora, porque na leitura etimológica não parecem depender do coração, ligando-se talvez mais às condições exteriores para desencadear estes sentimentos, daí a boca poder figurar como componente essencial em ambos os caracteres. O coração é parte integrante nos sentimentos, tanto nos primários, que acabei de enumerar, como noutros mais elaborados, por exemplo o da «fidelidade» (忠 – *zhōng*), que significa um «coração« ao «centro». Se pensarmos bem, o que torna a fidelidade difícil é o coração pender e ser atraído para inúmeros lados, tal impede-o, a menos que intervenha um trabalho racional, de se manter ao centro. Voltando aos sete sentimentos básicos, vamos analisar apenas os caracteres dos cinco onde entra o coração, porque os chineses pensam e sentem com o coração, e não com o cérebro, daí que este seja órgão do pensamento no País do Meio. Enquanto fonte de emoções e pensamento, deve ser chamado o «Coração-Mente» (心 – *Xīn*)[269]. Comecemos, para seguir a ordem de apresentação dos sentimentos no *Clássico dos Três Caracteres*, pela análise da fúria, saltando a alegria pelas razões já apresentadas. Que melhor maneira há para descrever alguém em «fúria» (怒 – *nù*) senão mostrar um coração (心 – *xīn*) escravo (奴 – *nú*). Na verdade, nos acessos de raiva, as pessoas são totalmente dominadas pelo sentimento, parecendo outras, fora de si próprias, ao ponto de se esquecerem da imagem que projetam para terceiros e do papel social que representam.

O sentimento de «medo» é descrito de uma forma igualmente profunda. Nele entra o coração como radical lateral, «dois olhos» (目目 – *mù*), que vigiam atentamente, e uma ave rabicurta (隹 – *zhuī*), o medo é, então, como o coração de um pássaro em risco de ser caçado; medo é o que sentimos quando fomos ou estamos prestes a ser agarrados por algo que pode ser extremamente penoso ou até mortífero para a nossa maneira de ser e estar. Já o «ódio», de acordo com a leitura etimológica do caractere, surge quando ficamos com o coração (心 – *xīn*) inferior (

[269] Chad Hansen, «Language in the Heart-mind», *Understanding the Chinese Mind*. The Philosophical Roots. Ed. Robert E. Allison. Hong Kong: Oxford University Press, 1991, pp. 75-124.

亞 – *yà*) este em estado menor, todos nós sabemos, torna-se pequeno, é mau e faz maldades. Para o «desejo» os chineses apresentam, numa leitura possível, uma feliz conjunção entre as visões idealista e realista do mundo. O desejo é a falta (欠 – *qiàn*), à maneira platónica, que o coração sente, mas aqui não é do mundo das ideias e sim do vale, ou caso se prefira, dos cereais que crescem no vale (谷 – *gŭ*); o desejo, numa versão que entrelaça o homem e a natureza, é uma vontade imensa de florescer. Por fim, o mais importante, o «amor». Este pode ser interpretado como uma ligação entre dois corações. As garras comprimidas no topo do caractere (爪 – *zhuă*) estão sobre um coração que se quer acompanhado (又 – *yòu*). A respeito da ligação amorosa há uma lenda muito bonita que nos fala do Velhinho ao luar (月老 – *Yuèlăo*)[270]. Ele senta-se sob a lua com o livro de casamentos e um saco cheio de fitinhas vermelhas, invisíveis a olhos humanos. Ata uma extremidade da fita vermelha aos pés da noiva e a outra aos pés do noivo. As fitas marcam para sempre os verdadeiros pares e é escusado fugir do destino, porque por mais voltas que eles deem estão destinados a encontrar-se e a casar.

5.6.5. Caminho, Benevolência, Buda

A etimologia chinesa ajuda a entender os caracteres sob uma perspetiva não utilitária, diferente, portanto, daquela que nos ensina a usar a linguagem para comunicar. Os caracteres indicam que esta linguagem é uma verdadeira arte, fonte inesgotável de sabedoria e, quando olhada pelo prisma correto, é uma metáfora viva, pedindo emprestada a expressão a Paul Ricoeur[271]. Será importante perguntar pelas metáforas vivas para as três maiores filosofias chinesas, o Confucionismo, o Taoismo e o Budismo, já apresentados no primeiro capítulo deste livro. No Taoismo, a principal noção é introduzida com o caractere de Caminho, o *Tao/Dào*[272]. Este, do

[270] Cf. Wang Suoying, Ana Cristina Alves. Velhinho ao Luar, in *Mitos e Lendas da Terra do Dragão*. Lisboa: Caminho, p. 113.

[271] Ver Paul Ricoeur. *La Métaphore Vive*. Introdução de Prof. Miguel Baptista Pereira. Trad. de Joaquim Torres Costa e António M. Magalhães, Porto, Rés, 1983.

[272] Como vimos, existem outras filosofias importantes na tradição chinesa, como o Moísmo e o Legalismo, referidas no Capítulo «Filosofia Chinesa», embora não tenham tido a influência decisiva e fundamental das três principais filosofias, que se prolongaram ao longo de toda a história chinesa de uma maneira consistente e até aos dias de hoje, pelo que só os caracte-

ponto de vista etimológico, fala-nos da via, que é a mente (首 – *shǒu*) em viagem (辵 – *zhuò*), quando anda e para de repente[273]. Devemos pensar esta mente em união com uma mente maior universal, da qual nada se pode dizer, porque ela é a porta do mistério ou a fêmea obscura[274], como nos é dito no capítulo VI do *Clássico da Via e da Virtude*, agora apresentado na tradução de António Graça de Abreu. O «Espírito do Vale» é a mente noturna, difusa como a água, impossível de captar por uma razão que delimita, define e esquadrinha com os seus conceitos todas as intuições que lhe surgem. Cada um de nós apenas poderá partilhar esta mente em movimento até à apreensão espiritual, colocando-se na posição feminina e passiva, a mais correta perante a natureza e o *Tao/Dào*; se quiser agarrar, definir, dividir e organizar, perderá o essencial, porque para os taoistas a inteligência intuitiva está acima da discursiva.

Passando à interpretação da noção de Humanidade ou Benevolência, basilar como já vimos no Confucionismo, esta estabelece uma homofonia perfeita com «Pessoa», que surge figurada em relação, ou seja, entre «dois ou mais seres humanos» (二 – *èr*). Para os confucionistas, a virtude da Benevolência só é possível quando nos ligamos a outros, pois apenas em sociedade mostramos o que valemos e se nos sabemos comportar, especialmente se sabemos como praticar os Ritos, isto é, se estamos a obedecer aos mandamentos não escritos aos quais se presta culto e são transmitidos pelos antepassados (礻 – *shì*); se praticamos a Justiça, que se define, como recordamos, por uma distribuição equitativa dos bens, onde a cada qual pertence o seu carneiro; e se fomentamos a Sabedoria ao emitir pela «boca» (口 – *kǒu*) palavras certeiras como «setas» (矢 – *shǐ*), proferidas à luz do «dia» (日 – *rì*); bem como se somos gente de «Confiança» (信 – *Xìn*), quer dizer, «pessoas» de «palavra» (言 – *yán*) e «fiéis» (忠 – *zhōng*) nas relações, porque temos o «coração» ao «centro» (中 – *zhōng*), muito

res relativos a elas serão analisados, ainda que a etimologia de amor, noção fundamental do Moísmo, já tenha sido abordada no subcapítulo «Coração».

[273] Ver Alexandre Li Ching. *A Estrutura da Língua Chinesa*. Lisboa: Fundação Oriente, 1994, p. 74.

[274] Graça de Abreu, António (trad.). *Laozi. Tao te Ching*/《道德经》. Lisboa: Vega, cap. 6, p. 39: «谷神不死/是谓玄牝/玄牝之门/是谓天地根/绵绵若存/用之不勤» (O Espírito do vale nunca morre/é feminino, a mãe primacial/ Seu portão de entrada é a raiz do Céu e da Terra/ É como usar um véu fino, raramente entrevisto/ Mas usa-o. Jamais se esgotará).

embora estejamos aqui perante o componente fonético do caractere, na sequência da análise etimológica/caligráfica que temos vindo a fazer.

Já o caractere fundamental do Budismo significa, numa análise etimológica, aquela «pessoa» que «não consegue ver direito a realidade» (弗 – *fú*) mas que aspira à clareza. O Buda Histórico, e na sequência os restantes possíveis, só atingirá o Nirvana, depois de passar pelo processo de iluminação, inteiramente dependente do «Coração-Mente». A «Mente Iluminada» (明心 – *Míngxīn*) vê com a claridade de um «sol» (日 – *rì*) e «lua» (月 – *yuè*) juntos. Apenas se atinge o estado Buda quando a iluminação irradia do Coração. Logo, pode dizer-se, numa leitura certeira, que «o Coração é Buda e Buda é o Coração» (是心是佛 – *shì Xīn shì Fó*).

5.6.6. Fantasma

Nos tempos em que os portugueses administravam Macau eram conhecidos entre os chineses por *guǐ*, mais concretamente por *guǐ lǎo* (鬼佬)[275]. Eles e todos os outros estrangeiros eram fantasmas, chegando-se à conclusão que os havia também humanos, fáceis de encontrar entre estranhos como nós, que no movimento de migração tínhamos abandonado o que nos podia salvar desse estatuto inferiorizante, como a ligação sagrada à terra e à família, onde estaríamos sempre defendidos e protegidos[276]. Esta última, segundo a lógica chinesa, é essencial para garantir o culto aos antepassados e, portanto, um lugar seguro no Paraíso a quem parte, através de rezas e da prática de rituais fúnebres específicos por quem fica. A fronteira entre a vida e a morte, o sonho e a imaginação é ténue na

[275] Cf. António Pedro Pires. «Festividade dos Espíritos Errantes», in *O Culto dos Antepassados em Macau*. Porto: Edições Afrontamento, 1999, pp. 205-211.

[276] Na China tradicional um estrangeiro era equiparado a fantasma por se encontrar distante da sua terra e lhe faltarem as raízes, a família e os amigos. Na coletânea *Uma Viagem de Muitos Quilómetros Começa por Um Passo*, no capítulo «Velhos Demónios», a respeito do estatuto dos portugueses aos olhos dos chineses, e após consulta do estudo antropológico de Pedro Pires, *O Culto dos Antepassados em Macau* (1999), defendeu-se o seguinte: «Para alguns somos apenas *Lao Gui*, sem qualquer carinho. Velhos estranhos, chatos, persistentes, que nem a presença secular salva... Para outros, que acredito serem a maioria, somos *Lao Gui* com carinho, estranhos que à força de muito tempo e convivência se tornaram quase família. Para outros ainda, e esses em número mais reduzido, somos amigos.» Ana Cristina Alves. *Uma Viagem de Muitos Quilómetros Começa por um Passo*. Macau: Cod, 2004, p. 110.

China, talvez por isso os limites fonéticos entre os caracteres de «fantasma» (鬼 – *guǐ*), «tartaruga» (龜 – *guī*) e «regresso» (歸 – *guī*) sejam pouco visíveis, pertencendo todos à mesma família de sons, e inclusive dois deles possuem o mesmo tom. Recordemos as definições da Introdução, pois são importantes para o que se segue: na homofonia perfeita, há coincidência de tons e sons, como por exemplo entre «regresso» e «tartaruga», possuindo ambos os caracteres o primeiro tom. Enquanto «fantasma» está em homofonia imperfeita com os restantes caracteres, por ostentar um terceiro tom. A situação de homofonia perfeita para os casos das palavras «regresso» e «tartaruga», talvez se explique porque para os chineses regressar à Terra não é morrer, mas antes, fazer com que uma das suas duas almas, a terrena, se funda para sempre com o *Qì* Primordial (元氣 – *Yuán Qì*), a força vital, que percorre todo o universo, enquanto a celestial se dirige rumo ao Paraíso, na melhor das hipóteses. Também a tartaruga (龜 – *guī*), dada a sua enorme longevidade, parece viver eternamente. Quando alguém se retira, assumindo uma atitude defensiva e passiva, imita, segundo a gíria chinesa, o réptil anfíbio, praticando uma «contração de tartaruga» (龜縮 – *guīsuō*), segundo esta ordem de ideias, quem se retrai tem mais possibilidade de viver longamente. Passe-se agora a uma possível hermenêutica do som do caractere de fantasma em homofonia imperfeita com os outros dois. Se percebermos que na filosofia popular chinesa os fantasmas são aqueles que nunca morrem, pairando num limbo, então eles estão sempre a regressar à Terra, e por vezes em conjunto[277], como sucede quando os portões do inferno se abrem e eles andam à solta pelo mundo, pelo que também parecem eternizar-se como as tartarugas, que, por causa desta ligação homófona, herdaram uma faceta negativa, que as obriga a várias exercícios espirituais para neutralizarem a «carga fantasmagórica» associada ao nome.

Por fim, há a dizer, em abono dos fantasmas, que nem todos são iguais. Segundo a filosofia popular, só os fantasmas maus incomodam; quando são brincalhões, apenas se divertem à nossa custa; e como estão sempre em transformação, os que atingem a bondade, ascendem à categoria de espíritos. Há algumas expressões interessantes com «fantasma» na gíria

[277] Cf. António Pedro Pires na análise da «Festividade dos Espíritos Errantes», na obra já mencionada *O Culto dos Antepassados em Macau* (1999).

chinesa. O mercado negro é, numa tradução literal, um «mercado fantasmagórico» (鬼市 – *guǐshì*), mas também um mercado noturno, o que talvez tenha a sua razão de ser se pensarmos que os negócios ilegais se medem pela categoria da invisibilidade, porque acontecem à margem da lei, quando se tornam visíveis são devidamente punidos e extintos. Mas no País do Meio nem só as pessoas estrangeiras são fantasmas, certos produtos que vêm de fora e, portanto, são importados, recebem a mesma classificação, como por exemplo os «cigarros de fantasmas» (鬼子煙 – *guǐziyān*), sendo entre estes os mais fantasmagóricos os que vêm dos Estados Unidos e da Inglaterra, já que a expressão nasceu para eles[278].

[278] 李淑娟、顏力鋼 (*Li Shujuan, Yan Ligang*) (ed.).《漢英中國新俚話》. *Chinese-English Dictionary of Modern Slang of China*. 香港:和平圖書/海峰出版社, 1998, p. 87.

6.
Considerações Finais

Percorreu-se o caminho deste livro em busca de um novo modo de pensar, que conjugasse as tradições culturais da China e do Ocidente filosófico, mostrando abertura ao diálogo e a outras formas de saber. Assim se meditou sobre a filosofia do Outro, procurando pontos de encontro em várias formas de pensamento ocidental antigo e contemporâneo, apresentadas por Pitágoras, Leibniz, Kant, Nietzsche, Habermas, entre outros, com o modo de pensar especificamente chinês, oferecido pelos seus principais protagonistas filosóficos, Confúcio, Mâncio, Mòzǐ, Lǎozǐ, Hánfēizǐ, ou em tempos mais recentes, Fēng Yǒulán e Wáng Kēpíng, cuja ação se veio conjugar com o olhar marcadamente político dos líderes da China contemporânea, tais como Dèng Xiǎopíng e Xí Jìnpíng.

Se tivéssemos de dividir o mundo por posturas filosóficas, no Ocidente reina a crítica e no Oriente chinês a harmonia. Desde as Revoluções Americana e Francesa que o mundo ocidental procura proteger a sua herança trinitária: a liberdade, a igualdade e a fraternidade, sendo que a liberdade surge associada à defesa da crítica enquanto possibilidade de expressão livre e autónoma do pensamento individual. É esta bandeira de valores tricolor que muitos ocidentais defendem, por a considerarem a mais elevada e digna das heranças. No entanto, o mundo não pensa todo da mesma maneira e existem tendências, senão inatas pelo menos culturalmente inculcadas ao longo de séculos, que é preciso respeitar. O patrono do pensamento contemporâneo, Immanuel Kant (1724-1804), resume bem a questão em *Resposta à Pergunta: O Que é o Iluminismo?* num dos muitos aforismos que o celebrizaram «Atreve-te a pensar!», desafio este que vai lançando aos contemporâneos em todas as suas obras, quando afirma: «Tem a coragem de te servires do teu próprio entendimento»[279].

Muitos chineses construíram o seu mundo de valores em torno da ideia de harmonia. Para eles este valor é absolutamente fundamental. A tradição da harmonia vem de longe, dos tempos de Confúcio e foi sistematizada alegadamente por um neto Kongzi, em 483-402 a.C., na *Doutrina do Meio*[280]. A *Doutrina do Meio*, o nada em excesso, a justa medida, cultiva-se através da harmonia tanto exterior como interior. Assim, o sábio confucionista será aquele que consegue refrear e controlar as suas sensações, desejos e emoções, de modo a harmonizar as forças que se digladiam em si e em seu redor. Viver em harmonia é para os chineses mais do que um ideal, um valor concretizável a cada nova era, desde os tempos da Antiguidade confucionista até à moderna sociedade socialista. Hú Jǐntāo (胡錦濤), presidente da China entre 2002 e 2012, voltaria a trazer para primeiro plano este valor em 2006, como ideia-guia da nova sociedade: «a sociedade socialista harmoniosa» (和諧社會 – *héxié shèhuì*). Esta característica não quer dizer que não encontremos chineses capazes de criticar. É óbvio que existem e sabemos como são diferentes entre si, bastando pensar não apenas nas 56 etnias constitutivas da China continental, mas ainda em Hong Kong, Macau e Taiwan. No entanto, a tendência mais marcante entre os chineses não é a postura crítica, mas a atitude harmoniosa que se estende a todos os setores das várias sociedades e subculturas, servindo de sustentáculo a um valor tão importante como o Patriotismo.

[279] Immanuel Kant «Resposta à Pergunta: Que é o iluminismo?» (1784), in *A Paz Perpétua e outros Opúsculos*. Coleção Textos Filosóficos, Dir. Artur Mourão, Lisboa, Edições 70, 1989, p. 11: «*O Iluminismo é a saída do homem da sua menoridade de que ele próprio é culpado. A menoridade é a* incapacidade de se servir do entendimento sem a orientação de outrem. Tal menoridade é por *culpa própria* se a sua causa não reside na falta de entendimento, mas na falta de decisão e de coragem em se servir de si mesmo sem a orientação de outrem. *Sapere aude!* Tem a coragem de te servires do teu próprio entendimento. Eis a palavra de ordem do Iluminismo.»

[280] A quem deseje consultar a obra *Doutrina do Meio* (*Zhōng Yōng* 《中庸》), aconselha-se a leitura da edição bilingue, *The Great Learning.* 《大学》 *The Doctrine of The Mean* 《中庸》. Tradução para chinês simplificado de 傅云龙 (Zhuàn Yúnlóng) e para inglês de何祚康 (Hé Zuòkāng). 北京: 话语教学出版社, 1996.

Na China, a capacidade crítica é oposta entre muitos chineses ao sentimento de patriotismo. A muitos repugnava a mania de se criticar o próprio país. O «público» para os chineses era encarado como as forças internacionais, contrapondo-se a um «privado», neste caso, a grande China, porque, de acordo com a lógica vigente, criticar a mãe-pátria é o mesmo que se insultar a si próprio. Além disso, essa crítica faz lembrar a alguns os tempos traumáticos da Revolução Cultural, na faceta de autocrítica, que era usada para fazer mal e destruir as pessoas. Neste tipo de argumentação, a crítica é sempre encarada negativamente, como uma força bélica e aniquiladora. Nunca existe a defesa de uma crítica construtiva, e o «atreve-te a pensar por ti próprio» só tem sentido se for para emitir juízos harmoniosos, caso contrário é melhor que as pessoas guardem o que pensam, pois podem ferir os sentimentos dos outros. Vejamos o que nos diz o pensador chinês Lín Yǔtáng (林語堂) (1895-1976), um dos grandes intelectuais chineses do século XX, que deu a conhecer ao Ocidente o pensamento do seu povo[281]:

> Eu que atacava a civilização da Ásia oriental, hoje sou seu defensor. Sinto que aqueles que atacam e desonram o meu país, me atacam a mim mesmo. As honras e desgraças do meu país pertencem-me, e eu estou sempre a defender os chineses, como se fosse um diplomata.

Para compreender o pensamento chinês seguiu-se a via da harmonia não pela uniformização, mas pela diferença, tal como na proposta multicultural de Wáng Kēpíng. Desta tentativa surgiram os capítulos relacionados com a mitologia, a simbologia animal e caligráfica, numa vontade de traçar, com os caracteres e suas etimologias, a abertura de novos sentidos que conduzissem mais longe no encontro com um outro de geografia mental completar à ocidental. Caminhou-se em estreita união com a língua e a cultura chinesas para que o saber ancestral deste mundo nos fosse

[281] Discurso de Lín Yǔtáng (林語堂) em Oxford em 1932 para sensibilização aos intelectuais ingleses sobre a cultura chinesa. Apud李霞 (*Li Xia*). 爱国者的荣誉感. The Honors of the Patriot, 《趣读中国人》Unravelling the Mystery Chinese Faces. Edição bilingue. Trad. inglês, Jerimiah Wilhite.北京: 外文出版社2009, pp. 139-141: "宛然以我国之荣辱为个人之荣辱，处处愿为东亚病夫作辩护，几沦为通常外交随员."

apresentado a uma nova luz, proporcionada pela compreensão e interpretação das raízes desta língua e das suas imagens culturais fundamentais, transmitidas por imperadores e animais míticos que viabilizaram interpretações únicas da realidade, quando assimiladas e compreendidas por mentes ocidentais. Neste percurso dirigido ao Outro a inspiração foi surgindo em conjunto com leituras complementares àquelas que foram indicadas na Introdução, encontrando-se entre elas alguns trabalhos de importantes sinólogos nas áreas da língua e da filosofia, por exemplo, Bernard Karlgren, com a sua leitura simbólica da língua chinesa, e Chad Hansen ao privilegiar a noção de coração-mente, fundamental para a compreensão de um modo de pensar especificamente chinês, viabilizador de uma abordagem filosófica mais atenta ao simbólico, à figuração e ao concreto.

Também a filosofia política chinesa nos revelou uma outra maneira de fazer política, como vimos com François Gipouloux ou Daniel Bell, assentando a forma de realizar e estar na política menos em teorias políticas e mais numa filosofia ética. Esta alia a política à ação, dirigida por valores que se deixam condensar em expressões linguísticas e aforismos orientadores do pensamento político dos chineses que, como vimos, e sem generalizações abusivas, adotaram um sistema meritocrático onde as linhas de pensamento dos dirigentes de topo se convertem em máximas de ação, numa linguagem muito própria, ritmada e figurativa respeitadas e seguidas por todos. Por fim, foi nossa ambição ter lançado as bases para uma nova filosofia, não apenas cultural, mas vincadamente dialogante e multicultural, um espaço de pensamento onde temos muito a aprender uns com outros por sermos capazes de refletir e aceitar outras maneiras de ver e estar no mundo. Como prova esta obra que é um trabalho de cariz filosófico, radicando numa comparação das tradições chinesa e ocidental. A tradição filosófica ocidental baseia-se, em grande parte, nos diálogos iniciados por Sócrates, que se prolongam até ao século XX e ao filósofo americano Richard Rorty, também ele defendendo o papel da filosofia enquanto manutenção da «conversação da humanidade». Com o diálogo com que se termina, pretende-se prestar homenagem a esta racionalidade dialogante, que nos pertence quase desde os nossos primeiros passos filosóficos e que hoje se tem vindo a tornar, em muitos pensadores, cada vez mais global, e multicultural, à procura de complementos de sentido noutros espaços de saber, pelo que este é mais um movimento no caminho da busca da alteridade no que possui de complementar[282]. Os tempos são de transformação, por isso requerem uma nova forma de filosofar ou pelo menos mais diálogos, ao jeito platónico, com certeza, mas com outros protagonistas e outros temas para meditação. Agora há pensadoras que contribuem como podem para prolongar esta «conversação» na feliz expressão de Richard Rorty[283].

Num dia estival muito quente passeia uma professora com um estudante em Hong Kong, cruzando o Rio das Pérolas (珠江 - *Zhūjiāng*) em direção a Tsim Sha Tsui, Kowloon (尖沙咀九龍 - *Jián Shā Jŭ Jiŭlóng*). A água de um azul-esverdeado é convidativa e inspira ao diálogo que trocam as personagens a caminho do Museu de Arte de Hong Kong (香港藝術館 - *Xiānggăng Yìshùguăn*), onde está patente uma exposição sobre o *Tao* Originário (元道 - *Yuán Dào*).

– É para mim um grande privilégio desenvolver uma investigação sobre a ideia de transformação na filosofia chinesa sob a sua orientação. Estou um pouco perdido, ainda que seja muito sensível à beleza destas terras orientais, à beleza e à filosofia.

– A sabedoria platónica é constituída pela contemplação de três grandes ideias: a Beleza, a Bondade e a Justiça. Como se sente tocado por estas paragens, o resto virá naturalmente.

– Pensei em começar a minha pesquisa pelas borboletas e a sua espantosa capacidade de metamorfose.

– Pensou muito bem. As borboletas são essenciais na China. Simbolizam o amor, presentificam a beleza e figuram o movimento de transformação correto, tendo contribuído de um modo decisivo para o desenvolvimento económico chinês. Não foi a seda (e mais tarde as porcelanas) o que mais notabilizou e fez brilhar a economia chinesa?

– O que significa um movimento de transformação correto?

[282] Este diálogo teve origem numa das viagens de Ana Cristina Alves a Macau.

[283] Richard Rorty, *A Filosofia e o Espelho da Natureza*, Lisboa, Dom Quixote, 1988, p. 304: «O único ponto em que gostaria de insistir é que a preocupação moral dos filósofos deveria ser a continuação da conversação ocidental, em vez da insistência num lugar para os tradicionais problemas da filosofia moderna dentro dessa conversação.»

– Na China a verdadeira ética é indissociável da estética. Seria impensável enaltecer a mudança de borboleta em larva. Louvada, cantada e glorificada é a metamorfose da larva em borboleta, à semelhança do que sucede com a flor de lótus, que simboliza a pureza e beleza espirituais para budistas e hindus, porque a flor começa na lama e ergue-se rumo ao Céu, sem qualquer mancha ou resquício do sítio onde nasceu. Ainda que a lama e tudo o resto também possua a sua razão de ser no nosso mundo.

– Então o movimento de transformação correto é do menos bonito para o mais bonito, do menos bom para o melhor. Como é isso possível? Quais são os critérios para aferir a beleza e a bondade, uma vez que segundo as principais filosofias orientais, estas apenas existem em relação?

– Tocou num ponto essencial, a beleza e a bondade dependem de cada um, não são absolutas, só o mistério em que todos estamos mergulhados é absoluto, o *Tao*, e esse vai-se decifrando no próprio caminho, que pode ser definido como um movimento transformacional. É preciso chegar à raiz do que permite a relação, numa ação de retorno, que é essencial. Esta capta o sopro de transformação, como defende Lǎozǐ no capítulo 42 do *Clássico da Via e da Virtude*, que nos mergulha na unidade originária: «O Caminho gera o Um; o Um gera o Dois; o Dois gera o Três; o Três gera os Dez Mil Seres. Estes carregam às costas o *Yīn* e abraçam o *Yáng*, mergulhados no *Qì* harmonizam as duas forças geradoras»[284].

– Nesse caso o mais importante é saber como ativar o sopro que os percorre. Haverá um, dois ou vários sopros? A força feminina *Yīn* e a força masculina *Yáng* produzem sopros vitais independentes ou limitam-se a transmitir diretamente o sopro vital originário?

– Anaxímenes de Mileto[285], o filósofo Pré-socrático que viveu no século VI a.C., pode ajudar-nos a iluminar esta questão, naturalmente via interpretações posteriores. Mas para ele o princípio cosmológico

[284] Cf. Texto original Cláudia Ribeiro. *Laozi Dao De Jing*. Livro da Via e do Poder. Mem Martins: Publicações Europa-América, p. 88, «道生一。一生二。二生三。三生萬物。萬物負陰而抱陽。沖氣以爲和».

[285] Pouco se sabe de Anaxímenes de Mileto. Pensa-se que terá vivido entre cerca de 550-480 a.C. Aristóteles, no seu tratado *Sobre a Geração e a Corrupção*, afirma que Anaxímenes postula a explicação do cosmos por meio de um elemento, o ar, que vai dando origem a tudo o que existe através dos processos de condensação e rarefação.

fundamental era o Ar. Este era princípio material, vital e divino, enfim explicava o mundo. Todas as coisas seriam constituídas por um ar infinito, não diretamente, mas por transformação. Um ar rarefeito dava origem ao fogo, um mais condensado à terra. As únicas palavras que a história da filosofia lhe reconhece são, e cito: «Tal como a nossa alma, diz ele, sendo ar nos mantém unidos e nos controla, assim faz o vento (ou sopro) e o ar que envolve todo o mundo»[286].

– Sabe a passagem de cor! Adiante, mas o que tem Anaxímenes a ver com os filósofos chineses?

– Há afinidades entre as visões cosmológicas pré-socrática e dos primeiros filósofos taoistas. Partimos de uma unidade originária, que através da transformação e ação de um determinado elemento, ou vários, no caso de Anaxímenes era o Ar, origina o mundo tal como o conhecemos. Também para os taoistas a capacidade de transformação e conexão reside no *Qì*, o sopro vital, que relaciona e harmoniza tudo quanto existe no nosso mundo (os dez mil seres na visão tradicional chinesa), a partir da ligação que estabelece entre as duas forças primordiais, as primeiras a distinguirem-se da unidade originária.

– Em que se distingue este *Qì* do Céu do da Terra e do dos seres?

– Há alguma diferença, à maneira de Anaxímenes ou de Zhuangzi, quando este último sonha que é uma borboleta, pode fazê-lo por causa desta unidade pluralizada. Porém, só o *Qì*, o sopro vital tem, como claramente refere Lǎozǐ, o poder de harmonizar as duas forças geradoras feminina e masculina, que vão proporcionar todas as transformações do mundo.

– Estou confuso. Afinal quantos *Qì* existem?

– Muitos, mas voltemos à questão da correção. Os certos, os únicos capazes de religar ao Sopro Originário (元氣 – *Yuán Qì*) são apenas dois, os do Céu e da Terra, ou seja, os das duas primeiras forças geradoras; só eles podem movimentar em direção ao sopro correto, como nos recorda um célebre general letrado, no século XIII, às portas da invasão mon-

[286] Kirk, G.S, J.E Raven, M. Schofield. *The Presocratic Philosophers,* New York, Melourne: Cambridge University Press, 1983, p. 158.

gol. Chamava-se Wén Tiānxiáng (文天祥) (1236-1283)[287]. Combateu pelo seu país, opondo-se à invasão mongol. Foi capturado e morreu na cadeia. Ainda assim sobreviveu algum tempo, o que espantou, dadas as difíceis condições de prisioneiro. Interrogando-se como seria possível ainda estar vivo, encontrou uma resposta no facto de cultivar o *Qì* Correto (正氣 – *Zhèng Qì*), alcançável pela harmonização dos sopros do Céu e da Terra. Enaltecido pela história chinesa como um grande patriota, tem perdurado o seu pensamento, condensado na expressão proverbial: O Sopro Vital Correto do Céu e da Terra (天地正氣 – *Tiāndì Zhèng Qì*). A canção que compôs em homenagem ao Sopro Correto (正氣歌 – *Zhèng Qì Gē*) indica que este se obtém: pela conjugação harmoniosa das forças celestiais e telúricas; pelo cultivo de uma vida pacífica; pela obediência aos três princípios de vida confucionistas já referidos, os filhos obedecem aos pais, as mulheres aos maridos e os súbditos aos soberanos (三綱關係命 – *sānggāng sìmìng*)[288]; e por «uma ação enraizada no Caminho e na Justiça» (道義為之根 – *Dào Yì wéi zhī gēn*), pois só seguindo estes valores existenciais pode o «sábio ter uma longa vida» (哲人日已遠 – – *zhérén rì yǐ yuǎn*)[289]. Donde concluiu que o prolongamento dos seus dias em cativeiro só foi possível por ter nutrido corretamente o Sopro Vital puro e espontâneo.

– Portanto para Wén Tiānxiáng (文天祥), segundo entendi, há um Sopro Originário, aquele que liga diretamente o Céu e a Terra, e do qual derivam por transformação todos os outros sopros, incluindo o humano. Temos então um sopro do Céu (天氣 – *Tiān Qì*), um sopro da Terra (地氣 – *Dì Qì*), um Sopro Humano (人氣 – *Rén Qì*), um sopro mau (惡氣 – *Ě Qì*), etc. Também o cosmos pode ser explicado a partir de uma unidade originária donde se gera tudo o que existe e onde o Sopro Vital tem um papel essencial, seja ele um primeiro, segundo ou terceiro elemento.

[287] 梁衡編 (*Liang Heng*) 《影響中國歷史的十篇美文》 (Dez peças estéticas que influenciaram a História chinesa)香港: 商務印書館有限公司, 2013, pp. 57-61. Neste capítulo é apresentado o «Prólogo à Canção do Sopro Correto» (正气歌序 – Zhèng Qì Gē Xù) do general letrado Wén Tiān Xiáng (文天祥).

[288] Note-se que Wén Tiān Xiáng (文天祥) viveu no século XIII, em pleno Neoconfucionismo, sendo por isso a sua mentalidade muito marcada pelos valores da época.

[289] 梁衡編 (Liang Heng). Op. cit., p. 61.

– Fundamental é alcançar o Sopro Correto e Originário (正氣 – *Zhèng Qì*), que permite a metamorfose essencial, a mais bela, como as de Liáng Shānbó (梁山伯) e Zhù Yīngtái (祝英台) ao se transformarem em borboletas[290]. Ele, Liáng Shānbó, numa borboleta amarela, indicando a presença da força masculina, ela, Zhù Yīngtái a representante do princípio feminino, numa borboleta preta. Metamorfosearam-se em beleza e passaram a figurar entre as histórias de amor mais tocantes da China: «os Amantes-Borboleta».

– Interessante. Esta transformação recorda-me o caminho de amor proposto no diálogo de Platão, o *Banquete*[291], onde o amor e a beleza também surgem interligados. Primeiro ama-se um corpo belo, depois vários. Segue-se a beleza dos costumes. Após esta longa caminhada, está-se apto a contemplar a beleza espiritual do mundo das ideias.

– Esse caminho, como chamaste, e bem, tem a vantagem suplementar de ser percorrido no Oriente sem a separação de mundos. O sensível e o inteligível estão à mão, o que se torna muito gratificante do ponto de vista filosófico, já que o sábio pode facilmente religar-se ao mundo espiritual sem ter de voltar costas à matéria. Basta cultivar o sopro vital, a fim de que a transformação possa ocorrer. Nós temos um poder de metamorfose idêntico ao das borboletas. Bom, chegámos a Kowloon, vamos ver a exposição? Espero que o nosso diálogo te tenha ajudado.

– E muito, estou mesmo inspirado.

[290] Cf. Wang Suoying, Ana Cristina Alves. Liang Shangbo e Zhu Yingtai (梁山伯与祝英台 – *Liáng Shānbó yǔ Zhù Yīngtái*), *Mitos e Lendas da Terra do Dragão*. Lisboa: Caminho, pp. 129-131.

[291] Ver Platão. *Banquete*. Mem Martins: Europa-América, 1986, p. 107: «Tal é a verdadeira via amorosa, na qual se avança só ou guiado: a partir da beleza mortal, elevar-se incessantemente para o imortal, como por degraus, de um corpo belo para dois e de dois para todos; dos corpos belos para a beleza dos costumes; daí para os conhecimentos belos e dos conhecimentos, finalmente, para esse conhecimento que não tem outro objeto senão a beleza em si mesma: então revela-se, no fim, o próprio ser do belo».

7.
Apêndices

7.1. Breve Cronologia da História Chinesa[292]

Soberanos da Antiguidade	Datas
Fu Xi (伏羲 – *Fú Xī*)	2852 – 2736 a.C.
Shen Nong (神农 – *Shén Nóng*)	2735 – 2705 a.C.
Huang Di (黄帝 – *Huáng Dì*)	2704 – 2595 a.C.
Shao Hao (少昊 – *Shǎo Hào*)	2594 – 2514 a.C.
Zhuan Xu (颛顼 – *Zhuāng Xū*)	2513 – 2436 a.C.
Di Ku (帝喾 – *Dì Kù*)	2435 – 2366 a.C.
Di Zhi (帝挚 - *Dì zhì*)	2365 – 2358 a.C.
Tang Yao (唐尧 – *Táng Yào*)	2357 – 2258 a.C.
Yu Shun (虞舜 – *Yú Shùn*)	2258 – 2206 a.C.

[292] Cf. Xu Chuiyang (ed) *Three Character Classic in Pictures.* 《图画三字经》. ilustrações de Sheng Liangxian. Singapore: EPB Publishers PTe Ltd., 1990, p. 190, bem como 叶郎 (Ye Lang), 朱良志 (Zhu Liangzhi). *Insigths into Chinese Culture/* 《中国文化读本》. Pequim: Foreign Language Teaching and Research Press, 2008, pp. 258-259. As datas relativas aos tempos mitológicos, correspondentes ao terceiro milénio a.C., foram todas retiradas do *Clássico dos Três Caracteres* (《三字经》).

<table>
<tr><th colspan="2">Dinastias</th><th>Datas</th></tr>
<tr><td colspan="2">Dinastia Xia (夏 – Xià)</td><td>2070 – 1600 a.C.</td></tr>
<tr><td colspan="2">Dinastia Shang (商 – Shāng)</td><td>1600 – 1046 a.C.</td></tr>
<tr><td rowspan="2">Dinastia Zhou (周)</td><td>Dinastia Zhou do Oeste (西周 – Xī Zhōu)</td><td>1046 – 771 a.C.</td></tr>
<tr><td>Dinasta do Leste (東周 – Dōng Zhōu)</td><td>770 – 275 a.C.</td></tr>
<tr><td colspan="2">Dinastia Qin (秦 – Qín)</td><td>221 – 206 a.C.</td></tr>
<tr><td colspan="2">Dinastia Han (漢 – Hàn)</td><td>206 a.C. – 220 d.C.</td></tr>
<tr><td rowspan="2">Dinastia Han (漢 – Hàn)</td><td>Dinastia Han do Oeste (西漢 – Xī Hàn)</td><td>206 a.C. – 25 d.C.</td></tr>
<tr><td>Dinastia Han do Leste (東漢 – Dōng Hàn)</td><td>25 – 220</td></tr>
<tr><td rowspan="3">Três Reinos (三國 – Sān Guó)</td><td>Reino de Wei (魏 – Wèi)</td><td>220 – 265</td></tr>
<tr><td>Reino de Shu (蜀 – Shǔ)</td><td>221 – 263</td></tr>
<tr><td>Reino de Wu (吳 – Wú)</td><td>222 – 280</td></tr>
<tr><td colspan="2">Dinastia Jin (晋 – Jìn)</td><td>264 – 420</td></tr>
<tr><td rowspan="2">Dinastia Jin (晋 – Jìn)</td><td>Dinastia Jin do Oeste (西晋 – Xī Jìn)</td><td>265 – 317</td></tr>
<tr><td>Dinastia Jin do Leste (東晋 – Dōng Jìn)</td><td>317 – 420</td></tr>
<tr><td colspan="2">Dinastias Norte e Sul (南北朝 – Nán Běi Cháo)</td><td>420 – 589</td></tr>
<tr><td colspan="2">Dinastias do Sul (南朝)</td><td>420 – 589</td></tr>
<tr><td rowspan="4">Dinastias do Sul (南朝 – Nán Cháo)</td><td>Dinastia Song (宋 – Sòng)</td><td>420 – 479</td></tr>
<tr><td>Dinastia Qi (齊 – Qí)</td><td>479 – 502</td></tr>
<tr><td>Dinastia Liang (梁 – Liáng)</td><td>502 – 557</td></tr>
<tr><td>Dinastia Chen (陳 – Chén)</td><td>557 – 589</td></tr>
<tr><td colspan="2">Dinastias do Norte (北朝 – Běi Cháo)</td><td>386 – 581</td></tr>
</table>

Dinastias		Datas
Dinastias do Norte (北朝 – Běi Cháo)	Dinastia Wei do Norte (北魏 – Běi Wèi)	386 – 534
	Dinastia Wei do Leste (東魏)	534 – 550
	Dinastia Qi do Norte (北齊 – Běi Qí)	550 – 577
	Dinastia Wei do Oeste (西魏 – Xī Wèi)	535 – 556
	Dinastia Zhou do Norte (北周 – Běi Zhōu)	557 – 581
Dinastia Sui (随 – Suí)		581 – 618
Dinastia Tang (唐 – Táng)		618 – 907
Cinco Dinastias (五代 – Wǔ Dài)		907 – 960
Cinco Dinastias (五代 – Wǔ Dài)	Dinastia Liang Posterior (后梁 – Hòu Liáng)	907 – 923
	Dinastia Tang Posterior (后唐 – Hòu Táng)	923 – 936
	Dinastia Jin Posterior (后晋 – Hòu Jìn)	936 – 947
	Dinastia Han Posterior (后漢 – Hòu Hàn)	947 – 950
	Dinastia Zhou Posterior (后周 – Hòu Zhōu)	951 – 960
Dinastia Song (宋 – Sòng)		960 – 1279
	Dinastia Song do Norte (北宋 – Běi Sòng)	960 – 1127
	Dinastia Song do Sul (南宋 – Nán Sòng)	1127 – 1279
Dinastia Liao (遼 – Liáo)		907 – 1125
Dinastia Jin (金 – Jīn)		1115 – 1234

Dinastias	Datas
Dinastia Yuan (元 – Yuán)	1206 – 1368
Dinastia Ming (明 – Míng)	1368 – 1644
Dinastia Qing (清 – Qīng)	1644 – 1911
República da China (中華民國 – Zhōnghuā Mínguó)	1912 – 1949

Chefes de Estado da República da China	Datas de mandatos
Sun Yat-sen (孫文 – *Sūn Wén*) (1866 – 1925)	1 de janeiro de 1912 a 10 de março de 1912
Yuan Shikai (袁世凱 – *Yuán Shìkǎi*) (1859 – 1916)	10 de outubro de 1913 a 6 de junho de 1916
Li Yuanhong (黎元洪 – *Lí Yuánhóng*) (1864 – 1928)	7 de junho de 1916 a 17 de julho de 1917
Feng Guozhang (馮國璋 – *Féng Guózhāng*) (1859 – 1919)	17 de julho de 1917 a 10 de outubro de 1918
Xu Shichang (徐世昌 – *Xú Shìchāng*) (1855 – 1939)	10 de outubro de 1918 a 2 de junho de 1922
Zhou Ziqi (周自齊 – *Zhōu Zìqí*) (1871 – 1923)	2 de junho de 1922 a 11 de junho de 1922
Li Yuanhong (黎元洪 – *Lí Yuánhóng*) (1864 – 1928)	11 de junho de 1922 a 13 de junho de 1923
Gao Lingwei (高凌霨 – *Gāo Língwèi*) (1868 – 1939)	14 de junho de 1923 a 10 de outubro de 1923
Cao Kun (曹錕 – *Cáo Kūn*) (1862 – 1938)	10 de outubro de 1923 a 2 de novembro de 1924
Huang Fu (黃郛 – *Huáng Fú*) (1883 – 1936)	2 de novembro de 1924 a 24 de novembro de 1924
Duan Qirui (段祺瑞 – *Duàn Qíruì*) (1865 – 1936)	24 de novembro de 1924 a 20 de novembro de 1926
Hu Weide (胡惟德 – *Hú Wéidé*) (1863 – 1933)	20 de abril de 1926 a 13 de maio de 1926

Chefes de Estado da República da China	Datas de mandatos
Yan Huiqing (顏惠慶 – *Yán Huìqìng*) (1877 – 1950)	13 de maio de 1926 a 22 de junho de 1926
Du Xigui (杜錫珪 – *Dù Xīguī*) (1875 – 1933)	22 de junho de 1926 a 1 de outubro de 1926
Koo Vi-kyuin (顧維鈞 – *Gù Wéijūn*) (1887 – 1985)	1 de outubro de 1926 a 17 de junho de 1927
Zhang Zuolin (張作霖 – *Zhāng Zuòlín*) (1875 – 1928)	18 de junho de 1927 a 2 de junho de 1928
Tan Yankai (譚延闓 – *Tán Yánkǎi*) (1880 – 1930)	7 de fevereiro de 1928 a 10 de outubro de 1928
Chiang Kai-shek (蔣中正 – *Jiǎng Zhōngzhèng*) (1887 – 1975)	10 de outubro de 1928 a 15 de dezembro de 1931
Lin Sen (林森 – *Lín Sēn*) (1868 – 1943)	15 de dezembro de 1931 a 1 de agosto de 1943
Chiang Kai-shek (蔣中正 – *Jiǎng Zhōngzhèng*) (1887 – 1975)	1 de agosto de 1943 a 20 de maio de 1948

Presidentes da República Popular da China	1949 (1 de outubro) - ...
Presidentes da República Popular da China	**Datas de Mandato**
Mao Zedong (毛泽东 – *Máo Zédōng*) (1893 – 1976)	1 de dezembro de 1949 a 27 de setembro de 1954
Mao Zedong (毛泽东 – *Máo Zédōng*) (1893 – 1976)	27 de setembro de 1954 a 27 de abril de 1959
Liu Shaoqi (刘少奇 – *Liú Shàoqí*) (1898 – 1969)	27 de abril de 1959 a 31 de outubro de 1968
Dong Biwu (董必武 – *Dǒng Bìwǔ*) (1886 – 1975)	24 de fevereiro de 1972 a 17 de janeiro de 1975
Song Qingling (宋庆龄 – *Sòng Qìnglíng*) (1893 – 1981)	6 de julho de 1976 a 5 de março de 1978

Presidentes da República Popular da China	1949 (1 de outubro) - ...
Ye Jianying (叶剑英 – *Yè Jiàngyīng*) (1897 – 1986)	5 de março de 1978 a 18 de junho de 1983
Li Xiannian (李先念 – *Lǐ Xiānniàn*) (1909 – 1992)	18 de junho de 1983 a 8 de abril de 1988
Yang Shangkun (杨尚昆 – *Yáng Shàngkūn*) (1907 – 1998)	8 de abril de 1988 a 27 de março de 1993
Jiang Zemin (江泽民 – *Jiāng Zémín*) (1926)	27 de março de 1993 a 15 de março de 2003
Hu Jintao (胡锦涛 – *Hú Jǐntāo*) (1942)	15 de março de 2003 a 15 de março de 2013
Xi Jinping (习近平 – *Xí Jìnpíng*) (1953)	15 de março de 2013 – ...

7.2. Tabela Cronológica da Filosofia na Antiguidade Chinesa[293]

Período Histórico	Escola	Filósofo
	Budismo	Buda
Dinastia Zhou (周 – Zhōu), Período da Primavera e do Outono, 770 – 476 a.C.	Confucionismo (儒家 – Rújiā)	Confúcio (孔子 – Kǒngzǐ) 551 – 479 a.C.
Dinastia Zhou, finais do Período da Primavera e do Outono (春秋 – Chūnqi) 770 – 476	Moísmo (墨家 – Mòjiā)	Mozi (墨子 – Mòzǐ) c. 479 – c. 381 a.C.?

[293] Cf. Os dados cronológicos dos filósofos seguem os da tabela cronológica de Fung Yu-lan (馮友蘭 – Féng Yǒulán) em *A History of Chinese Philosophy*: The Period of the Philosophers. Princeton: Princeton University Press, Vol.1, 1983, pp. 408-409. No que respeita ao Budismo, os dados históricos foram recolhidos em Zheng Lixin, *Guide to Chinese Buddhism,* Beijing: Beijing Foreign Languages Press, pp. 186-189.

Período dos Estados Combatentes (战國– Zhàn Guó) 475 – 221 a.C.	Taoismo (道家 – Dàojiā)	Laozi (老子 – Lǎozǐ) 280 – 233 a.C.?
Dinastia Qin (秦 – Qín) 255-207 a.C.) Unificação da China em 221 a.C.	Legalismo (法家 – Fǎjiā)	Hanfeizi (韩非子 – Hánfēizǐ) ?
Dinastia Han (漢 – Hàn) 206 a.C. – 220	Introdução do Budismo na China, nos tempos do Imperador Han Ming (漢明帝 – Hàn Míngdì) segundo a lenda 64 d.C.?	?
Dinastias dos 3 Reinos (三國 – Sān Guó), 220 – 280, e Jin (晋 – Jìn), 265 – 420	Budismo (佛教 – Fójiā)	An Shigao (安世高 – Ān Shìgāo), primeiro tradutor das escrituras budistas na China em Meados do século II
Dinastias do Sul (南朝 – Nán Cháo), 420 – 589	Budismo Chan (禪 – Chán)	Bodhidharma c. 520

8.
Bibliografia

8.1. Livros

Abreu Graça de, António (trad. e org.). *Lao Zi. Tao Te Ching. O Livro da Via e da Virtude*. Lisboa: Vega, 2013.

Abreu Graça de, António. *Toda a China – Descobrir, Desvendar, Entender o Mundo Chinês*. (Vol. I e II). Lisboa: Vega & Guerra e Paz, 2013, 2014.

Alinson, E. Robert (ed.). *Understanding the Chinese Mind. The Philosophical Roots*. Hong Kong, Oxford, New York: Oxford University Press, 1991.

Alves, Ana Cristina. *Uma Viagem de Muitos Quilómetros Começa por Um Passo*. Macau: Cod, 2004.

Alves, Ana Cristina. *A Sabedoria Chinesa*. Cruz Quebrada: Casa das Letras/ Editorial Notícias, 2005.

Alves, Ana Cristina. *A Mulher na China*.Lisboa: Tágide, 2007.

Barros, Leonel. *Templos, Lendas e* Rituais – *Macau*. Macau: Associação Promotora da Instrução dos Macaenses, 2003.

Bell, A Daniel. *O Modelo Chinês. A Meritocracia Política e os Limites da Democracia*. Lisboa: Gradiva, 2017.

Blanc, Charles Le (trad.). *Huainanzi* (淮南子), *Philosophical Synthesis in Early Han Thought*. Hong Kong: Hong Kong University Press, 1985.

Braga, Teófilo. O Sal e a Água. *Contos Tradicionais do Povo Português*. Frankfurt and Main: Texto Editora Lda/TFM, 2000.

Broughton, L. Jeffrey. *The Bodhidharma Antology. The Earliest Records of Zen*. Califórnia: University of California Press, 1999.

Caeiro, António. *Pela China Dentro. Uma Viagem de doze Anos*. Lisboa: Dom Quixote, 2004.

Caeiro, António. *Novas Coisas da China*. Lisboa: Dom Quixote, 2015.

Caparelli, Sérgio e Márcia Schmaltz (trad. e org.). «O Peixe Desesperado». *50 Fábulas da China Fabulosa* 《中国寓言五十篇》. Edição bilíngue. Porto Alegre: L&PM Editores, 2007.

Cardoso, Daniel Augusto de Oliveira. *Para Além da Grande Muralha: A Construção Ideológica da Política Externa Chinesa durante o Período de Reforma e Abertura ao Exterior*. Dissertação de Mestrado em Relações Internacionais, orientada por Carmen Amado Mendes. Faculdade de Economia da Universidade de Coimbra. Coimbra, 2009.

Castro, Ferreira. *Macau e a China*. Macau: Câmara Municipal das Ilhas, 1998.

China em Contrução (ed.). *História da China* (I). Beijing, 1986.

Daisaku Ikeda. *Le Boudhisme en Chine*. Monaco: Éditions du Rocher, 1986.

Duan Dongtao. *A Survey of China's Post-1980s Generation*. Beijing: New World Press, 2013.

Eberhard, Wolfram. *A Dictionary of Chinese Symbols: Hidden symbols in Chinese Life and Thought*. London e New York: Routledge, 1996.

Fan Weixin (org.). *Cem Provérbios Chineses*. Macau: Instituto Cultural de Macau/ Fundação Oriente,1994.

馮友蘭 (Feng Youlan). 《中國現代哲學史》 香港： 中華書局有限公司, 2006.

Fung Yu-lan (Feng Youlan). *A History of Chinese Philosophy*. 2 Vols. Trad. Derk Bodde. Princeton: Princeton University Press, 1983.

Fenn, Henry. *Chinese Characters Easily Confused*. New Haven: Connecticut, Yale University. The Institute of Far Eastern Languages, 1953.

Gipouloux, François. *A China do Século XXI: Uma Nova Superpotência?* Lisboa: Instituto Piaget, 2007.

Guo Pu. *Zang Shu* 葬書. *A Translation of The Ancient Chinese Book of Burial (Zang Shu)*. Trad. Zhang Juwen. Lewiston, Queenstown: Lampeter, *2004*.

Guthrie, Kenneth Sylvan. *The Pythagorean Sourcebook and Library*. Michigan: Phanes Press, 1987.

Habermas, Jürgen. *Moral Consciousness and Communicative Action*. Cambridge: Massachusetts Institute of Technology, 1990.

《繪圖屈原 離騷》 (Qu Yuan Figurativo Li Sao). 北京:中國和平出版社, 1992.

Hansen, Chad. Language in the Heart-mind. *Understanding the Chinese Mind*. The Philosophical Roots. Ed. Robert E. Allison. Hong Kong: Oxford University Press, 1991.

Hansen, Chad. *A Daoist Theory of Chinese Thought*. Oxford: Oxford University Press, 1992.

Ho Heidi (Coord.). 《 迎新接福一紙萬象。楊柳青年畫展》Votos de Felicidade. Gravuras do Ano Novo Chinês de YangLiuQing, Macau: Instituto Cultural de Macau do Governo da R.A.E de Macau, Museu de Macau, 2007.

黃朴民(Huang Pumin) 等 (注).《白话四书》.西安: 三秦出版社, 1991.

Huxley, Francis The Dragon. Nature of spirit, spirit of nature. Singapura: Thames and Hudson, 1979.

Jiang Lansheng. 《禪宗語錄一百則》. *100 Excerpts from Zen Buddhist 100 Excerpts*. Trad. Jane C.C. Lai & Martha P.Y. Cheung. Hong Kong: Hong Kong Commercial Press, 1997.

Jorge, Cecília e Beltrão Coelho. *Medicina Chinesa*. Macau: Instituto Cultural de Macau/ Círculo dos Leitores, 1988.

Kant, Immanuel. Resposta à Pergunta: Que é o iluminismo? (1784). *A Paz Perpétua e outros Opúsculos*. Lisboa: Edições 70, 1989.

Karlgren, Bernhard. *Sound and Symbol in Chinese*. Hong Kong: Hong Kong University Press, 1990.

Kirk, G.S & J.E Raven, M. Schofield. *The Presocratic Philosophers*. New York, Melourne: Cambridge University Press, 1983.

孔子(Kongzi). 《 論語》*Analects of Confucius*. Trad. chinês simplificado, 蔡希勤 (Cai Xiqin) e赖波 (Lai Bo). Trad. Inglês夏玉和 (Xia Yuhe). 北京: 华语教学出版社, 1994.

Kwok, Man-Ho. *Chinese Astrology*. Forecast your Future from your Chinese Horoscope.Singapore: Asiapac Books, 1997.

Lai, T.C. *The Eight Immortals*. Hong Kong: Swindon Book Company, 1972.

《老子》*Laozi*. Trad. Inglês, Arthur Waley. Chinês moderno, Chen Guying. Hunan, Pequim: Hunan People's Publishing House, Foreign Language Press, 1999.

Lau, D. C. (trad.). *Tao Te Ching*. A bilingual edition. Hong Kong: Chinese University Press, 2012.

Lau, D.C. (trad.). *Confucius. The Analects* (Lun yü). Chinese Classics, Chinese--English Series. Hong Kong: The Chinese University of Hong Kong, 1983.

Leaman, Oliver. *Key Concepts in Eastern Philosophy*. London e New York: Routledge, 1999.

李威熊 (Lee Wei-hsiung) .《孟子的故事》/ *Stories from Mencius*. Taiwan. The Overseas Chinese Library. Number 2003, 聯經出版事業公司印行, 1985.

Legge, James (trad.). *The Four Books. Analects*. Vol.1. Taipei: Culture Book Co, 1983.

Leibniz, G.W. *Discurso sobre a Teologia Natural dos Chineses*. Introd., tradução e notas, Adelino Cardoso. Lisboa: Colibri, 1991.

梁衡編(Liang Heng). 《影響中國歷史的十篇美文》(Dez Peças Estéticas que Influenciaram a História Chinesa). 香港: 商務印書館有限公司, 2013.

Li Ching, Alexandre. *A Estrutura da Língua Chinesa*《汉语结构》. Lisboa: Fundação Oriente, 1994.

Liezi. *The Book of Lieh-tzŭ. A Classic of Tao*. Trad. A.C Graham. New York: Columbia University Press, 1990.

《列子全译》(Liezi). 王强模译注: 贵州人民出版社, 1999.

李淑娟、顏力鋼 (编),《漢英中國新俚話》(Li Shujuan & Yan Ligang). *Chinese*-English *Dictionary of Modern Slang of China*. 香港:和平圖書/海峰出版社, 1998.

李霞 (Li Xia) ,《趣读中国人•狼图腾.》. Wolf Totem.*Unravelling the Mystery Chinese Faces*. Edição bilingue. Trad. inglês, Jerimiah Wilhite.北京: 外文出版社, 2009.

林語堂 (Lin Yutang). 《吾国与吾民》.*My Country and My People*. 北京:中国戏剧出版社, 2000.

Lu K'uan Yü. *Taoist Yoga. Alchemy & Immortality*. York Beach, Maine: Samuel Weiser, Inc, 1973.

Lu K'uan Yü. *The Secrets of Chinese Meditation*. York Beach, Maine: Samuel Weiser, Inc, 1994.

魯迅 (Lū Xùn) . *Diary of a Madman and Other Stories* (1918). Trad. William A. Lyell. Honolulu: University of Hawaii Press, 1990.

《墨子语录》(Citações de Mozi). 上海:上海古籍出版社, 1994.

《論語》(Lun Yu).北京: 華語教學出版社，1996.

馬小紅 (Ma Xiaohong).《中國法律思想發展簡史 (História Abreviada do Pensamento Legal Chinês).北京： 中國政法大學出版社》, 1995.

Mai Jiale. «As Quatro Novas Invenções Chinesas». Trabalho final para o Curso de Português, nível Avançado, disciplina de Portugal Através dos *Media*, no Instituto de Cultura e Língua Portuguesa da Faculdade de Letras da Universidade de Lisboa, apresentado no final do primeiro semestre de 2017/2018.

Meher McArthur. *Reading Buddhist Art*. An Illustrated Guide to Buddhist Signs & Symbols. Londres: Thames & Hudson, 2002.

Mello Chaves de, Maria. *Dicionário Jurídico*. Lisboa: Dinalivro, 2008.

《孟子》*Mencius*. Edição bilingue. Trad. chinês simplificado 蔡希勤 (Cai Xiqin). Trad. inglês 何作康 (He Zuokang). 北京:北京华教学出版社, 1999.

Mendes, Amado Carmen. *China Contemporânea*. Coimbra: Imprensa da Universidade de Coimbra, 2020.

Nan Huai Chin. *Basic Buddhism. Exploring Buddhism and Zen*. Trad. J.C. Cleary. York Beach, Maine: Samuel Weiser, Inc., 1997.

Ngan, André António Mons. *Concordância Sino-Portuguesa de Provérbios e Frases Idiomáticas*. 《中葡對照成語集》. Macau: Associação de Educação de Adultos de Macau, 2000.

Nietzsche, Friedrich. *The Will to Power*. Ed. Walter Kaufmann. New York: Vintage Books, 1968.

Nisbett E., Richard. *The Geography of Thought. How Asians and Westerners Think Differently...and Why*. London: Nicholas Brealey Publishing, 2005.

Nye, Joseph, *Soft Power: The Means to Success in World Politics*. New York: Public Affairs, 2004.

Obringer, Fréderic. Almanaque. *Compreender a China Contemporânea. Um dicionário*, Dir. Thierry Sanjuan. Lisboa: Edições 70, 2009.

Ong Hean-Tatt. *Chinese Animal Symbolisms*. Malaysia: Pelanduk Publications, 1997.

Palha, Moraes. *Esboço Crítico da Civilização Chinesa*. Macau: Tipografia Mercantil Fernandes e Filhos, 2012.

Peixoto, Bruna. *Chinês e Português, Distância Linguística e Sociocultural*. Famalicão. Instituto Confúcio da Universidade do Minho: Húmus, 2014.

Pessoa, Fernando, *Mensagem* 《使命. 启示》. Org e trad. 金國平 (Jin Guo Ping). Macau: Instituto Cultural de Macau, 1986.

Pires, António Pedro. *O Culto dos Antepassados em Macau*. Porto: António Pedro Pires e Edições Afrontamento, Lda, 1999.

Pires, António Pedro. *Festividade do Ano Novo Lunar em Macau*. Macau: Instituto Cultural do Governo da R.A.E. de Macau, 2018.

Platão. *Banquete*. Mem Martins: Europa-América, 1986.

Powers, John. *A Concise Encyclopedia of Buddhism. Oxford: Oneworld, 2000.*

Puett, Michael, Christine Gross-Loh. 道. *O Caminho da Vida. O que os Filósofos Chineses nos Podem Ensinar sobre a Arte de Bem Viver*. Trad. Margarida Periquito. Alfragide: Leya, 2016.

Rampini, Frederico. *China e Índia*. Trad. Michelle Canelas. Lisboa: Editorial Presença, 2007.

Ramsey, S. Robert. *The Languages of China*. Princeton: NewJersey, 1987.

Ribeiro, Cláudia (trad). *Laozi. Dao De Jing. O Livro da Via e do Poder*. Mem Martins: Publicações Europa-América, 2004.

Ricoeur. Paul. *La Métaphore Vive*. introd. Prof. Miguel Baptista Pereira. Trad. Joaquim Torres Costa e António M. Magalhães. Porto: Rés, 1983.

Robinet, Isabelle. *Taoism. Growth of a Religion*. Trad. Phyllis Brooks. Stanford: Califórnia, Standford University Press, 1997.

Rorty, Richard. *A Filosofia e o Espelho da Natureza*. Lisboa: Dom Quixote, 1988.

Rowlands, Mark. *O Filósofo e o Lobo*. Trad. Rosário Nunes. Alfragide: Leya Bis, 2015.

Sabler, António (trad.). *Fábulas La Fontaine*. Ilustradas por António Modesto. Porto: Edinter, 1998.

Sanjuan, Thierry (Dir.). *Compreender a China Contemporânea. Um Dicionário*, trad. Victor Silva. Lisboa: Edições 70, 2009.

Schmaltz, Márcia. Lu Xun e a anatomia de um povo. *Cadernos de Literatura em Tradução*. Ed. Prof. Dr. John Milton, n. 14, 1-306, São Paulo, 2013.

Shamdasani, Sonu (Ed.). *The Psychology of Kundalini Yoga*. Notes of the Seminar Given in 1932 by C.G. Jung. London: Routlledge, 1999.

Shi Zhengyu. *Picture within a Picture. An Illustrated Guide to the Origins of Chinese Characters*. Beijing: New World Press, 1997.

Silva, Resende da Helena. *Humor* Jurídico - As *melhores anedotas*. Coimbra: Livraria Almedina, 2006.

The Great Learning. 《大学》. *The Doctrine of The Mean* 《中庸》. Trad. chinês simplificado, 傳云龙 (Zhuan Yunlong). Trad. Inglês何祚康 (He Zuokang). 北京: 话语教学出版社, 1996.

Tu Wei-ming, The Continuity of Being: Chinese Visions of Nature. *Nature in Asian Traditions of Thought*. Albany: State University of York Press, 1989.

Xu Chuiyang (ed), *Three Character Classic in Pictures* 《图画三字经》. Ilustrações de Sheng Liangxian. Singapore: EPB Publishers PTe Ltd, 1990.

徐峙立) (Xu Zhili) (编).《离骚全图》(Lamento pela Separação) 山東: 山東畵報出版社, 2003.

王宏源 (Wang Hongyuan).《漢字字源入門》*The Origins of Chinese Characters*. 北京: 华语教学出版社, 1993.

Wang Keping. *Ethos of Chinese Culture*. Beijing: Foreign Languages Press, 2007.

Wang Suoying, Ana Cristina Alves. *Contos da Terra do Dragão*. Lisboa: Caminho, 2000.

Wang Suoying, Ana Cristina Alves. *Mitos e Lendas da Terra do Dragão*. Lisboa: Caminho. 2009.

Wang Yinglin(王應麟). 《三字经》(O Clássico dos Três Caracteres) 合肥: 安徽教育出版社, 1994.

Watson, Burton (trad.). *Mo Tzu, Basic Writings*. Nova Iorque, Londres: Columbia University Press, 1963.

Watson, Burton (trad.). *Han Fei Tzu. Basic Writings*. New York: Columbia University Press, 1964.

Wei Dan. (Coord.). *Os Países de Língua Portuguesa e a China num Mundo Globalizado/* 《全球化世界中的葡語國家與中國》. Celebração Calorosa do Décimo Aniversário da Região Administrativa Especial de Macau. Coimbra: Edições Almedina, Universidade de Macau, 2009.

Wei Dan, Orquídea Massarongo (Coord.). *Questões Jurídicas Contemporâneas Relativas ao Comércio e Investimento China – África*. Coimbra: Edições Almedina, Universidade de Macau, 2014.

Wei Jinzhi. *One Hundred Allegorical Tales from Traditional China*. Hong Kong: Joint Publishing Co., 1982.

魏亞西 (Wei Yaxi). 《龍 水族的王》(Dragão, o Rei das Águas) 香港: 新雅文化事業有公司, 2013.

魏亞西 (Wei Yaxi). 《虎。傲惡王者》(Tigre, o Rei das Feras) 香港: 新雅文化事業有限公司, 2013.

Wieger, L., S.J. *Chinese Characters. Their Origin, Etymology, History, Classification, and Signification*. Nova Iorque: Paragon Book Reprint Corp., Dover Publications Inc, 1965.

Wilhelm, Richard. *I Ching or Book of Changes*. London: Penguin, Arkana, 1989.

Wing-Tsit Chan (trad.). 《坦經》*The Platform Scripture*. New York, St. John's University Press, 1963.

Wong, Eva. *Tales of Taoist Immortals*. Boston & London: Shambala, 2001.

Wu Boheng & Cai Zhuozhi. *100 Buddhas*. Trad. Mu Xin e Yan Zhi. Ilustrações de Lu Yanguang Singapura: Asiapac Books, 1997.

Wu Cheng'en. *Journey to the West*. 《西遊記》. Trad. W.J.F Jenner. Hong Kong: The Commercial Press, 1994.

Wu-chi Liu & Irving Yucheng Lo (ed.). *Sunflower Splendor. Three Thousand Years of Chinese Poetry*. Bloomington e Indianopolis: Indiana University Press, 1984.

Wu Kuang-Ming. Chinese Aesthetics. *Understanding the Chinese Mind*. The Philosophical Roots. Oxford: Oxford University Press, 1990.

叶郎(Ye Lang)，朱良志 (Zhu Liangzhi) . *Insigths into Chinese Culture*/《中国文化读本》. Beijing: Foreign Language Teaching and Research Press, 2008.

伊沙 (Yī shā). 城春草木深 . (A Primavera Traz Nova Vida à Cidade) 《思無邪》, 澳門: Praia Grande Edições, 2014.

張中鐸 (Zhang Zhongduo).《易經提要白話解》(O Clássico das Mutações em Versão Vernacular e abreviada). 台南市:大孚書有限公司, 1995.

《庄子》 *Zhuangzi*. (Vol. I e II). Trad. Inglês 汪榕培 (Wang Rongpei). Chinês moderno 秦旭卿 (Qin Xuqing) e 孙雍长 (Sun Yongchang). Hunan, Pequim: Hunan People's Publishing House, Foreign Language Press, 1999.

8.2. Webgrafia

Agência Lusa, «PR Chinês enaltece ideais de Karl Marx apesar da abertura do país ao capitalismo», *Ponto Final* de 7 de maio de 2018.

燈謎 (Enigmas de Lanterna) ,《关于月亮的谜语或灯谜》, Zhidao.baidu.com,2013-2020, http://zhidao.baidu.com/question/15738003.html, acedido em 2013 e 12 de junho de 2020.

鳳 (Fénix)《拾光捡羽——神话系统讨论》27/9/2018, https://zhuanlan.zhihu.com/p/45506725, acedido a 19 de junho de 2020.

《龍種類》 (Tipos de Dragão) Baidu, http://baike.baidu.com/view/6392htm, acedido em 2013 e 2020

《麒麟》(Qilin) Baidu, 2020, Http://baike.baidu.com/view/15837.htm, acedido em 2013 e 20 de junho de 2020.

《关于孙悟空的成语》(Provérbios relativos a Sun Wugong), http://zhidao.baidu.com/question/95335747.html, acedido em 2013 e a 2 de julho de 2020.

《舞龍》(Dança do Dragão) 民俗文化, Baidu, https://baike.baidu.com/item/%E8%88%9E%E9%BE%99/1851464, acedido em 2013 e 2020.

《龙是什么组成的》(Constituição do Dragão), https://zhidao.baidu.com/question/401700313.html?seed=0, acedido em 2013 e 2020.

《龍種類》(Tipos de Dragão) Baidu, http://baike.baidu.com/view/6392htm, acedido em 2013 e 2020.

元宵節(Festividade das Lanternas), http://baike.baidu.com/subview/1949/13291116.htm, acedido em 2013 e a 2 de julho de 2020.

《宓子贱与巫马期是什么故事？》, (Mī ZiJiàn e Wǔ Mǎqī" 宓子贱与巫马期) 搜狗问问, https://wenwen.sogou.com/z/q900804402.htm, acedido a 28 de junho de 2020.

《愚公移山》(O Velho Tonto Move Montanhas),七故事儿童网,http://www.qigushi.com/chengyugushi/279.html, acedido a 3 de julho de 2020.

清明节相关传说》《百度百科》(O Conto relativo à Festa da Pura Claridade). Baidu. Disponível em: https://baike.baidu.com/item/清明节知识大全, acedido a 19 de setembro de 2021.

Zhong Wu. «China Yearns for Hu´s Harmonious Society», http://www.atimes.com/atimes/China/HJ11Ad01.html, Asia Times, 11 de Outubro de 2006.

ÍNDICE

1. INTRODUÇÃO 5
1.1. A Língua Chinesa 6
1.1.1. Chinês Simplificado e Chinês Tradicional 7
1.1.2. O Alfabeto Fonético Chinês 10
1.2. Critérios de Leitura 11

2. FILOSOFIA CHINESA 15
2.1. Breve Enquadramento 15
2.2. O Confucionismo 18
2.2.1. A Tradição Confucionista 19
2.2.2. A Harmonia 21
2.2.3. A Virtude do Meio 24
2.2.4. A Bondade em Mâncio 26
2.2.5. Os *Analectos* *28*
2.3. O Moísmo 30
2.3.1. O Amor universal 31
2.3.2. A Vontade Celestial 34
2.4. O Taoismo 35
2.4.1. O Taoismo do Fundador 37
2.4.2. A Longevidade Taoista 40
2.5. O Legalismo 42
2.5.1. Hánfēizǐ, o Patriarca do Legalismo 43
2.6. O Budismo 48
2.6.1. O Budismo e os seus Princípios 49
2.6.2. O Budismo Popular 53

2.6.3. O *Qì* 55
2.7. A Ação Confucionista e a Não-Ação Taoista 56

3. FILOSOFIA POLÍTICA E ECONOMIA 59
3.1. O Socialismo Espiritual 59
3.2. O Multiculturalismo 60
3.3. O Patriotismo no Discurso Oficial 64
3.4. A Justiça Popular 70
3.5. A Religião Popular e o Culto dos Antepassados 71

4. MITOLOGIA E SIMBOLOGIA ANIMAL 77
4.1. O Zodíaco Chinês 77
4.2. A Gíria do Zodíaco 86
4.2.1. Os Bois 88
4.2.2. A Serpente 90
4.2.3. Porco ou Macaco? 93
4.2.4. Dragão e Cavalo 96
4.2.4.1. Histórias do Dragão 100
4.2.5. A Fénix 105
4.2.6. Kuíxīng e a Tartaruga 108
4.2.7. O Tigre e a Divindade da Riqueza 110
4.2.8. Qilin 114
4.3. Reis Sábios e Soberanos Míticos da Antiguidade Chinesa 119

5. SIMBOLOGIA CALIGRÁFICA 125
5.1. A Escrita 125
5.2. As Ideias Estruturantes da Cultura 126
5.2.1. A Cultura Alimentar 126
5.2.2. A Atração pelo Concreto 127
5.3. Os Cinco Elementos 128
5.4. Brincando com os Caracteres 140
5.5. As Festividades 145
5.5.1. A Preparação do Ano Novo 145
5.5.2. O Ano Novo 147
5.5.3. A Festividade das Lanternas 150
5.5.4. A Festividade da Pura Claridade 152

5.5.5. A Festividade dos Barcos-Dragão 155
5.6. Caracteres Filosóficos 157
5.6.1. O *Yīn* e o *Yáng* *157*
5.6.2. O Destino 162
5.6.3. Os Números 162
5.6.4. O Coração 167
5.6.5. Caminho, Benevolência, Buda 169
5.6.6. Fantasma 171

6. CONSIDERAÇÕES FINAIS 175

7. APÊNDICES 185
7.1. Breve Cronologia da História Chinesa 185
7.2. Tabela Cronológica da Filosofia na Antiguidade Chinesa 190

8. BIBLIOGRAFIA 193
8.1. Livros 193
8.2. Webgrafia 200